Flügel wachsen nach

LISA FITZ

Flügel wachsen nach

Roman

WILHELM HEYNE VERLAG
MÜNCHEN

2. Auflage

Umschlaggestaltung: Christian Diener, München
Satz: Leingärtner, Nabburg
Druck und Bindung: Ueberreuter, Korneuburg
Printed in Austria

ISBN 3-453-09080-2

Für meine Mama

PROLOG

Die Götter sitzen beim Karteln.

»Du bist dran, Hermes ...«

Hermes gähnt.

»Ich hab nix ... Scheißkarten!«

»Was ist los mit euch, seid Ihr müde?« fragt Zeus.

»Mhm. Zuviel Met getrunken gestern ...«, sagt Dionysos.

»Ich auch ...«, murmelt Apollon.

»Und in der Früh dieses Wolkengehopse von den Putten, den ganzen Vormittag das Harfengedudel ...! Macht mich fertig, dieser versülzte Himmel! Keine Action, keine Power ... Und dann täglich dieses penetrante Morgenrot ...«

»Grauenhaft!«

»Genau! Und immer viel zu früh alles!«

»Vor allem zu hell!«

»Aber Kinderlein ...«, spricht Zeus. »Ich hab einige Jahrtausende mehr auf dem Buckel und bin frischer als ihr ... O.k., dann hören wir auf für heute ...!«

»Ich hab eh nur Damen ... Vier Stück ...«, sagt Hermes.

»Da, Zeus, ich schenk dir die Herzdame ... Verwandel sie in eine Kuh, da haben wir mehr davon ... ha, ha ...!«

»Danke, ich will von Weibern nix wissen!« brummt Zeus mißmutig.

»Was ist los? Zoff mit Hera?«

»Nein. Aber auf der Erde ist die Hölle los! Die Weiber spielen dort unten verrückt. Plustern sich auf, nehmen den Männern die Berufe weg, reden siebengescheit daher! – Schrecklich ...!«

»Aber Papi, schick ihnen einfach ein paar fruchtbare Jahre und dann hat sich die Sache von selbst erledigt!« schlägt Dionysos vor und setzt sich breitbeinig hin.

»Nicht langfristig ...«, knurrt Zeus. »Wenn die nach dem Erdenleben hier raufkommen, ist es mit unserer Ruhe vorbei. Mir reicht schon Hera mit ihren Emanzenparolen ...!«

Er beugt sich vor und reicht seinen Söhnen ein goldenes Fernrohr.

»Hier ... Überzeugt euch selbst!«

Apollon legt sich auf den Bauch und robbt ans Ende des Spiralnebels, Hermes setzt sich neben ihn und schiebt die Wolken beiseite.

»Schaut nach Europa, Jungs ... Mitte. Deutschland, ein relativ weitläufiges Land ...«

»Wieso ...?« näselt Hermes, »das waren doch neulich noch zwei ...?«

»Laß die Politik jetzt ...«, sagt Zeus, »schau die Weiber an!«

»O. k.«

Apollon legt das Fernrohr an und sieht hinab. Sagt nichts. Legt das Fernrohr noch einmal an. Dann reicht er es Hermes. Der sagt nur:

»Oh ... oh ... !« –

»Tatsache!« ruft Apollon laut, »alle Freiheiten ...! Freches Maulwerk, dreiste Sprüche ... sieht nicht gut aus. – Da, schau, Dionysos!«

»Sag ich doch!« sagt Zeus und lehnt sich übelgelaunt zurück.

»Eine hab ich besonders auf dem Kieker ...! Stell dein Gerät auf Bayern ein, Nummer 9 804 203, weiblich. – Grauenhaft. Deprimierend! Grad aus der Ehe raus. Hält sich drei oder gar vier Männer, weibliche Polygamie!! Ein jahrtausendealtes männliches Vorrecht ... !!«

»Ho, ho ...«, schreit Dionysos aufgebracht, »da wird's aber hinten höher wie vorn, Papi! Kleine Privilegienklaufrau ..., was?«

»Die kenn ich vom Fernsehen!« ruft Hermes.

»Ja, sie macht ihren Weiber-Unrat auch noch öffentlich!«

»Ich hab eine Idee ...«, grinst Dionysos.

»Das glaub ich ... Du machst die Weiber seit jeher verrückt ... Sprich, mein Sohn!«

Dionysos setzt sich gerade auf.

»Ich kenn einen Mann da unten, der ist genau der Richtige ... ganz in der Nähe! Meine Mutti war mal scharf auf ihn, wie sie drunten die jährlichen Regengüsse organisiert hat. Schöner Körper, geiler Bock, wenig Verantwortungsbewußtsein! Und verheiratet ..., das stachelt die Leidenschaften an!«

»Ha! – Und in den fährt einer von uns ein und besorgt es ihr, daß ihr Hören und Sehen vergeht?«

»Und das Denken!« schreit Hermes dazwischen. »Vor allem das Denken ...!«

Dionysos nickt und grinst breit.

»Da wächst kein feministisches Gras mehr, wenn die plattgefickt ist, ha, ha!«

»Dionysos, bitte!!«

»Verzeihung, Papi!«

»Aber die Idee ist gut ...«, schmunzelt Zeus.

»Find ich auch!« sagt Dionysos. »Die Frage, Männer, ist nur: Wer fährt in ihn ein?«

»Immer der, der fragt, mein Lieber ...!«

Hera ist hinzugetreten. Betretenes Schweigen unter den Männern.

»Nur zu, meine Lieben ... und ich wette mit euch: Ihr schafft es nicht, sie kleinzukriegen! Frauen sind stark. Und ihre Langstreckenzähigkeit ist größer als ihr meint. Ich wette um eine Vereinigung mit Hephaistos, meinem kleinen Lahmen! Unterliegt diese Frau, laß ich mich vor euren Augen von ihm besteigen!«

»Oh geil ...!« rutscht es Hephaistos heraus, der bis dahin noch nichts gesagt hat.

»Aber er ist doch dein Sohn, Mutti!!«

»Halt die Klappe, Hermes! Blöder Spielverderber.«

»Das möcht ich sehen ...«, lacht Zeus, »... den Spaß gönn ich mir! So etwas sieht man nicht alle Tage! Top, die Wette gilt! Dionysos, fahr zur Erde! Dring ein in den Mann und gib ihm dein göttliches Charisma, sonst wird das nix!«

»Mach sie fertig!« grölt Hermes.

»Ja, zeig's ihr!« ruft Apollon.

»Besorg's ihr!« lispelt Hephaistos.

Alle klatschen und johlen, und unter dem Jubel der Götter fährt Dionysos in dieser Gewitternacht als Blitz hinab zur Erde und dringt ein in Simon Schütz in Niederbayern, Bruckmühl.

»He, Dionysos ...!« ruft ihm Apollon noch nach. »Paß bloß auf, daß dir nicht wieder so ein gerissener Kobold aus dem Erd-Reich dazwischenspukt wie 259 v. Chr., bei der verhagelten Weinlese ...!«

Aber Dionysos hört ihn nicht mehr – sein Lichtpunkt verschwindet in der Galaxis ...

In der Zwischenzeit setzt sich Zeus in seinen Wolkenthron, zündet sich genüßlich eine Pfeife an und schlägt das Buch Lena auf ...

Lena

Wenn ein Samenkorn
sprechen könnte,
so würde es klagen,
daß der Schmerz im
Aufkeimen liege.

MULTATULI

Lenz

Ich war immer zu brav.

Obwohl ich fluchen kann wie ein Fuhrknecht und Zoten reißen, daß es jedem Stammtischbruder graust, bis hinter in den Bayrischen Wald. Und saufen kann ich wie ein Pferd! Ich hab schon unzählige Männer unter den Tisch gesoffen, von denen hab ich nicht mehr viel gehört. Meine schriftlichen Niederlegungen lösen bei anderen familiäre Zerwürfnisse aus, und wenn ich zum verbalen Kahlschlag aushole, ist mein Gegner sein Leben lang gekränkt. Aber wenn ich liebe, Bruder, dann lieb ich mit der ganzen, verdammten Urgewalt, die mir meine ungarische Großmutter in die DNS gepflanzt hat, über mehrere Inkarnationen bis zur totalen, sinnlosen Selbstvernichtung, wenn es sein muß. Meine Liebe ist ein Sprengsatz, der den Auslöser und mich in die Luft jagt, und wenn es ihn gesprengt hat, ist er langfristig beschäftigt, seine einzelnen Partikel zusammenzusuchen.

Bis zur Pubertät war ich ein gutes Kind und fügte mich in den Umstand, daß ich der häufigen Abwesenheit meiner Künstler-Eltern über Gebühr ausgesetzt war. Ich ertrug geduldig die häufig wechselnden und verschiedenartigsten Personen, die zu meiner Betreuung eingestellt wurden und zugleich mit der Instandhaltung des Hauswesens betraut waren. Darunter gab es die schrägsten Vögel, Säuferinnen, Kleptomaninnen und verhurte Persönchen, was sich stets erst nach einiger Zeit offenbarte, sowie natürlich auch kreuzbrave dicke Tanten und meine Kinderschwester Datti vom zweiten bis zum neunten Lebensjahr. Das Ende von meiner Datti war nicht schön. Sie ist bei einem Schneesturm in den Bergen umgekommen und von den Füchsen aufgefressen worden. Was übriggeblieben ist, haben wir in einem Plastiksackerl beerdigt.

Aufgefangen wurde die Unruhe des ständigen Bezugspersonenwechsels durch meine Großeltern – der Großvater war Dichter und Humorist, die Großmutter eine Opernsängerin –, die als oberste Instanz der Hierarchie im Hause wohnten und mein Lebensschema prägten.

Ich bin auf Großfamilie geeicht.

Unsere Familie heißt *Lustig*.

Und das ist wirklich lustig, denn – nomen est omen – wir sind eine Kommödiantenfamilie, über drei Generationen – und ich bin die dritte! Kein Name wäre besser als Lustig. Und nie hätt ich eine andere Familie gewollt.

Und trotzdem bin ich eine so tragische Figur!

Weil ich eben zu brav bin. Doch! Seit ich denken kann, mach ich mich kleiner als ich bin und kann mich nie zu meiner Kraft bekennen. Vielleicht hab ich Angst vor der Kraft oder ich versteck sie, weil ich eine Frau bin. Frauen haben nicht stark zu sein. Auch heut noch nicht. Auch wenn dumme Plapperzicken, die wie dekorierte Weihnachtsbäume aussehen, immer noch Geschnappigsein mit Charakterstärke verwechseln. Dann ist mir die Standlfrau vom Viktualienmarkt schon die liebere Emanze. Lieber ein Hausdrachen als ein Büro-Gecko. Irgendwann bin ich dem Geheimnis von Männern und Frauen auf die Spur gekommen:

Frauen sind stark und sollen schwach tun,
Männer sind schwach und müssen stark tun.

Das gefällt den Männern nicht, aber es ist wahr.

Ein Mann hat sein Leben lang das Geschiß mit der Potenz. Und wenn ihm sein Schwanz nicht mehr steht, fühlt er sich überflüssig. Und wenn er da die Frau nicht im Griff hat, ist es ganz aus. Wenn der Mann nicht Macht ausübt, wird er zum Depp. (Meint er.) Das ist eine lebenslange Gefahr.

Und so ist eben der Depp die Frau.

Ich heiße Lena. Meine Mutter wollte eigentlich kein Mädchen, sondern einen Bub. Der Bub, den sie drei Jahre später gekriegt hat, war ein richtiges Wunschkind. – Ich nicht. – Und damit meine Mutter wenigstens irgendwas männliches als Kind im Haus hat, hab ich mich selber *Lenz* getauft, weil mein Bruder Lorenz drei Tage nach seiner Geburt gestorben ist. Seitdem heiß ich überall Lenz, alle meine Freunde nennen mich so – und die *Lena* bin ich nur im Fernsehen und auf der Bühne.

Früher

Ich bin an einem kühlen Septembertag in Zürich geboren worden, ohne geplant, geschweige denn, erwünscht gewesen zu sein. Nachher hat man sich dann schon zur Liebe entschlossen. Das ist Naturgesetz und setzt mit dem Stillen ein. Das Säugen aktiviert den Mutterinstinkt, vom Vaterinstinkt hab ich nichts gemerkt.

Außerdem bin ich eine Frühgeburt und ein Rhesuskind mit einer schwachen Leber – leider! Ich habe gelernt, daß Rhesuskinder immer Frühgeburten sind und meistens nicht überleben, es sei denn, sie wären die Erstgeborenen und weiblichen Geschlechts. Von Bluttransfusionen hat man da noch nichts gewußt.

Ich bin also nicht gestorben. Das ist mein bislang größter Erfolg und gibt mir immer Mut, auch zu meinem Geschlecht. Ich kann mich nicht genau erinnern, aber ich glaub, ich wollte raus. Vielleicht war mir meine Mutter zu eng und ich wollte wissen, was draußen los ist. Deswegen Frühgeburt.

Aber in der Schweiz war natürlich schon damals nichts los.

Wie ich also zur Welt gekommen bin, war ich acht Bauchmonate alt, rot und noch verkrümpelter wie andere meines Alters. Mein Vater war enttäuscht und dann bin ich in den Brutkasten gekommen. Wie die Biberl in der Legebatterie. Die Geburt soll leicht gewesen sein, halb schon im Taxi. Die Mama hat Lachgas eingeschnauft, dann hat sie so gelacht, daß die Fruchtblase geplatzt ist und sie alle Ärzte vollgespritzt hat. Und wie die gesagt haben »He!«, hat sie noch mehr gelacht und hat mich herausgelacht!

Meine Gelbsucht hat sich dann gelegt, und nach vierzehn Tagen haben sie mir eine Röhre übers Gesicht gestülpt, damit ich auf der Heimfahrt keinen Zug krieg. Sonst wär ich gleich hinüber gewesen.

Bis ich eineinhalb war, haben wir sieben Kindermädchen gehabt.

Die erste war die Hilde, so eine Art Zwerg, ganz klein und verwachsen, die soll mich sehr gern gehabt und immer mit mir rumgetan haben. Die Mama hat mich siebenmal am Tag und in der Nacht gestillt, betont sie immer, als Leistung. Neun Monate lang. – Diese erste Hilde haben wir also den Elektrischen Zwerg geheißen, warum elektrisch, weiß ich nicht. Und von den nächsten weiß ich auch nichts, nur daß mich eine, die Rohköstlerin war, auf den ausgekochten Nachttopf gesetzt hat und daß ich da einen roten Ring am Popo gehabt hab und geschrien hab wie am Spieß.

Wie ich eineinhalb war, ist dann endlich die Datti gekommen. Das war eine Kinderschwester im weißen Kittel und mit weißem Häubchen. Die Datti hat ein stilles, freundliches Gesicht gehabt mit bergseeblauen Augen, aber streng war sie schon. Vor allem beim Waschen und Zähneputzen hat sie nichts durchgehen lassen. Und wenn ich sie gefragt hab, »Warum?«, hat sie immer gesagt: »Darum!« Die Mama hat sie nicht so mögen, die war ihr zu sehr große Welt, Frau Künstlerdame mit Launen und so; und auch die Fehlgeburten und Schmerzen von der Mama haben sie nicht so interessiert, weil man da nicht drüber redet. Man beißt die Zähne zusammen und arbeitet. Und eine Seele ist höchstens ein Wort bei Gedichten. Selber hat die Datti keine Kinder gehabt, nur eine alte, achtzigjährige, tyrannische Mutter, die die Datti immer zu sich in die Wohnung zitiert hat zum Anjammern. Eine Liebschaft mit einem Flieger hat die Datti auch gehabt, aber der ist abgestürzt.

Sonst ist sie dann nurmehr Kinderschwester gewesen, und ihr Ende war, wie gesagt, gar nicht schön. Mit einer Freundin ist sie in die Berge gegangen und von einem Schneesturm überrascht worden; und so gut sie sich sonst ausgekannt haben in den Bergen, da haben sie es nicht gewußt, daß sie nur fünf Kilometer vom nächsten Dorf weg waren, und haben sich hingesetzt und aufgegeben. Sie sind da oben erfroren, alle zwei, und die Füchse haben sie zusammengefressen, die andere alte Dame und meine Datti. Und was die Füchse übriglassen haben … aber das hab ich ja schon gesagt.

Bei uns war die Datti acht Jahre, ungefähr, und mit ihr bin ich jedes Jahr vier Wochen nach Tirol gefahren. In Oberau haben wir beim Opa Sandbichler gewohnt, und die Frau

Sandbichler war die Frau und hat die Pension geführt und war ziemlich streng. Der Opa Sandbichler hat weiße Haare gehabt und ist mit seiner langen Pfeife, die unten rund war, immer auf dem Bankerl hinter dem Haus gesessen. Dort hat er ins Gebirg geschaut und über sein Leben nachgedacht. Ab und zu hat er Holz gehackt oder mir Geschichten erzählt. Ganz mild hat er gesprochen, nie bös und alles in tirolerisch. Wenn ich das Wort gemütlich hör, denk ich an ihn. Beim Wort Hausdrachen denk ich an sie. Das Sterbebildl vom Opa Sandbichler hab ich in mein Album geklebt, von der Frau Sandbichler war es mir wurscht.

Mit sieben bin ich ins Ballett gekommen, aber das war auch nicht schön, weil ich nur lang und dünn war und mir beim Tanzen immer im Weg herumgestanden bin. Gegen die andern, die rund und fest waren, war ich dünn und greislig, mit Schnittlauchhaaren und einem Drahtgestell als Beine. Mein Onkel Anton hat gesagt, ich schau aus wie ein Weberknecht, das sind die Spinnen mit die ewig langen Füß. Und blaß war ich auch.

Meine Mama war immer so schön, vor allem, wenn sie zum Singen fort ist, mit schönen Haaren und Kleidern und auch so schön geschminkt. Die hat ausgeschaut wie eine Mischung aus Marilyn Monroe und Ingrid Bergman. Was soll da ich? – Einmal, wie ich besonders unglücklich war, hab ich sie vor den Spiegel gezogen, und dann haben wir beide hineingeschaut, und dann hab ich gesagt: »Bäh! Totenkopf und Schweinsaugen!« – Die Mama hat mich trösten wollen, aber das nutzt bei mir nichts, wenn ich etwas weiß.

Die Ballettzeit war aber dann später ganz toll, weil die Fini und ich immer gesagt haben, wir gehen ins Ballett, und dann haben wir geschwänzt und sind zum Rauchen gegangen oder haben uns mit dem Mike und dem Wuffi getroffen. Die waren von der Beatband *Dukes*. Der Mike war meine erste Liebe, da war ich dreizehn. Mit dem hab ich auch das erste Mal richtig geküßt, und dann hat es die Mama verboten, weil ich zu jung bin. Dem Mike war es zwar nicht recht, aber er hat sich nach einer Weile halt gefügt und eine andre genommen, mit der ist er heut verheiratet und ist jetzt Steuerberater und hat eine Glatze. Ich hab damals lang geweint und ein Jahr geglaubt, daß er doch wieder zurückkommt.

Mit meinem Vater hab ich überhaupt nicht geschmust. Da hat gar keiner dran gedacht, und deswegen war es eher komisch, wenn er mir zu nah gekommen ist, aus Versehen oder beim Fotografiertwerden oder Schlittenfahren oder so.

Aus der Volksschule fällt mir mein schlimmstes Erlebnis noch ein:

Die Fini hat als Klassenbeste bestimmt, wer ihr Rad schieben oder den Schulranzen tragen darf. Der war mit Henkel, und meiner war noch so einer zum auf dem Rücken tragen, da hab ich noch blöder ausgeschaut. Ich bin sowieso immer so lang und überflüssig hinterher getrottet. Die Fini hat eine Oma bei der Schule gehabt, und wen sie ausgesucht hat, der hat nach der Schule noch zur Oma mit raufdürfen und ein Gutti gekriegt.

Einmal ist die Fini mit der Erika Haube, die auch Klassenerste war, vor mir gegangen, und ich hinterher und bin mir wieder unnütz vorgekommen, weil keiner mit mir geredet hat. Dann sind sie in den Hof zur Oma rein und ins Treppenhaus und rauf und waren schon oben. Ich bin halt so hintennach und hab nicht gewußt, ob sie warten oder was, auf einmal ruft die Erika Haube von oben: »Geh du nach Haus. Dich brauch ma net!«

Da hab ich umgedreht und bin den ganzen Schulweg heimgerannt und hab vor lauter Weinen fast nichts gesehen. Und zu Haus hab ich meinen Schulranzen in die Ecke geschmissen und geschrien, daß ich nie wieder in die Schule geh. Nie wieder! Da hat mich meine Mutti ganz lang getröstet und gesagt, daß die Kinder halt manchmal grob sind, und am besten ist es, man wird sein eigner Mensch und verlasst sich nicht auf die Liebe von anderen – und mit der Zeit hab ich mich dann beruhigt.

In der Oberschule war alles ziemlich schwer für mich. Die Aufnahmeprüfung war schon leicht, aber das viele Lernen nachher und das lange Herumsitzen in der Schule hat mir nicht gefallen. Außerdem waren die Lehrer so eingebildet, weil sie als Studienräte gemeint haben, daß sie was besonderes sind.

Wie ich mir meine ersten Dauerwellen hab machen lassen, hat mir der Tetzner eine Bürste gegeben und mich zum Frisieren hinausgeschickt aufs Klo, vor der ganzen Klasse und alle haben gelacht. Das Gymnasium hat mich eh nicht besonders interessiert, weil zu der Zeit grad die Beatles aktuell geworden sind. Ich war ganz hin- und hergerissen von ihnen, wegen der tollen Musik.

Gefallen hat mir besonders der Paul, und ich hab Sehnsucht nach ihm gehabt und geträumt, daß er mich küßt und umarmt, und eifersüchtig war ich auch, obwohl ich gewußt habe, daß das alles blöd ist, weil er schon eine Freundin gehabt hat. Ich bin unglücklich gewesen, aber auch glücklich, weil ich ein Beatlesfan war. Meine ganze Wand im Zimmer war mit Beatles-Fotos beklebt, und mittendrin ein Ölbild vom Opa als Kaiser Max aus dem Film *Königswalzer.* Schauspieler war er nämlich auch.

An die andere Wand gegenüber hab ich die Beatles in Lebensgröße gepappt und mich immer zum Paul gestellt und mir ausgemalt, er legt den Arm um mich. Meistens ist dann der Opa ins Zimmer gekommen und hat gesagt, ich soll endlich den Krach abstellen. Dann hat er den Arm vom Plattenspieler genommen und *I wanna hold your hand* war aus.

Dazu muß man aber sagen, daß ich in die zwei Zimmer von meiner Oma gezogen bin, die eineinhalb Monate vorher gestorben ist. Dreiundvierzig Jahre waren sie verheiratet bis dahin, und weil die Oma dem Opa sein Motor war, ist er auch ins Stottern gekommen und nach ihrem Tod nur mehr die Hälfte gewesen von dem, was er vorher war. Acht Geburten hat die Oma gehabt. Zwei sind als Kinder gestorben und einer ist im Krieg vermißt. Ausgebildete Opernsängerin ist sie gewesen und hat ein Kindertheater geleitet. Die Probebühne war in unserem Garten, außenrum lauter Hütten für Masken, Requisiten, Kostüme und Bühnenbilder. Und ganz außenrum war ein bunter Zaun, wo jeder Zaunpfahl eine andere Farbe gehabt hat. Die Arbeiter, die alles gebaut haben, hat die Oma gut im Griff gehabt und die anderen Familienmitglieder auch! Da hat es gar nichts genutzt, wenn die gesagt haben, jetzt ist der Garten verschandelt und ob sie alles zubauen will. Und daß ein einfarbiger Zaun nicht so geschmacklos gewesen wär, haben sie sich eh nurmehr gedacht.

Wenn der Oma die Märchenstücke ausgegangen sind, hat sie zum Opa, der ein Schriftsteller war, gesagt: »So, Karl, du schreibst mir jetzt ein neues Stück!« Und dann hat er es geschrieben. Und wer weiß, ob der Opa überhaupt so viel geschrieben hätte, ohne den Befehl von der Oma.

Meine zweite Watschen im Leben (von den insgesamt vielleicht fünf) hab ich von der Oma gekriegt. Da ist sie aber mit der Mama sauber ins Gehege gekommen, und ich hab mich gleich herausgehalten, weil man bei denen nicht gewußt hat, wer die Stärkere ist. Schreien haben sie ungefähr gleich gut können. Und ein schlechtes Gewissen hab ich auch gehabt, weil die Watschen für das Schwätzen hinter dem Vorhang im Theater war.

Wie ich zwölf war, ist die Oma an einem Herzinfarkt gestorben, obwohl der Doktor vorher noch gesagt hat, sie hat nichts am Herz, weil er es mit einer Maschine untersucht hat. Und dann war sie tot. Nach der Obduktion haben sie gesagt, ihre Herzwände waren dünn wie Glas. Der Opa ist ihr nie treu gewesen, haben sie mir erzählt, und die Oma hat ganze Kissen durchgeweint. Aber dann hat er immer einen Schleiertanz vor ihr aufgeführt, und der soll so gut gewesen sein, daß sie augenblicklich gelacht hat und nicht mehr bös sein hat können. Und so laut wie die Oma hat keiner gelacht.

Eine ganz tolle Frau ist das gewesen, das hab ich noch nicht kapiert damals, weil der Opa auf der Bühne und in der Zeitung die erste Geige gespielt hat. Da muß man als Frau einfach aufpassen, daß einem die Männer nicht die Schau stehlen. Mir hat das auch keiner gesagt.

Wie ich vierzehn war, ist unser schönes, altes Haus abgerissen worden, und den Garten haben sie planiert. Wir waren dort nur die Mieter, und mein Vater hat ein neues Haus gebaut. Das alte ist verkauft worden an den Herrn Fleischer, den Vater von der Liesl, und der hat alles abgerissen und einen Block hingestellt, einen häßlichen. Alles weg, das schöne Haus und der schöne Garten. Ganze Kindheit weg!

Aber wenigstens hab ich überhaupt eine Kindheit gehabt. Meine Mutter ist nur immer verschlagen worden und hat mit dreizehn den Haushalt machen müssen. Das hat sie mir erzählt. Die Mama hat überhaupt viel erzählt, weil sie mehr erlebt hat. Den Krieg und die Hungersnot und arme Zeiten, dagegen ist es mir doch toll gegangen, sagt sie.

Und daß ich eine sehr schöne Kindheit gehabt habe. Seitdem sag ich auch immer, daß ich eine sehr schöne Kindheit gehabt habe. Ich müßte dankbar und selbstsicher sein, find ich, und nicht dauernd traurig.

Viel später ist mir eingefallen, daß ich innen eigentlich immer ziemlich einsam war, außen auch, weil die Erwachsenen nicht viel Zeit gehabt haben, und am liebsten wär mir eine dicke italienische Mama gewesen, die Spaghetti kocht und mich an ihren großen Busen drückt. Und zwar sechs Stunden am Tag, wenn's geht – und nicht irgendeine Kinderschwester, die alt ist.

Aber man kann nicht alles haben. Und so hab ich eben die Kunst gehabt und verrückte Frauenspersonen.

Meine Oma und meine Mama waren ziemliche Zeitzünder. Da, wenn ich das falsche Wort gesagt oder mich falsch verhalten hab, ist ein verbales Gewitter über mir niedergegangen, das sich gewaschen hat. Für mich war das immer ein Naturereignis und hat mich sehr geschreckt. Und bis ich das Zurückschreien gelernt hab, hat es zwanzig Jahre gedauert.

Drei Wochen vor meinem sechzehnten Geburtstag bin ich endlich die sogenannte Unschuld losgeworden. Wir sind an den Staffelsee gefahren, die Babsi, die Fini und ich. Meinen Eltern hab ich die Story vom Zeltlager der evangelischen Jugend aufgetischt, und ins Tagebuch hab ich später geschrieben: *Jetzt ist es passiert. Peng!*

Das Peng kommt von einem Vers von den alten Rittersleut, der geht so:

Und das Fräulein Edeltraud
hatte noch die Jungfernhaut,
kam vom Lande der Kuseng –
Peng!

Dann haben meine Eltern mein Tagebuch gelesen, aus angeblicher Sorge um mich und weil ich mich so verändert haben soll, und sind vor Schreck im Kreis gesprungen. Das hat ihnen aber nichts mehr genützt, weil die Jungfernhaut trotzdem zerrissen war. Gott sei Dank.

Der Hannes, der das besorgt hat, war ein fürsorglicher Mensch, nicht her und den Baum hinauf, sondern schön vorsichtig, im zweiten Anlauf, und danach sind wir in der Mondnacht im Staffelsee geschwommen. Grad schön war's. Ich war richtig glücklich. Es ist auch nicht unglücklich ausgegangen, wie man sowas immer haben möchte, vor allem die Erwachsenen. Wir waren ein halbes Jahr beisammen, der Hannes bei der Bundeswehr, irgendwann war er mir zu langweilig, weil er nicht gewußt hat, wie man einer Frau einen Orgasmus macht. Heute ist er Redakteur beim Fernsehen.

Mit der Ekstase war ich schon verwöhnt, weil den ersten Höhepunkt hab ich schon mit dreizehn gehabt, wo der Hansi beim Herumpussieren auf mir gelegen ist. Wie ich seinen prallen Schwanz unter der Jeans direkt auf mir gespürt hab, ist es von allein abgegangen, ohne daß ich gewußt hab, was es ist, nur, daß es mir gefallt. Der Hansi war der Schlagzeuger von einer Beatband und überhaupt recht süß. Mit vierzehn hab ich meine Tage gekriegt und mit sechzehn hab ich zu Wichsen angefangen, aber das gehört jetzt da nicht her.

Meine Eltern hab ich schon verstanden, teilweise. Wenn man nur eine einzige Tochter hat und die kommt ausgerechnet in so eine freiheitliche Zeit hinein, wo man alles darf, weil es die anderen auch machen, wird man halt hysterisch und denkt nicht dran, daß das guttut. Meine Mutter hat mir einen langen Vortrag gehalten über den Stolz, und daß sie immer gesagt hat, bis einundzwanzig gehört sie ihren Eltern. Dann hab ich gesagt, meine Jungfernhaut gehört doch nicht meinen Eltern, und nachdem sich die Aufregung halbwegs gelegt hat, sind wir zum Doktor gegangen, der nachgeschaut hat, ob ich auch kein Kind krieg, und dann hat er mir die Pille gegeben.

Ich glaub, daß man vom Bravsein überhaupt nix hat, weil – zuerst ist man zu brav und dann zu alt. Aber meine Mutter hat gesagt, sie kommt sich wie eine Henne vor, die eine Ente ausgebrütet hat – und jetzt lauft sie gackernd am Ufer hin und her, weil das Küken im Wasser schwimmt.

Die mittlere Reife hab ich noch eingesehen und die letzte Klasse dafür wiederholt. Dann hab ich es nicht mehr ausgehalten und meinen Eltern klargemacht, daß es mir unmöglich ist, noch drei Jahre in dieser Anstalt zu verbringen, daß sie aber auch keine späteren Vorwürfe befürchten müssen. Interessiert haben mich nur die Männer und das Partyfeiern und der zukünftige Beruf. Überhaupt war mir da schon der Beruf wichtiger als die Familie.

Ich glaub, ich bin aus Rache berühmt geworden.

In der Oberschule waren so viele Protzer, die haben alle gemeint, daß sie was Besseres sind. Besonders die Mädchen. Wer kein Pferd gehabt hat, der war niemand. Und bei meiner Mama hat man das Abitur haben müssen, sonst war man auch niemand. Für mich hat das geheißen: Ich hab kein Pferd und kein Abitur, also bin ich doppelt niemand. Aber Minus mal Minus gibt Plus. Und deswegen werd ich berühmt! Dann können sie schauen, wo sie bleiben mitsamt ihrem Pferd und ihrem Abitur. Und irgendwie hab ich sie dann auf der Strecke verhungern lassen. *Denen zeig ich's!* hab ich mir gedacht. Und das hab ich auch gemacht. Die laufen jetzt unter ferner liefen und ich find, das geschieht ihnen recht.

Deswegen muß man beim Protzen vorsichtig sein.

Oft geht es anders aus.

PS
Zehn Jahre später hab ich mir eine Harley gekauft – die war mir eh das liebere Pferd.

Berühmt

Mit einundzwanzig bin ich aus Versehen berühmt geworden. Durch einen Zufall. Und wahrscheinlich deswegen, weil ich es mir vorgenommen hab. Aber man muß beim Wünschen ziemlich genau sein, sonst macht es das Unterbewußtsein so, wie es meint, daß es gut ist. Und da kommen oft komische Sachen raus. Weil das Unterbewußtsein ist ja so schwerfällig und einschichtig wie ein Niederbayer. Es hört *berühmt* – und dann macht es einen berühmt, wenn man das oft genug denkt. Aber es sagt sich nicht, ich mach das so, wie es für die Lena am hochwertigsten ist, sondern es sieht einfach eine Gelegenheit und beschließt: Das packen mir jetzt! Der Mensch, der um das Unterbewußtsein herum lebt, ist ihm ziemlich wurscht. Es erledigt halt seinen Auftrag.

Bis dahin hab ich die Schauspielschule absolviert, ohne mich mit dem Lernen sehr zu quälen, und das war auch die schönste Zeit meines Lebens. Ich war in einer Gemeinschaft drin, die wie das richtige Rudel für einen Wolf ist. Da ging es nicht um Pferde oder Autos, sondern um die Seele und um die Kunst, um Menschen, Beziehungen, Schicksale, um das Gefühl und die Darstellung von all diesem. Da war ich zu Hause.

Überhaupt hab ich das schon mit fünf Jahren gesagt, daß ich Kasperl werden will. Und da hat meine Mama gesagt, weil sie mich ja immer ernst genommen hat: »Na gut, das kannst du schon werden, aber wenn, dann richtig!«

Und dann haben wir dem Kasperl-Beruf ein Fundament gebaut. Auch ein Kasperl braucht heutzutags eine richtige Ausbildung, sonst nimmt ihn keiner ernst. Man merke: Ich wollt auf keinen Fall dem Kasperl seine Frau sein, die Gretl! Die ist ja langweilig, weil sie nur seine Frau ist und immer schimpft. Überhaupt hab ich mich immer mit den Männern in unserer Familie identifiziert, weil mir die Frauen suspekt waren. Und die Datti ist ja auch kein Vorbild in dem Sinn gewesen.

Die Frauenspersonen hab ich dann später auf der Bühne nachgemacht, das langt. Aber im Leben war ich immer ein Mann. Bis zu der Pubertät eben, da war ich kurz eine Frau.

Und dann wieder mit dem Simon, da bin ich so voll in das Frausein hineingetappt, daß ich mich fast nicht mehr erholt habe – aber das kommt später.

Die Frauenliebe ist nix für mich. Das erinnert mich immer an einen offenen Mund, aus dem Spucke rinnt. Und die frische, klare Gebirgsluft, das ganze Lichtblaue im Leben, was so schön kühl ist, ist weg.

Jedenfalls hat mein Vater mich durch Zufall einem Fernsehproduzenten empfohlen für eine bayrische Volksmusiksendung. Dem hab ich gefallen, und plötzlich ist das ein Riesenerfolg geworden, dieser Schmarrn – und ich bin mit dem Schmarrn berühmt geworden. Das hat mich fast Kopf und Kragen gekostet, obwohl es natürlich auch lustig war. Ich hab die Trachtler angesagt mit ihren saudummen Liedern und bin hauptsächlich neben mir gestanden. Und das Aufhebens um meine Person hab ich eh nicht kapiert. Ausgerechnet die fetten Kuchentanten und die Marschmusik-Opas sind auf mich abgefahren.

Das wär, wie wenn der Kohl durch Zufall mit Techno-Musik in die Charts käm und wüßt nicht, was er damit anfangen soll, weil jetzt alle was von ihm erwarten, was er nicht kann. So erwarten sie zwar auch was von ihm, was er nicht kann, aber da fallt ihm das Eindruckschinden leichter. Ich hab meins schon können, aber es hat mir gewaltig gestunken, weil ich mir gedacht hab, was soll ich mit den blöden Jodeltrotteln, mit denen hab ich überhaupt nix am Hut.

Und mein Vater hat bloß gesagt: »Wenn wir soviel Geld verdient hätten in deinem Alter, wären wir froh gewesen. Jetzt sei nicht so undankbar.«

Stimmt auch, oder? Und dann hat er mich gemanagt und alles um mich rum geregelt. Wo er sich bis dahin eigentlich nie eingemischt hat in meine Erziehung, die die Frauen mit energischem Schwung betrieben haben. – Und dann übernimmt er plötzlich alles! Freilich hat er mich unter seinen Fittichen in das böse Schaugeschäft geleitet, allein wär ich vielleicht untergegangen. Aber das *vielleicht* ist eben das, wo man später nicht weiß, was man sich zutrauen kann. Und was man überhaupt kann. – Oder eben nicht.

Von zwanzig bis dreißig war ich dann hauptsächlich berühmt, aber noch nicht mit dem, was ich eigentlich kann. Und Gott sei Dank bin ich den Krallen vom Volk immer wieder ausgekommen, indem ich gute Filme gedreht hab – bis sie gemerkt haben, hoppla, die Lena Lustig, die kann ja auch was anderes außer die Deppen von der Volksmusik ansagen. Oder sie sind abgesprungen und dann war es nicht schad drum!

Und dann hab ich eigene Lieder geschrieben, schon ab dreizehn eigentlich, aber nicht so öffentlich. Und Theater gespielt hab ich später auch. Das war oft nicht einfach mit so vielen Begabungen, die man alle ausleben möchte. Man tut so viel halb und nichts ganz. Berühmtsein ist ein zweischneidiges Schwert. Mitten in die Suppe hinein schreit ein wildfremder Mensch: »Gell, Sie sind's!« und will ein Autogramm. – Das Nichtberühmtsein geht einem ab.

In diesen Jahren hab ich sehr viele Männer kennengelernt. Ich glaub, es waren bestimmt hundert, die ich im Kielwasser gelassen hab, weil ich eben freiheitlich gedacht habe und ja auch viel Liebe brauche. Aber diese Männer haben nicht viel gebracht außer Gaudi und dem Umstand, daß man mir über Männer nicht viel erzählen kann, was ich noch nicht weiß. – Hab ich gedacht. Aber wie gesagt, es kommt immer anders.

Auf jeden Fall war ich dann mit dreißig ziemlich verwahrlost, ohne Verwahrlosung, mein ich – nicht äußerlich, sondern innerlich – ohne Trost und ohne Zwiesprache, ein führerloses Schiff im Sturm. Und hab halt so dahingesandelt in meinem Berühmtsein – und zwischen drei und fünf Uhr nachmittags und warmer Sonne. Viel passieren hätt mir nicht können, weil ich immer wieder auf meine Füß falle – aber es ist halt eben auch nix passiert.

Und das bringt einen nicht weiter im Leben, wenn man nur Ruhm und Geld hat und viele Gschpusis und kein inneres Daheim. Wenn nicht wer auf mich aufpaßt, verliere ich alle Schranken und fürcht mich vor meiner Uferlosigkeit.

Deswegen hab ich mir dann gewünscht, daß jetzt einer kommen soll, der mir die Form gibt, damit ich ein Format krieg, und der einen Zaun um mich baut und mir ein Gefäß macht, wo ich hineinfließen und nützlich sein kann und nicht im Sand verlauf mit meinen Talenten; ein Mann, der einen Durchzug hat, damit ich auf die Sprünge komm mit meinem esoterischen Phlegma ... *alles kommt schon irgendwie und irgendwann* – und so ungenaues Zeug.

Daß man das auch selber gestalten muß, wegen der Einschichtigkeit vom Unterbewußtsein – soweit hab ich eben meinen Hintern nicht hochgebracht.

Und da ist mir der Yanni begegnet. Genau zur richtigen Zeit. Der Yanni war ein drahtiger, zäher Kerl, der fabulierte das Unmögliche aus dem Äther ins Mögliche hinein. Es ist immer alles zur Hälfte esoterisch und zur anderen bayrisch.

Wir haben sofort geheiratet, nach sieben Tagen.

Mit dem Yanni hab ich mich acht Jahre lang furchtbar gestritten. Auch fruchtbar gestritten. Beruflich war das toll. Das hat immer gefunkt, weil keiner von uns hat aufhören können, manchmal fünf Stunden lang, wie Marathon-Kämpfer. Einen Monat nach der Hochzeit bin ich schon schwanger geworden und mein Vater hat gesagt: »Gell, du bist halt doch konservativ. In den Königshäusern ist das auch so.«

Jahrelang hab ich nie ein Kind gekriegt, ohne die Pille, und dann hat es gleich so eingeschlagen. Vielleicht sind die Perser noch gesünder als die Westler.

Der Benedikt, mein Sohn, das ist ein genetischer Glücksfall. So ein Kind würd ich jedem wünschen. Obwohl wir ihm natürlich auch eine gute Pflege haben angedeihen lassen und unsere Gene auch nicht unoriginell sind. Trotzdem.

Er ist extrem lustig und ein optimaler Denker, und ausschauen tut er wie ich, helle Haut, blonde Haare, blaue Augen. Vom Yanni hat sich beim Beni eher der Witz durchgesetzt.

Meine Mama sagt, ich bin keine Affenmutter, sondern eine Bärenmutter.

Die Bärenmutter sprengt ihr Bärenkind irgendwann den Baum hinauf und geht weg. Dann muß es zuerst einmal wieder mühselig hinunterkraxeln und dann schauen, wo es alleine sein Essen herkriegt. Somit ist es selbständig, weil ihm gar nichts andres übrigbleibt.

Wie ich aus der Ehe raus bin, war ich am Höhepunkt von

meinem Leben. Wahrscheinlich ist es deshalb abwärts gegangen. Wenn man am höchsten Punkt ist, kann man nur hinunter. Außer man hat einen Propeller auf dem Kopf. Der Vollmond nimmt auch ab, wenn er voll ist. Und erst später wieder zu.

Ich war in Topform und so schön wie noch nie in meinem Leben. Ich hab fünf Jahre trainiert gehabt und einen ziemlich tollen Körper gekriegt. Ich bin kilometerlang durch die Wälder gelaufen und über die Felder und hab mich jedesmal gefreut, wenn ich mich im Spiegel gesehen hab. Der Yanni hat nach drei Jahren Ehe gesagt gehabt:

»Entweder du hörst das Saufen auf oder ich geh. Du kannst nicht saufen wie ein Pferd.«

»Kann ich wohl.«

»Aber ohne mich«, sagt er. »Entweder der Alkohol oder ich! – Kannst es dir aussuchen.«

Das war ein Gespräch von fünf Minuten nach einem Ferienrausch von mir auf Rhodos, wo ich aus dem Restaurant getorkelt bin und irgendein Engländer mich bis ins Klo verfolgt hat. Das ist mir später übrigens immer wieder passiert. Vielleicht tun die das gern. Da verschließen sie dann schnell die Tür und die Frau sitzt in der Falle. Und weil sie blau ist, checkt sie nix – und dahingeht's! Kurz und schmerzlos – heidewitzka. Solche Gelegenheiten bieten sich ja nicht so oft.

Der Yanni hat sich das angesehen, mich selber damit fertigwerden und ausschlafen lassen, und am nächsten Tag hat er mir seine zwingende Kraft in meinen verkaterten Kopf gesetzt.

»Also ..., was ist ...?«

Ich hab nicht lang überlegen müssen und Gott sei Dank ziemlich schnell geschaltet.

»Du« – sag ich. Damit war die Sache klar. Und so ist es dann gekommen, daß ich fünf Jahre nichts mehr getrunken habe und dann gleich auch nichts mehr geraucht. *Wenn schon, denn schon.*

Es war so viel los die acht Jahre. Wir haben Theater gespielt, der Yanni und ich, ich hab eigene Abende gemacht, und aus denen sind zwei Stunden Show in allen großen Hallen von Deutschland geworden, mit Zigtausenden von Zuschauern.

Wir haben alles schön aufgebaut, mit einer guten Basis, und ich hab alles gehabt, was ich wollte – viel Geld, einen Mann, ein Kind, Ruhm und ein Gut auf dem Land.

Und dann wollte ich weg vom Yanni, weil ich ihn nicht mehr ausgehalten hab mit seiner extremen Nervensägerei und seinem Klammeraffentum. Und weil ich es satt gehabt habe, daß einer immer alles besser weiß, vor allem der Yanni mit seiner Gscheidhuberei, seiner persischen. Ich wollte wieder meine Freiheit und meine Ruhe. Fünf Jahre lang hab ich mir das gedacht, und irgendwann, da waren wir acht Jahre verheiratet, hab ich mich dazu durchgerungen, daß ich es ihm sag. Der Yanni hat sich ein kleines Haus gemietet und ist gegangen.

Vorher gab es noch unschöne Szenen. Vor seinen Eltern ist er im Kreis gesprungen und hat geschrien, jetzt will er nurmehr mein Geld und er macht mich fertig über die *Bild*-Zeitung, aber ich glaub, das war nur die Enttäuschung. Er hat dann doch nichts gemacht, sondern das ganze Management übernommen, samt der Tournee-Agentur.

Ich hab gedacht, na gut, bin ich gutmütig, soll er es machen, sonst hat er kein Geld von heute auf morgen. Dabei war es das beste, was mir passieren hat können, weil er sich so reingehängt hat und hinter mir gestanden ist, wie kein andrer davor und danach. Frauen sind oft undankbar.

Und ich bin auf meinem Gut geblieben und hab mich gefreut auf die große weite Welt der Frauenabenteuer, die mir jetzt offensteht.

In Niederbayern.

Der Zwerg

Einige Jahre nach Dionysos' Abstieg in Simon Schütz …

Erdgeist

Als ich im Stadttheater Heidelberg gegen Mitternacht aus dem Bühneneingang kam und durch die dunkle Toreinfahrt zum Wagen gehen wollte, hörte ich ein Räuspern und blieb stehen.

Da tritt ein Mensch aus dem Dunkel hervor. Oder eher ein Wesen. Ein männliches, hinkendes Wesen. Ein verkrüppeltes, zwergwüchsiges Etwas. Nicht größer als ein Meter zehn, mit einem Buckel, die linke Hand krampfartig ein- und die Schulter hochgezogen, das rechte Bein krumm wie ein Halbmond.

»Guten Abend.«

Seine Stimme klang tief und sonor. Dennoch erschrak ich und fuhr zusammen.

»Würden Sie mir zwei Minuten Ihrer Lebenszeit schenken?« – fragte er und zog dabei leicht seine markanten, stark geschwungenen Augenbrauen hoch, mit einem fast süffisanten Ausdruck, schien es mir.

»Ja, natürlich«, sagte ich höflich.

Wahrscheinlich wollte er ein Autogramm, wie alle schrägen Typen, die am Bühneneingang warten, manchmal von früh um zehn Uhr bis abends sieben Uhr, Einsame, Ungeliebte, Häßliche, denen der Sinn im Leben abhanden gekommen ist und die durch den Glanz berühmter Menschen ein wenig Licht in ihre traurigen Hinterstuben zu bekommen hofften. –

»Ich bin kein Autogrammjäger«, sagte er, als hätte er meine Gedanken geahnt. »Es genügt mir, Sie zwei Minuten mit meinen Sinnen in mich aufzunehmen, gnädige Frau, aus eineinhalb Meter Nähe, Sie zu erspüren ...«

Mir ist nicht wohl bei dem, was er sagt. Ich kann ihn und seine Worte nicht einordnen in meine Kategorien von Menschenkenntnis. Trotz dieser Verunsicherung spüre ich mich innerlich wachsen. Der welke Pflanzentrieb, als den ich mein Gemüt empfinde, richtet sich auf und füllt sich mit Wasser, mit Lebenskraft, mit Licht ... mit Stolz vor allem ... Ein Gefühl, das ich seit mehreren Jahren entbehre.

»Ich beobachte Sie seit Ihrer Kindheit«, fuhr er fort. »Ihre Lehrzeit in Ihrer Familie, Ihre Meisterprüfung während der

Ehe, Ihre Befreiungsversuche aus Bevormundungen und die künstlerische Aufarbeitung von seelischen Defiziten. Aber ..., in den letzten Jahren – verzeihen Sie mir – ist ... etwas mit Ihnen geschehen, Verehrte. Und was mich interessieren würde – was war das ...?«

Was ging diesen dreisten Krüppel mein Privatleben an?! Wozu trat er in mein Dasein, ... und was hatte er für ein zutreffendes Gespür ...!

Ich wollte ihn auf der Stelle wieder loswerden.

»Ich finde, daß Sie das überhaupt nichts angeht. So, und nun wollen Sie mich bitte durchlassen, wenn es möglich ist!«

»Einen Moment noch ...«

Er stellte sich mit seiner lichten Höhe von diesem guten, lächerlichen Meter in den Durchgang.

»Sie gehen doch den Dingen so gerne auf den Grund ... Vielleicht kann ich Ihnen geistige Hilfestellung geben? Meine Denkpotenz ist hochkarätig. Im Erfassen von übergeordneten Zusammenhängen bin ich trainiert. Die Welt der Gedanken ist mein Lebensinhalt, verstehen Sie? Meine körperlichen Möglichkeiten sind sehr begrenzt. – Hier ist meine Karte. Sollten Sie mich einmal brauchen, rufen Sie mich an ... Alles Gute ... und bleiben Sie bei sich!«

Er machte die Verbeugung und war weg.

So plötzlich und abrupt, wie er in der Dunkelheit erschienen war, so verschwand er in ihr. Ich stand ratlos vor dem Bühneneingang. Wer war dieses zwergische Mannwesen? Auf der olivgrünen Karte stand in goldenen, elegant geschwungenen Buchstaben

Torak Namadov – Clown.

Die nächsten Tage hatte ich zwei eigenartige Träume, die mich ängstigten in ihrer Lächerlichkeit. Ich träumte, meine Mutter sei ein riesiger Saurier und kämpfte einen Kampf auf Leben und Tod mit Simon, und ich wurde beim Versuch, die beiden auseinanderzubringen, um sie zu retten, fast zertrampelt. Ich konnte die blutige Katastrophe nur mehr verhindern, indem ich in meiner Verzweiflung die Aufmerksamkeit auf mich lenkte, Purzelbäume schlug, unsinnige Laute von mir gab und groteske Grimassen schnitt.

Im zweiten Traum erschien mir mein Großvater als Lichtgestalt mit Dutzenden von Putten, die um ihn flatterten und sich den Bauch hielten vor Lachen über seine Scherze.

Er legte mir die Hand auf den Kopf und sprach: *»Lena, mein Kind, im Namen Deines Vaters gab es keine Grenzen. Und die Grenzen der Mütter sind nicht die Euren.«*

Und dann zerriß es ihn in hunderttausend kleine Lichtpunkte.

Die Putten lachten darüber wie verrückt, bis sie platzten. Und aus ihnen heraus quollen Myriaden von Embryos und schwebten mit den Wolken und dem Wind in den blauen Himmel davon, mitten in die Sonne hinein, wo sie verglühten.

Zwei Tage quälte ich mich mit der Deutung dieser Träume, aber es gelangen mir nur unzulängliche Interpretationen, die keinen Einfluß auf meine Selbsterkenntnis haben konnten. Vor allem erlösten sie mich in keiner Weise aus meinem Gefühlsdilemma.

Und irgendwann gingen sie mir aus dem Kopf, mitsamt dem Zwerg Torak aus der dunklen Einfahrt.

Am nächsten Tag Würzburg, mittelgroße Halle, neunhundert Zuschauer. Auf den Plakaten seit Wochen der knallrote Leuchtstreifen *Ausverkauft!*

»Hey, Lena, hast du gehört? Alle Karten weg ... geil!!«

Joey, mein schwarzgelockter Gitarrist, ist begeistert und sieht mich strahlend an. Auch Pete, der große Blonde mit den Keyboards, ist bester Laune. Beide identifizieren sich mit ihrer Arbeit für mich und mit meinem Programm. Sie machen nicht nur den Job gut, sie geben menschliche Wärme, nehmen an Sorgen teil, kümmern sich um mein Seelenheil, erkundigen sich nach meinem Befinden. Und ich nach dem ihren. Wir liegen uns gegenseitig am Herzen. Nach Jahren des Alleintourens gewinne ich mit ihnen die Lust am Auftreten wieder. Beide sind Ende Zwanzig, ich bin ihre Chefin und das finden sie o. k. Keine Probleme mit Vorrangstellung oder Unterordnung. Sie zeigen so viel Respekt wie nötig und so wenig Unterwürfigkeit wie möglich, um die Chefin in eine optimale Grundstimmung zu versetzen: Wir sind eine gute Truppe.

Mein Techniker Gust – eine fast zwei Meter große Seele

von Mensch – und ich haben, abgesehen von der Rockshow *Queen*, sieben Jahre berufliche Monogamie hinter uns, jeder kennt den anderen in und auswendig, mit all seinen persönlichen Krisen, Problemen und Sehnsüchten, und beiden tut es gut, daß wieder Leben in die Bude kommt.

»Tonprobe, meine Herrschaften – Butterbrote und Cola weg, jetzt fangt die Arbeit an! Hopp, auf die Bühne mit euch!«

Gust sagt nie *Soundcheck,* sondern *Tonprobe,* weil er aus Straubing ist und Charakter hat. Er sagt auch nicht *Catering,* sondern *Musikerbrotzeit.*

»Auf geht's!«

Gusts Stimme dröhnt über die P.A. durch den ganzen Saal, und wir hüpfen wie Kinder auf dem Schulausflug vor die Mikrofone.

»Als erstes bitte die Nummer *Ego Lego* ...!«

Der Soundcheck ist Gaudi pur. Wir genießen den Lärm, spinnen uns aus, wärmen uns auf, machen dumme Witze. Ernst wird es immer erst ab sieben Uhr, wenn ich mich schminken und anziehen muß und in den Garderoben Ruhe und Konzentration angesagt ist. Pünktlich um acht Uhr geht es los, wie immer.

Die Show läuft perfekt ab. Aufgekratztes Publikum, gutgelaunte Künstler, keine Patzer, Sound im Saal o. k. Anschließend Essen im vietnamesischen Restaurant, Pete und Joey albern herum, lassen die Biere durch die Kehle laufen.

»Nicht zuviel, meine Herren, gell! Morgen ist München angesagt, auf dem Heimspiel braucht ihr euch nicht ausruhen – da müssen wir alle volle Power haben! *A Tour is koa Kur!*«

Tom ist der Tourleiter und trägt für alles, was hinter der Bühne abläuft, die Verantwortung. Tom ist eigentlich Toningenieur, Mitte Vierzig, Familie, zwei Kinder, bewegte Vergangenheit mit Mädels und Drogen. Er hat die ganze Welt gesehen, war mit bekannten Rockgruppen weltweit auf Tour. Um mehr Zeit für seine Familie zu haben, hat er versucht, auf Produzent umzusatteln. Das ist finanziell nicht so gut gelaufen. Nun tourt er doch wieder.

»O. k., Tom ..., eins noch, ja? Dann legen wir uns alle auf die Matratze!«

Joey hebt das Glas.

»Nicht alle auf eine, ich muß doch sehr bitten ...!«

»Nö, das geht ja wegen Lenilein nicht, das hält die doch gar nicht durch ...!«

»Woher weißt du denn, wieviel ich durchhalte ...?!«

»Dann wackeln dir morgen auf der Bühne die Knie ...« Großes Gelächter.

Joey lehnt sich auffordernd in seinem Stuhl zurück, schüttelt seine glänzenden schwarzen Haare aus dem Gesicht, stülpt seine vollen Lippen auf und wirft mir aus meerblauen Augen seinen seidigsten Blick zu. Das ist sein Spiel. Er macht mich nach allen Regeln der Kunst an, ich fahr auf ihn ab. Genau so viel und so wenig muß es sein, daß wir für die Bühne aufeinander heiß bleiben.

Um ein Uhr fahren wir ins Hotel, ländlich rustikal, ruhige Lage, viel Holz, viel professionelle Freundlichkeit.

»Was ist morgen früh? Gehn wir alle joggen?«

»O. k. – das ist eine gute Idee. Morgen ist bestimmt gutes Wetter.«

»Hinter dem Hotel gibt's einen kleinen See und ein Waldstück.«

»Also, dann morgen um, sagen wir, elf Uhr?«

»Elf Uhr ist eine gute Zeit.«

»Also, ihr Süßen, gute Nacht, dann ... schlaft gut.«

»Gut Nacht, Lenz.«

»Gut Nacht!«

Bussi, Bussi, Bussi, Bussi. – Viermal.

Am nächsten Tag kommen wir nachmittags in München an. Die P.A. wird gerade in das Zelt transportiert. Helfer, Tonleute, Saalordner, Kartenabreißer flitzen wie die Ameisen herum. Die Veranstaltung findet auf dem Olympiagelände statt, im Rahmen eines vierzehntägigen Festivals.

Es heißt *Tollwood,* ist als Alternative zu der Kunststarre der Stadttheater und der Bierseligkeit des Oktoberfestes gedacht. Clowns, Rockgruppen, Komiker, Kabarettisten treten auf, klassische Musik gibt es, politische Podiumsdiskussionen, mindestens fünf Freßzelte und viele kleine Imbißstandl, vegetarisch-alternativ, daneben Schmuck- und

Lederwarenverkäufer, Kunstwerke, Musikinstrumente. Die Atmosphäre eine Mischung aus arabischem Bazar, Volksfest und Londoner Hyde Park.

Ich setze mich auf einen der Holzstühle in der letzten Reihe des großen Zeltes, das dreitausend Menschen faßt, und lasse meinen Blick über die leeren Stuhlreihen schweifen, auf die Bühne hinauf, und sehe meiner Truppe zu, wie sie die große P.A. aufbaut. Alles für mich, für mich und meine Show ...

»Lenz«, ruft Gust, »ich brauch dich erst in einer Stunde zur Tonprobe. Heut gibt es diverse Technikprobleme. Wie immer im Zelt. Du hast noch Zeit.«

»O. k., dann hau ich mich aufs Ohr. Bis dann.«

Der doppelstöckige Garderobewagen sieht wie ein Plüschbordell auf Rädern aus. Im ersten Stock steht das Catering: Eine riesige kalte Platte, sechs verschiedene, liebevoll zubereitete Salate, viele Säfte, Mengen von Obst und Gemüse. Ich rolle mich mit einem Selleriestangerl auf dem großen Bett ein. Schlafen geht nicht, zu aufgeregt ... Nur ein bißchen ausruhen. In drei Stunden ist es so weit ...

»Hey, Lenz, wo steckst du? Es geht los!«

Tom schlüpft ins Zelt und leuchtet mit der Taschenlampe auf der Hinterbühne herum.

»Hier! Ich bin schon lang auf meinem Platz.«

»O. k., dann geb ich jetzt dem Gust das Zeichen für den Anfang. In zwei Minuten sind wir so weit. Also, Lenz ... *besorg's ihnen ...*!«

Tom flitzt wieder hinaus zu Gust. Wenn er drauf ist, ist er voll drauf; hundertprozentig, zuverlässig, witzig.

Mein schwarzes Thierry-Mugler-Kostüm ist zu kurz und zu eng, das gehört so. Ich tripple in kleinen Schrittchen auf den fünfzehn-Zentimeter-Stilettos backstage hin und her. Große Schritte sind gar nicht möglich.

Das Zelt dampft. Es ist heiß wie in der Sauna. Draußen warten dreitausend Menschen – auf mich. Dreitausend Menschen, die alle zu mir, wegen mir, in meine Show gekommen sind. Das ist ein absolutes Highlight in meiner Bühnengeschichte, die Verwirklichung einer meiner Visionen. Gut, manchmal hab ich den Hype, ich will Tina

Turner sein und leide neurotisch vor mich hin – aber für ein Rockkabarett sind dreitausend Menschen absolut Spitze.

Und nun hebt es mich innerlich fast weg. Zum x-ten Mal rücke ich mein gelbschwarzes Tüllhütchen zurecht. Joey stimmt zum fünften Mal die Gitarre und tigert unruhig auf und ab. Ich packe ihn am Ärmel.

»Joey«, flüstere ich, »hör dir das an da draußen. Hast du das gesehen ... diese Masse? Ich hab Angst ...!«

»Wovor?« lacht er. »Genieß es! So muß es sein. Das ist doch geil! Wo kriegst du sonst so einen Mega-flash!«

Wir haben die Show gut hundert Mal gespielt, in allen deutschen und österreichischen Großstädten, und dies hier ist ein Heimspiel, er hat recht, kein Grund zur Aufregung. Dennoch, dreitausend sind dreitausend.

»Wovor hast du Angst? Das packst du doch – wie immer!«

»Ja, ja ... klar«

Natürlich pack ich es, wie immer ...

Nicht wie immer.

Wenn du wüßtest, Joeylein ... das weiß keiner, die da draußen schon gar nicht ...

In meiner Auszeit war die kalte Garderobenwand mein letzter Halt, an die ich mich angstgebeutelt und verzweifelt gelehnt habe. *Schwarze Angst*, *kranke Angst*, *Höllenangst*, *Körperangst*, *Angst vorm Sterben* und *vorm Weiterleben*, *Nervenqual* und *Hirnlähmung*. Nicht so wie jetzt, wo die Angst eine positive Energie ist, die darauf wartet, in Kraft umgesetzt zu werden.

Ich geb mir einen Ruck und sage mein Dankgebet, daß ich wieder so stark sein darf, an diesem Tag in München. Draußen rumort es, und langsam beginnt sich das Gemurmel jetzt zu einem Chor von Tausenden zu formieren:

»Le-na! Le-na! Le-na! Le-na! Le-na!«

Mein Herz fängt an zu klopfen, mein Atem wird schneller. Gleich geht es los. Das Licht ist aus. Pete spielt sein Saxophon-Solo. Dann der Musikeinsatz, dann Joeys Auftritt, das Gitarrensolo, Spot an und: *Hinaus in den Kampf!*

»Vorgestern war ich auf einer American Express-Veranstaltung zur Wiederaufforstung des Regenwaldes ...«

Der erste Lacher. Ich höre mich selbst sprechen wie eine fremde Person. Die Luft ist brütend heiß, auch jetzt am Abend noch, um acht Uhr. Im Zelt hat sich die ganze Tageshitze gesammelt. Auf der Bühne ist es durch die Scheinwerfer doppelt so heiß. Schweißperlen bilden sich auf meiner Stirn. Das wird nicht nur meine mentale Kondition, sondern auch meine physische auf die Probe stellen, spüre ich.

Die Menschen vor mir sitzen wie die Sardinen in der Büchse, bis an den Bühnenrand. Junge Mädels, Kids, Punker, Omis, Trachtler, Normalos, Freaks, Schickimickis, die Öko-Abteilung und ein paar verirrte Skinheads. Das Publikum ist ein Zusammenschnitt aus zehn Shows mit zehn verschiedenen Künstlern. Es paßt in keine Schublade. Nach fünfzehn Minuten hab ich die Schlacht gewonnen. Die restlichen zwei Stunden sind ein Siegeszug. Meine Gags lösen Lachsalven aus, die Rocksongs pumpen die Boxen und unsere Herzen auf Fullpower, Gust dreht alle Regler bis zum Anschlag auf, das Volk johlt, trampelt, klatscht mit.

Die Pause hab ich dringend notwendig. Ein guter Liter Wasser fließt durch meinen Hals. Ausziehen, duschen, umziehen, nachschminken, weiter ...!

Der zweite Teil ist böser und politischer, und ich bin in Bestform. Es ist einer dieser Tage, an denen ich nirgendwo lieber wäre, auch nicht in Männerarmen, als auf meiner geliebten Bühne. Ich gebe mich den Menschen ganz, sie schenken mir dafür ihr Lachen und ihre Freude, und ich sauge die positive Energie vollkommen in mich auf. Das Lachen von dreitausend Menschen rauscht wie eine riesige Welle auf mich zu und überflutet mich mit warmem Gold, so fühlt sich das an. Applaus ist schön, Bravorufe sind schön, auch das Mitsingen des Publikums ist schön, aber das Lachen, das ist wie ein erfrischender Sommerregen, ein heilender Schauer, und es reißt mir das Herz auf. Ich kenne kaum was Schöneres als dieses Lachen.

Alle sind sie da, alle meine Freunde, die mir viel bedeuten ...

Nur der Mann, den ich liebe, ist nicht da. Natürlich

nicht. – In unglücklichen Romanzen und dramatischen Leidenschaften ist der Mann, den man liebt, nie da. Logisch. Ich gehe, schweißnaß und fertig, aber glücklich, in meinen Garderobewagen und lasse mich auf den Stuhl fallen.

Nur nicht an Simon denken jetzt, bitte alles andere, nur nicht das ...

Verbrecher ...! Irgendwann wirst du in meinem Herz versinken, wie eine Leiche mit einem Stein am Hals im Wasser.

Kein gutes Bild ... Denn die Leiche wird sich zersetzen auf dem Grund des Herzens, und ihre Gifte trüben dann mein Blut. Wohl oder übel muß er zuerst raus aus meinem Herzen, um sich gefälligst anderswo zu zersetzen. Aber genau das ist das alte, bekannte Problem.

»Na, Lenilein ...? Das war ein Flash, hä? Du warst super!«

Yanni, mein Ex, springt schwungvoll die Treppen zum Garderobenwagen herauf und steht strahlend und kraftvoll wie immer vor mir.

»So gut wie heut hab ich dich überhaupt noch nie gesehen, du Wahnsinnige! Laß dich in den Arm nehmen ...!«

Er drückt mich fest an sich. Dann sieht er mich an.

»Du denkst wieder an ihn. Wird denn das nie besser?! Du vermiest dir doch alle schönen Augenblicke des Lebens!«

Ich sehe weg.

»Nein, so tragisch ist es nicht. Es wär halt nur schön gewesen, wenn ...«

»Ja, jaa ...!« unterbricht mich Yanni. »Aber dann wärst du heut nicht so gut gewesen, wenn dein Galan da unten hockt. Das ist schon o. k. so. Gell!«

Das ist keine Frage, es ist eine Anordnung. Es gelingt mir halbwegs, sie zu befolgen.

»So, und jetzt fahrn mir zum Essen ins *Adria.* Zieh dich um, wir laden inzwischen ein und holen dich in zwanzig Minuten ab! Und vergiß nicht, nächste Woche ist die Talkshow in Köln beim WDR!«

Zu Hause

Zehn Tage sind seit der Abfahrt vergangen. Als ich ins Haus komme, stürmt mir Benedikt entgegen.

»Hallo, Mami, wie war's, wie geht's? Schau mal, ich hab unseren Garten gemalt in ganz bunten Farben!«

Mein Sohn malt wie ein Weltmeister. Meine Begabung ist zwar auch nicht schlecht, aber die von Benedikt übertrifft meine bei weitem. Sein Kunstlehrer sagt, so ein Talent ist ihm seit mindestens zehn Jahren nicht untergekommen. Beni malt alles, quer durch alle Stilarten, Aquarelle, Ölbilder, Bleistift- und Federzeichnungen und seit kurzem auch Comics, wie zum Beispiel eine Eintagsfliege, die um sechs Uhr abend sagt: »*Scheiß Evolution!*« Oder kleine böse Hitler-Figuren und eigenwillige Igel, die Modern-Mecki heißen, mit satirischen Kommentaren in Sprechblasen. Von Yanni hat er das auch nicht; dessen Zeichnungen sehen eher wie. Kinderzeichnungen aus.

Wenn ich auf Tour bin, ist Benedikt bei der Oma oder bei Yanni. Ich hab nie um Besuchszeiten gepokert und hasse getrennt lebende Eltern, speziell diese ignoranten Krakenmütter, die das tun. Sie machen die Kinder kaputt. Beni darf sein, wo er will, wann und wie oft er will. Alles ist immer freiwillig geschehen, außer zu den Zeiten, in denen ich beruflich weg sein muß.

Zwischendurch plagt mich das schlechte Gewissen wie jede berufstätige Mutter. In so einem Moment hab ich zu meinem Sohn gesagt: »Gell, das wär schön, wenn ich öfter zu Hause wär ...?«

Wir gehen spazieren, er marschiert klein und fest neben mir und überlegt. Da ist er sieben Jahre alt. Nach einer kurzen Pause antwortet er: »Aber dann gäb's ja gar keine Sehnsucht mehr!«

Ich bin tief beeindruckt und sehr gerührt. Wir tun uns manchmal gegenseitig leid und können oft erst nach einer zufälligen Aussprache klären, daß sich der andere gar nicht bemitleidenswert gefühlt hat, sondern ganz fröhlich mit sich allein war.

Ich nehm Benedikt in den Arm und drück ihn fest.

»Wie's war? Na ja, wie es halt ist auf Tour, anstrengend,

aber auch schön. Viel gesehen hab ich, das erzähl ich dir beim Essen. Und du ...? Wie schaut's in der Schule aus?«

»Na ja, es geht ... In Mathe haben wir eine Schulaufgabe geschrieben. Die blöde Kuh hat genau nach einer Dreiviertelstunde die Blätter eingesammelt und uns nicht eine Minute länger Zeit lassen! Ich glaub, das wird nix!«

Die Mutter vom Yanni taucht hinter ihm auf:

»Grüß dich, Lenz. Ach, wir haben so gut gelernt, ... und jetzt ist er ganz geknickt!«

Nonni liebt Benedikt über alles. Yanni hat inzwischen eine kleine Tochter mit Resa, aber Nonni gesteht Beni die Prinzenrolle zu. Er war der erste Enkel. Nonni heißt Martha, aber wir haben sie Nonni genannt, nach Nonna, der italienischen Großmutter. Nonni ist eine kleine, rundliche, liebe Frau von fast siebzig Jahren. Aber von einer Zähigkeit und Charakterstärke, wie ich sie noch nie erlebt habe. Außer bei Yanni. Vermutlich ist das die Tiroler Abstammung. Und bei Yanni gesellt sich noch das tadschikisch-persische Berglerblut dazu. Nonni und Yanni – die Unverwüstlichen! Ich habe alle Not, mit meiner ungarisch-bayrischen Dramatisierungsneigung da mitzuhalten. Nonni ist demütig und stark wie die Großmutter und hat nahezu eine Leidensfähigkeit wie diese. Sie hat das langsame Sterben von Yannis persischem Vater mitansehen müssen, sie hat ihre Mutter in den Tod gepflegt, sie hat ein Kind verloren und die restlichen zwei alleine durchbringen müssen. Ihr hartes Leben hat Nonni zäh gemacht. Ihr Ideal waren die starken nordischen Frauengestalten, die allem Leid getrotzt und sich nichts anmerken haben lassen und ihr Leben meisterten, ohne zu klagen.

Ich bin das Gegenteil. Wenn ich etwas nicht meistere, klage ich ausgiebig und laustark. Ich habe großmütterlichen Pfeffer im Blut. Aber auch die tiefe Traurigkeit der ungarischen Seele. Ich will klagen können und schimpfen, fluchen und mich aufregen und jemand anschreien, der auch zurückschreien darf. Dann geht es mir gut. – Auch wenn es nicht christlich ist.

»Ich muß heim, ich krieg Besuch. Macht's gut, wir telefonieren später.«

»Ciao!«

»Tschüs, Nonni! Bis dann ...«

»Komm, Beni, wir gehen in den Garten.«

Benedikt gibt mir die Hand, und wir stapfen durch das Gras.

»Oh, schau mal, da hinten hat ein Viech ein Loch gegraben!«

»Was war das ... ein Fuchs?«

»Keine Ahnung, irgendein Typ aus dem Wald.«

»Oder die Katzen?«

»Ja, vielleicht ...«

Das Anwesen ist ein Traum. Es hat fast zehntausend Quadratmeter Grund und liegt ganz allein. Drumherum sind nur Wiesen, Felder und der Wald. Der nächste Hof ist fast einen Kilometer entfernt. Als ich es fünf Jahre zuvor kaufte, waren wir noch zusammen, Yanni und ich. Nach einem Jahr Gemeinsamkeit in diesem Haus gingen wir auseinander. Yanni fiel es schwer, sich von diesem Anwesen zu trennen. Es war nicht sein Haus, aber sein Zuhaus ... sollte es werden; er hatte es ausgesucht, er hatte mich überredet, den Kauf zu riskieren. Ich war ängstlich gewesen in Anbetracht der Größe und wollte mich nicht dazu entschließen. Ohne ihn wär es jetzt nicht meins.

Aber so ein riesiger Hof braucht Pflege, persönlichen Einsatz und ausreichend finanzielle Mittel für den Unterhalt, dazu Hilfskräfte, die Haus und Garten versorgen helfen. Erst Yannis Druck gab mir den Stoß, es zu riskieren. Als wir uns trennten, fühlte ich mich mit dieser Verantwortung zwangsläufig überfordert. Und jetzt, erst drei Jahre später, war ich langsam imstande, auszubauen, umzubauen, instandzusetzen, zu renovieren; erst, als ich mich endgültig, nach langen inneren Kämpfen entschlossen hatte, es zu behalten. Auch ohne Yanni. Ich mußte es mir erobern.

Beni und ich gehen weiter. Er fischt einige Schlingpflanzen aus dem Teich und wirft sie auf den Komposthaufen.

»Ich hab übrigens Unkraut gejätet, drei Stunden lang. Die Nonni war auch dabei. Die hat's gesehen ...! Krieg ich da jetzt was?«

»Klar kriegst du Geld, das hab ich doch versprochen. Brav warst du!«

Wir haben unseren Rundgang fast beendet.

Der ganze Garten ist bepflanzt. Riesige Fichten und Tannen umranden die Grasflächen, Pflastersteine säumen die Terrassen und Wege; trotzdem ist es ein wilder Garten. Das Biotop, ein Pavillon und ein gemauerter Grillplatz auf der Blumenwiese sind die Kleinode. Die Vögel zwitschern, ab und zu läuft ein Hase vorbei oder zwei Rehe – und die Katzen dösen vor dem Haus.

Es ist ein verträumtes, wunderschönes Idyll. Büsche und Sträucher blühen, die Sonne scheint auf den gelben Goldregen, die drei Birken schaukeln leicht im Wind, und unter ihnen liegt der Steinfrosch, der meine Erinnerung aufsteigen läßt, immer wieder ... Aber ich nehm ihn nicht weg. Er gehört dahin. Es ist ein dicker Frosch aus hellem Stein mit einem großen Bauch; ein Frosch, der gemütlich auf dem Rücken liegt und die Arme unter dem Kopf verschränkt. Die Birken, der Pavillon, der Grill, das Biotop, all das hat Simon gebaut, mitgebaut, bauen lassen. Er ist drin in jedem Teil des Gartens, wo ich auch hinsehe. Im Haus steckt meine Energie, im Garten lebt Simon, die Naturgottheit, mein Faun ...

»Komisch, daß den Katzen nie langweilig wird, wenn sie so viel schlafen ...«

Beni hat den dicken Kater gepackt und streichelt seinen Bauch.

»Ich geh jetzt rein und zeichne eine Willkommens-Katze für dich, Mami!«

»Ja, Beni, das ist fein!«

Vier Wochen später.

Mein Geburtstagsfest ist vorüber. Eine bacchantische Angelegenheit mit Musik, Kostümierungen, Fackeln, Spielen und Rotwein und sechzig Menschen. Eine Sau hing auf dem Spieß, zwei riesige Bierfässer wurden angezapft, und meine Freunde kamen bis aus Köln. Ich liebe mein Daheim, vor allem im Sommer, es erinnert mich an die glücklichsten Kindheitstage.

Im Garten habe ich meine Einsamkeit vergessen, und in den Märchen.

Die Zwergenwelten waren mir immer näher als die Bürowelten. Alle Märchengestalten aus den Mythen tanzen in diesem großen, weitläufigen Garten, Zwerge und Elfen, Feen und Faune, Nymphen und Kobolde, Nachtmare und Erdgeister. Es ist mein Sommernachtstraum.

Der Herbst zog ein.

Die Bäume verloren ihre bunten Blätter, die ersten Nebel stiegen über den Feldern auf, die Wege wurden leerer. Die Feen schlüpften fröstelnd in die Wälder zurück, die Elfen verschwanden in der Luft, die Kobolde krochen in die Erdhöhlen und die Zwerge wanderten Hand in Hand still in die Berge für ihren Winterschlaf.

Und als die ersten Eisblumen wuchsen, schwebte die weiße Schneekönigin in ihren durchsichtigen Schleiern leise vorbei und rief mit zarter, glockenheller Stimme zum Fenster hinein: *»Einsames Herz, so allein drinnen in guter Stube, so warm das Kaminfeuer, so kalt in der Seele ...!«*

Und sie lachte ein klirrendes, silbriges, frostiges Lachen.

Die Schneeflocken wirbelten draußen in der Luft durcheinander wie in mir drinnen meine Gedanken ..., und mein Herz rief *Simon ... Simon ... Simon ...*

Sechs Monde versuchten wir verzweifelt, uns aus den Augen zu verlieren und aus dem Sinn zu kommen. Von Zeit zu Zeit begegneten wir uns auf der Straße, geschützt durch unsere Automobile.

Nicht wieder in diesen Abgrund der Aussichtslosigkeit hineinstürzen ...!

Bitte, alle guten Geister, hindert mich, ihn anzurufen!

Was andres tun, aufräumen, Bücher und Notizen sortieren, Visitenkarten ausmisten ... alles ist recht, nur nicht der Gedanke an Simon ... Was ist das?

Torak Namadov – Clown.

»... wenn Sie mich brauchen, rufen Sie mich an ...!«

»Hallo, hier ist Namadov, guten Tag.«

Ich atmete tief durch.

»Hallo, ich bin's ... Lena Lustig ...«

– Kleine Pause –

»Gnädigste ..., welche Ehre! Sie haben sich tatsächlich erinnert ...! Und Sie kommen auf mein Angebot zurück?«

Er wußte sofort Bescheid.

»Ich ... äh ... ja. Ich würde gern mit Ihnen sprechen, wenn es geht.«

Er lachte.

»Verstehe. Das ist sehr schön ... Ich freue mich. Welche Uhrzeit?«

»Wie ... Sie meinen heute?«

»Nun, ich nehme an, es eilt.«

»Ja. – Ich habe Angst, einen großen Fehler zu machen, wenn ich nicht mit jemandem sprechen kann ... Fünfzehn Uhr?«

»Fünfzehn Uhr, Gnädigste ... und wo?«

»In der *Kulisse* ... das ist ein ...«

»Ich kenne die *Kulisse,* verzeihen Sie, wenn ich unterbreche. Maximilianstraße, Kammerspiele. Fünfzehn Uhr! Ich grüße Sie, meine Liebe.«

»Bis dann – und ... danke!«

»Oh bitte, bitte, keine Ursache. Es freut mich wirklich ...!«

Ich saß schon ab vierzehn Uhr dreißig im Lokal. Einige bekannte Gesichter aus der Theaterwelt, gehobenes Publikum, viele Schauspieler. Punkt fünfzehn Uhr erschien sein markanter Kopf vor dem Fenster.

Mein Gott, war der Mensch klein! – Es war einige Monate her, seit ich ihn gesehen hatte, und nun erschien er mir noch verwachsener und häßlicher als beim ersten Treffen. Er wirkte so verdreht in seiner Form und Statur, daß es ihm Mühe zu machen schien, sich überhaupt fortzubewegen. Jeder Schritt mußte erobert werden aus der Verschobenheit seiner Statik. Wenn er den linken Fuß aufsetzte, ging die ganze linke Körperhälfte in die Tiefe, und während er den rechten hob, zog sich seine Schulter fast bis an den Hals. Sein Buckel vollendete seine Verunstaltung und rundete das groteske Erscheinungsbild ab. Nur der Kopf, der etwas zu dicht auf dem Rumpf saß, was seine Zwergenhaftigkeit noch verstärkte, der Kopf war genial. Hätte er ihn nicht aufgehabt, er hätte von einem Maler sein können! Dichtes, schwarzes Haar, silbergrau an den Schläfen, das sich in wirren Löckchen um seine hohe Denkerstirn ringelte. Eine kräftig gebogene Römernase über einem entschlossenen, sinnlichen Mund. Ein Kinn, das Willenskraft signalisierte und hohe Wangenknochen. Er hatte dunkle, außergewöhnlich lange Wimpern, darüber diese ungemein buschigen Augenbrauen, und am eindrucksvollsten waren seine funkelnden, hellwachen Augen, die fast kohlschwarz schimmerten. Diese Augen wußten viel, sehr viel ...

Er lächelte mich durch die Scheibe an und winkte. Dann humpelte er durch die Eingangstür herein. Es machte ihm Mühe, die schwere Glastür mit dem für ihn zu hohen Griff zu öffnen. Der Ober kam etwas zu langsam zur Tür und zog sie auf. Sein Gesichtsausdruck schwankte zwischen Mitleid und Abwehr.

Torak kam auf mich zu.

»Gnädigste ..., es ist sehr schön, Sie wiederzusehen.«

Er machte seine Verbeugung. Die Leute versuchten, unauffällig herüberzuschauen. Torak nahm dies unmerklich wahr und übersah es.

»Sind Sie sicher, daß Sie mit mir hier sitzen wollen ...? Finden Sie die Gedankenruhe, die wir brauchen?«

Ich war verlegen.

»Nein, Sie müssen nicht verlegen sein. Es ist ein vertrautes Phänomen. Ich gehe damit seit meiner Geburt um – aber Sie nicht, Liebe! Und ich möchte, daß Sie sich wohlfühlen. Das ist Voraussetzung für unsere ... nennen wir es ... Suche.«

»Ich würde gern einen Tee trinken. Aber vielleicht haben Sie recht. Wir könnten danach einen kleinen Spaziergang machen.«

»Ja, das ist gut. Natur ist immer gut.«

Wir bestellten zwei Portionen Tee.

Torak erkundigte sich über dies und das, ließ sich von mir aus dem Showgeschäft erzählen, befragte mich über meine Einstellung zum Theater, wiegte ab und zu den Kopf. Von Zeit zu Zeit lachte er, dann wieder ermunterte er mich durch geschicktes Nachhaken und war insgesamt ein äußerst charmanter Zuhörer. Lange Zeit hatte ich nicht mehr so bereit-

willig und gerne etwas aus meinem Leben mitgeteilt. Nach einer Weile wurde mir bewußt, daß ich geradezu übersprudelte in meiner Lust am Erzählen.
»Mein Gott, ich rede und rede ... Dabei weiß ich gar nicht, wer Sie sind ... Wo kommen Sie her? Was machen Sie ... Wer sind Sie?«

»Ach ..., ich bin Clown, Gnädigste. Ich arbeite in einem russischen Zirkus. Vielmehr, ich habe gearbeitet. Ich brauche das Lachen der Menschen nicht mehr, um fröhlich zu sein. Auch die Maske habe ich abgelegt. Natürlich sind viele Kinder und Eltern traurig, weil ich keine Späße mehr mache für sie. Aber es gibt sehr gute Clowns, die diese Aufgabe für mich übernehmen können. Ich habe eines Tages erkannt, daß es Dinge gibt, die nur ich tun kann.«

»Und die sind ...?«

»Zum Beispiel hier bei Ihnen zu sein ...«

Ich drang nicht weiter in ihn. Aber ich fühlte, daß er ein Geheimnis hatte, das für mich von großer Bedeutung war.

Wir hatten unseren Tee getrunken. Torak bestand darauf, zu bezahlen. Als wir uns erhoben, war es mir ungemein peinlich, ihn als Frau um so vieles zu überragen.

»Denken Sie sich nichts«, sagte er und lachte zu mir herauf, »das bin ich gewöhnt!«

Er bat den Ober um seinen Mantel. Ein kleiner, wildlederner, mit Ornamenten bestickter Mantel in weinrot, der sehr wertvoll aussah, dazu einen schwarzen Hut.

Wir fuhren in den Englischen Garten. Die Dämmerung legte sich bereits über die Wiesen, und die Seevögel stießen ihr kehliges *»Krah!«* in die Novembernebel. *Simon ... Wie geht es dir, was machst du, hast du mich noch lieb ...? Warum bist du nicht hier, ich liebe dich so ...*

»Ich nehme an, es geht um die Liebe ...« – sagte Torak.

»Sie können übrigens Ihr Schrittempo beibehalten. So geht es noch ganz gut.«

»Woher wissen Sie das ...?«

»Ah, das ist nicht schwer ... bei Frauen geht es immer um Liebe.«

Das war beleidigend. Ich blieb stehen, steckte die Hände

in die Hosentaschen und überlegte, ob ich vielleicht einen Fehler begangen hatte, mich mit diesem Zwerg zu treffen, der seinen körperlichen Mangel mit Wichtigtuerei kompensierte.

»Oh, verzeihen Sie, Gnädigste, ich habe Sie beleidigt. Das wollte ich nicht. Ich habe mich falsch ausgedrückt ...«

Er sah mich aus seinen kohlschwarzen Augen an – und mein Sonnengeflecht erwärmte sich. Seine Blicke waren wie kleine Pfeile, die mitten ins Schwarze trafen.

»Lassen Sie mich neu anfangen ... Die Liebe ist für eine Frau das Zentrum des Seins.«

»Aber Torak ...! Es wird schlimmer, was Sie sagen, nicht besser!« Ich war wütend. »Und sagen Sie jetzt bloß nicht, daß ich reizend aussehe, wenn ich zornig bin. Sonst fahre ich auf der Stelle nach Hause!«

Immerhin war er Ende Fünfzig, wenn nicht Anfang Sechzig. Ein Mann dieser Generation sieht das doch alles noch auf die alte, antiquierte Art. – Warum hatte ich nicht dran gedacht?

»Gnädigste, erlauben Sie mir eine kleine kritische Anmerkung: Wollen Sie die Dinge so sehen, wie Sie sie haben wollen – oder wie sie sind?«

Er hatte ja recht. Schmerzen erwachsen immer aus Angelegenheiten der Liebe oder aus dem Mangel an Liebe. Aber wieso nur bei Frauen?

Ich schwieg.

»Damit will ich nicht sagen, daß Männer kein Liebesleid haben, im Gegenteil, aber sie haben es leichter. Im allgemeinen fließt ihnen von den Frauen – nach der Eroberungsphase – die Liebe zu, und davon werden sie getragen, auch wenn es ihnen zuweilen zuviel des Guten erscheint.«

»Sind Sie verheiratet?«

Er lachte. »Nein, nein, das ist nichts für mich. Ich habe so viel Freude am Denken. Und dazu brauche ich Stille. ›Die Stille ist das kostbarste Gut des Menschen.‹ Peter Ustinov hat das einmal geschrieben.«

Ich dachte an mein Anwesen in Niederbayern, dessen Stille mich so oft erschlug, an meinen Sohn Beni, dem ich mehr Rummel und Leben wünschte, an die Sprachlosigkeit ohne

Lebenspartner, an das Heer der Gedanken, die mich überfielen, wenn ich alleine war. Und daran, daß nicht alles für alle Menschen den gleichen Wert hat. Torak war älter als ich, wahrscheinlich viel abgeklärter.

»Das hat nichts mit dem Alter zu tun«, sagte er. »Ich war schon immer allein. Ich habe gute Freunde, die ich oft besuche, aber ich brauche die Ruhe des wortlosen Raumes ...«

Wir gingen eine Weile schweigend nebeneinander her.

»Und nun lassen Sie uns, wenn Sie bereit sind, auf den Mann zu sprechen kommen, um den es geht ...«

Ich gab es auf, Torak etwas vorspielen zu wollen. Schließlich ging es um einen Mann, und es ging um die Liebe. Und schließlich war die Liebe immer schon Zentrum meines Seins. Wenn auch zugegebenermaßen nicht in einer besonders fortgeschrittenen Stufe im Sinne einer gebenden, nichts fordernden Liebe, die nie etwas einklagt, sondern stets gibt, oder so. Meine Liebe *war* fordernd, einklagend, brennend, gierig, heiß und triebhaft.

»Nun, wo fangen wir an ...?« Er verschränkte die Hände und ließ seine Finger knacken.

»Lassen Sie mich einen Vorschlag machen. Beginnen Sie am dunkelsten Punkt, als Sie das Gefühl hatten, Sie seien ganz unten. Offensichtlich müssen Sie da gewesen sein, nicht wahr. Das spürt man. Man sieht es Ihren Augen an. Und offenbar sind Sie ja wieder ins Licht gekommen. Auch das sieht man. Und als Sie an diesem Punkt waren, dachten Sie, es sei der tiefste, aber es ging noch viel weiter hinab in die Nacht der Seele. – War es nicht so?«

Ich sah ihn an. Er hinkte unverdrossen neben mir her, und obwohl es ihn sichtbar anstrengte, meinem Schritt standzuhalten, was ich an seinem Atem merken konnte, schien er bester Stimmung zu sein und voller Kraft.

»Nun ...?«

»Kommen Sie, Torak, setzen wir uns auf die Bank da am See. Ich werde Ihnen erzählen, wie es war. Wir werden Zeit brauchen.«

»Die haben wir ... wenn Sie wollen ... wir haben alle Zeit der Welt. In zwei Tagen komme ich zu Ihnen in Ihr Haus und bleibe für drei Nächte. Für heute will ich nur Ihren dunkelsten Punkt, Gnädigste!«

Er blieb stehen. Plötzlich packte er meinen Jackensaum, zog mich zu sich herunter mit einer übermenschlichen Kraft, die ich in diesem verkrüppelten Körper nicht vermutet hatte, so daß ich fast in die Knie ging und sah mich wild an. Sein Gesicht war nun direkt vor dem meinen, und in seinen Augen flackerte fast so etwas wie Irrsinn.

»Ich will Ihren dunkelsten Punkt, meine Liebe, und Sie werden Ihn jetzt ausspucken, hier und sofort!!! Hören Sie auf, herumzutänzeln!«

Ich erschauderte. Die hypnotische Kraft seiner Augen drang mir bis in die Seele. Es war, als dränge seine Energie in mich ein und übernähme die Macht. Ich ließ mich auf die Bank gleiten. Torak stellte sich vor mich, verschränkte die Arme, ließ seine Lider mit den langen Wimpern über die Augen sinken und gab mir mit dem Kinn ein Zeichen.

»Los ...!«

Deep point

Ich saß vor meinem Zwölf-Zimmer-Haus am Eingang zum Heizungsraum und starrte in die untergehende Achtzehn-Uhr-Sonne, und plötzlich wurde mir erschreckend klar, daß sie in den Anstalten genauso herumsitzen wie ich. Mund halb geöffnet, tote Augen, völlig apathisch, sinnlose Fingerspiele.

Orientierungslos und besetzt von ausnahmslos negativen Gedankenmustern, Schwarzsicht und Panik. Außer im Bett liegen oder teilnahmslos im Haus herumtattern konnte ich nicht mehr viel. Wie ich meine Zweistunden-Gastspiele, jeden Monat acht bis zehn, schaffte, ist mir bis heute ein Rätsel. Wahrscheinlich schaffte ich sie, weil ich mußte. Wenn achthundert Leute im Saal sitzen, muß man.

Mitten in mein Starren rief der Blumenbinder an. Der Blumenbinder, mein neuer Lebenspartner seit zwölf Tagen, den ich seit eineinhalb Jahren kannte. Ein verheirateter Mann, der auf das letzte meiner Ultimati – sagt man so? –

mit Sack und Pack, das heißt, mit zwei Hosen und drei T-shirts zu mir gezogen war, wodurch nichts besser wurde, im Gegenteil.

Jake und ich hatten ihn über ein halbes Jahr nur *den Blumenbinder* genannt. Nicht *Simon* oder *meinen Freund,* sondern *den Blumenbinder.* Damals hatte ich noch so viel Distanz, um die Verbindung auf schöne Stunden und heiße Nummern beschränkt zu sehen und die Unmöglichkeit einer tieferen Verbindung stets vor Augen zu behalten.

Ich wußte genau, daß der Blumenbinder völlig falsch für mich war, und trotzdem brachte ich es nicht fertig, mich zu lösen.

»Hallo«, sagte er mit seiner tiefen, wohlklingenden Stimme, »wie geht's?«

»Es geht«, log ich. Mir ging es beschissen.

»Um halb neun bin ich bei dir. Ich muß jetzt noch abrechnen.«

»Ist halb neun verbindlich?« fragte ich.

»Na ja, eher neun vielleicht.«

Er kam immer zu spät.

Dreißig Minuten waren das Mindeste, manchmal eineinhalb Stunden. Mein Leben bestand in diesen Monaten zu siebzig Prozent aus Warten auf den Blumenbinder. Es war der einunddreißigste März. Im Februar hatten meine Ängste ihren Höhepunkt erreicht. Ich wachte stets um fünf Uhr auf und drehte mich angstschlotternd zigmal wie ein Grillhuhn im Bett, ohne in der Lage zu sein, aufstehen zu können. Ängste, die für einen stabilen Menschen, objektiv gesehen, übersteigert waren, sind für einen in der Krise völlig berechtigt. Angst vor Krankheit, Angst vorm Alter, Angst vorm Haus und dessen Instandhaltung, Angst vor den Steuern, den Auftritten, Angst vorm Anziehen, Angst vor Yanni – ach ja, Yanni! – Angst vor einfach allem.

Die Ängste hatten begonnen im Juli des Vorjahres, vier Wochen vor der Premiere meines neuen Programms.

Yanni war im April ausgezogen und Jake, mein Musikerfreund, seit Mitte Januar für vier Monate bei mir im Haus. Nach fünf Jahren Trennungswillen hatte ich meinen Mann endlich aus dem Haus geekelt und war glücklich darüber.

Zuerst. Und nun, im März des nächsten Jahrs, war ich ein Nichts, eine Hülle ohne ihn, ein Fragment.

Ich empfand mich als lebenden Leichnam, als psychisch zerstört, als Ruine. Dabei war ich völlig ohne Drogen irgendwelcher Art, ich rauchte nicht, trank keinen Alkohol, hatte nie gekifft.

Alle Ansätze, wieder auf die Reihe zu kommen, waren kleine Zuckungen, unbeholfenes Flattern mit gebrochenen Flügeln. Zwei Tage Yoga, zwei Tage irgendein Positiv-Buch, Einkauf von angeblich heilenden Edelsteinen.

Dann wieder Besuch beim Internisten *(alle Befunde o. k.),* beim Psychiater *(soll Pillen nehmen),* bei der Esoterikerin *(mein Lebenssinn ist, das Bewußtsein der Menschen zu erweitern, ha, ha),* bei der Heilerin *(Krise dauert noch ein halbes Jahr),* bei der zweiten Heilerin *(Hände auflegen – ohne Resultat).*

Ich war resistent gegen jegliche Art von Hilfestellung, gegen Psychopharmaka (wirkten nicht), gegen Medikamente (gegenteilige Wirkung).

Mein Organismus, hatte ich das dringende Gefühl, hat keine Lust mehr.

Die Leute, die anriefen, erreichten mich nicht mehr, es war mir gleichgültig, was sie wollten oder fragten. Ich war nicht mehr da, innerlich verdunstet, eine Ruine, in der die Spinnen weben, die Fledermäuse nisten und die Ratten hausen.

Trotz all dieser Um- und Zustände hatte ich noch ein Fünkchen Hoffnung.

Ich verließ mich darauf, daß ich, wenn ich durch die Scheiße durch wäre, geläutert die Schwingen ausbreiten würde und hochfliegen. Meine innere Stimme sagte mir, der Blumenbinder würde zu seiner Frau zurückkehren, das Hause würde aus Überlastungsgründen verkauft werden müssen, und ich würde in Frieden mit meinem Sohn irgendwo eine Nummer kleiner leben.

Würde ich das?

Mit meinem Sohn konnte ich kaum mehr etwas anfangen. Mich interessierten weder seine Geschichten noch seine Legospiele. Er war achteinhalb süße Jahre, und ich liebte ihn. Er war von der Trennung seiner Eltern angeschlagen und versuchte trotzdem, tapfer durchzuhalten. Die meiste

Zeit verbrachte er bei Yannis Mutter. Durch meine häufige Abwesenheit konnte Regelmäßigkeit nicht entstehen.

Um neunzehn Uhr saß ich immer noch starrend bei der Heizung. Vögel zwitscherten und schwirrten über meinen Kopf, der Goldregen blühte, alle Pflanzen und Büsche fingen zu knospen an – und mitten im ganzen Idyll ich, das Wrack.

Sollte mein Leben wirklich so peinlich und entwürdigend enden, daß ich mit achtunddreißigeinhalb Jahren in einer Anstalt sitzen muß, kopfwackelnd, tatternd und depressiv starrend?

Mein Gejammer interessierte inzwischen kaum noch jemanden, es konnte mir auch keiner helfen. Wie sollten sie auch, sie hatten alle genug mit sich selbst und ihren Schwierigkeiten zu tun.

Ich dachte, wie fast fortwährend, an Simon, an seinen schönen Körper, an seine braune Haut, an seine dicken Lippen. Wenn er seine Lippen auf meine setzte, wurde mir wohl. Wenn seine Zunge fordernd nach der meinen grub, fing ich an zu leben, wenn sein Atem meinen einsog, vergaß ich all mein Leiden. Er war der Erste und Einzige, mit dem ich es auch zehnmal am Tag getrieben hätte. Ich war allzeit willens, ein dauerbereiter, besteigbarer Teig, eine offene Wunde, ein geiles Stück Weibsfleisch; ich war so wie die, über die ich mich in meinen Texten lustig gemacht hatte. Wenn ich an seinem Halsgrübchen roch, war ich Tier, wenn ich in seinen Armen lag, war ich Kind an der Mutterbrust, wenn ich seine Stimme hörte, war ich Hündin des Herrn. Gefügig, gehorsam, hörig.

Ich hörte auf ihn und all das Zeug, was er erzählte. Er war ein Pragmatiker, ein Niederbayer, ein Geschäftsmann. Kein Intellekt, keine Philosophie, kein gedanklicher Austausch, keine Anregung. Er war ein Bulle, ein durchtrainierter Vollmann, verkörperte das Ideal aus amerikanischen Schmonzetten, mit denen ich aufgewachsen war. Muskeln, braun, Geld, Macher, Steiger, Wolfsblick, lange Haare, Django, Weiberverführer, Lügner. Er bescherte mir einen Orgasmus nach dem anderen, jeden mit einer neuen, eigenen Qualität. Seine Phantasie, mit meiner Klitoris umzugehen, kannte keine Grenzen. Ich war ihm völlig verfallen.

Allerdings war ich immer völlig verfallen. Ich war auf jedes Mannsbild, mit dem ich zusammen war, völlig fixiert, aber niemals sexuell.

Und seitdem Yanni fort war, der mich nie ausreichend befriedigt hatte, was vielleicht gar nicht an ihm, sondern nur an uns beiden lag – seitdem ich sexuell kontinuierlich befriedigt wurde, fühlte ich mich wie eine leere Batterie, ausgesaugt, ausgelaugt, ohne Chance, jemals wieder Sprungkraft, Vitalität und Energie zu bekommen.

Torak klatschte in die Hände und machte einen kleinen, schiefen Sprung, der ihn fast zu Fall brachte.

»Oh«, rief er aus, »Gnädigste ...! Das ist ja phantastisch und hochinteressant! Eine echte, deutsche Hörigkeitsgeschichte! Die Powerfrau mit der geheimen, unausgelebten Unterwerfungslust! – Weiß die Presse schon davon?«

»Sind Sie wahnsinnig ...?!«

»Da können Sie die Story des Jahrzehnts drausmachen ...!«

Er ging hinkend auf und ab.

»Ha, ich sehe sie schon daherwehen, die Damen und Herren von der Presse, mit Notizblöcken und Cassettenrecordern bewaffnet, wie sie über Sie herfallen und die letzten intimen Geständnisse aus Ihnen heraussaugen für eine geile Pressemeldung; wie sie um jeden Preis das Inkognito des Herrn Simon lüften wollen, auch um den Preis der Lebenszerstörung, für ein paar verkaufte Drecksblätter, für ein paar Hurenmark mehr ...!«

Er blieb stehen und rieb sich das Kinn.

»Unterwerfungslust ..., wußten Sie das von sich?«

»Nein. Natürlich nicht, sonst hätt ich besser aufgepaßt, wem ich mich unterwerf!«

»Aber nein, ganz im Gegenteil ..., das war doch perfekt! Tumbe, sexuelle Machtausübung vernichtet filigranes Köpfchen. Tja ..., Handeln ist männlich – Dulden ist weiblich. Ein jahrtausendealtes Ritual.«

»Und Sie sind ein unverschämter Narr, Torak. Ich gehe!«

Ich drehte mich um und wollte zum Wagen gehen. Er schlurfte hinterher.

»Nein, Verehrte, bleiben Sie ...! Ich bin kein unverschämter Narr – ich bin ein schamloser Clown! Das ist ein Unterschied. Ich habe keine Moral. Auch keine Anti-Moral! Das ist alles Firlefanz. Ich bin einfach neugierig und habe Freude an der Vielfalt der Lebensformen ...!«

»Hören Sie, lieber Torak, es geht hier um eine große Leidenschaft – nicht um Witze ...!«

»Alles, was leidenschaftlich ist, hat mit Unterwerfen und Beherrschen zu tun, wußten Sie das nicht ...? Aber ich hatte Sie unterbrochen ... Sie wollten sich noch etwas ausschleimen, Verehrte. Ich schlürfe Ihr Leid auf, untertänigst!«

Nichts geht mehr

Eine mögliche Lösung schien mir der Umzug in ein kleineres Haus zu sein. Zwei Häuser hatte ich mir angesehen. Nun wurde das dritte besichtigt. Kirchberg, Siedlung, dreiseitig Nachbarn, links eine geschiedene Frau mit zwei Kindern, rechts ein Pensionärsehepaar, dahinter der Bankdirektor von Kirchberg, Rauhputz, Galerie, Kachelofen, Fußbodenheizung, dreifache Wärmeisolierung, Küche Fichte massiv out of the Prospekt – direkt. Großer Bauernschrank aus einem Schloß, Ziegelfliesen, Baujahr '88. Im Obergeschoß drei Winzigzimmer – Schlafzimmer, Kinderzimmer, Gästezimmer. Das Idyll. Doppelgarage, Sauna. Hanggrundstück, Blick über Siedlungshäuser. Wenn man auf die Veranda tritt, blickt man direkt in die Nachbarn. Die Verlockung, so ein schönes, warmes, intaktes, sauberes, funktionierendes Nest fertig zu kaufen, ist eine tödliche Falle.

»Und dort willst du also mit dem Blumenbinder nach einem fernsehangereicherten Abend ins gemeinsame Ehebett zum glücklichen Sex gehen?« – fragt Jake.

Jake heißt eigentlich Jakob, ist Musiker, Toningenieur, versoffen, verwahrlost, originell und schwierig. Probleme mit Anspruch und Wirklichkeit, Anfälle von Größenwahn, Marke genialer Versager, abgefuckter Romantiker, Lebenskünstler mit Neigung zum Selbstmord und zur Selbstironie, die die Selbstmordneigung meist wieder relativiert. Nicht unintelligent, aber null Format und keinerlei Benehmen.

Verrät sich selbst und andere, hat trotzdem Charakter, wenn der auch zeitweise nur aus Widerstand besteht.

Ich schweige. Grinsend, trotz allem. Dann sage ich:

»Du findest also eine halbe Million für ein Familienexperiment ein bißchen viel?«

Ich wußte, das ist der Boden, auf dem Amokläufer gedeihen; wo der Partner die psychischen Erstickungsgefühle nicht mehr nachvollziehen kann.

Was hast du denn – uns geht's doch so gut? Nach spätestens zwei Wochen würde ich den Mann anfiesen, warum er so träge herumhängt, warum er seinen Hintern und sein Hirn nicht bewegt, warum er keinen neuen Gedanken erzeugen kann, daß mir alles auf den Seiher geht. In so einem Haus gedeihen nicht mal Gedanken über Freiheit. In so einem Haus wird gegessen, ferngesehen und geschlafen.

Ab und zu kommen Freunde auf ein Bier. Höchstens bis zwölf Uhr. *Morgen früh ist die Nacht rum.* Morgen ist wieder ein Tag.

Die Zukunft steht seit Monaten wie eine graue Nebelwand vor mir. Dicke Suppe überall.

Eins weiß ich allerdings genau: Daß dieser Mann Simon, von dessen Entscheidung ich mich seit einem Jahr als angeblich abhängig gebärde, der falsche Mann für mich ist. Ich werde depressiv in seiner Gegenwart, mein Kopf ist augenblicklich leer. Ich werde unwitzig und tranig. Und müde. Fast manisch die Gähnanfälle, die ich neuerdings immer bekomme. Nach vierzehn Tagen Gemeinsamkeit habe ich ihn rausgeschmissen, weil er am ersten Tag meiner Abwesenheit wieder bei seiner Frau geschlafen hat.

Genau an dem Tag, als ich mir sicher war, mich endgültig lösen zu wollen und zu können, rief er wieder an:

»Ich hab das Buch von dir gelesen, ›Gesetze des Schicksals‹«, sprach er aufgeregt, »ich habe es fast ausgelesen. Und ich weiß jetzt, was ich tun muß. Ich darf mir keine Hintertüren mehr offenlassen, das steht auch in dem Buch. Wenn man etwas will, muß man es ganz tun, ohne Rückversicherung. Blick nach vorne auf das Gewollte – und durch. Ich halte es zu Hause nicht mehr aus. Heut hat sie sich aufgeregt, weil ich lesen wollte. Es geht nicht mehr. Ich will zu dir. Ich muß zu dir! Donnerstag oder Freitag komme ich zu dir!«

Zum wievielten Male spielen wir dieses Scheißspiel, denke ich und werde weich:

»Ich bin inzwischen ziemlich cool, mein Lieber. Wenn du diesmal nicht kommst, brauchst du gar nicht kommen!«

Wie oft habe ich ihm das schon gesagt? Wieso bin ich nicht imstande, ihm souverän auf die Schulter zu klopfen und zu sprechen: Es war alles lieb gemeint, Burschi, aber hier handelt es sich um zwei Welten, die miteinander soviel zu tun haben wie Voodoo und Baufinanzierung?

Kann eine Frau so hirnlos ihrer Fud verfallen wie ein Mann seinem Schwanz? Oder steht wieder mal die instinktive Sehnsucht nach Geborgenheit, deren matten Schein dieser Typ ausstrahlt, gegen die Lernfähigkeit, die Evolution bedingt?

Der Umgang hat mich merklich verdummt, mir entfallen Worte, ganze Meinungen hab ich nicht mehr. Weil meine Aussagen ohne Feedback in einer dicken Suppe von wabbliger Nichtreaktion zerfließen. Er hat nichts zu antworten, wenn ich erzähle, er beginnt oft, während Erzählungen zu pfeifen (!), er lebt in der dämmrigen Welt des Desinteresses an fast allem außer Geld, Sex und Geschäft. Vielleicht noch Gefühl, schon, ja. Ursuppengefühl, undefiniert, undifferenziert, Paarbildungsinstinkt. Er will raus aus der Eintönigkeit seiner Ehe, in der es außer Arbeit und Fensehen nicht viel gibt. Er will zu mir – mit mir leben, für mich und mit mir arbeiten. Aber der dumpfe Wille ist alles, was er hat, es fehlen ihm sämtliche Voraussetzungen, der Background, die Erfahrung, das intellektuelle Niveau. Warum lasse ich ihn nicht, wo er ist?

Ich habe nicht mehr so viel Kraft und Ausdauer, einen unbehauenen Fels zu gestalten. Ich weiß alles so genau wie selten und könnte es mit lieben, klaren Worten sagen, gleich jetzt, wenn er anruft. – *Mut, Frau Lustig!*

Ich sage es aber nicht, weil ich auch in dieser mittlerweile faden Gefühlssuppe schwimmen will, Baby spielen, in Mutterarme sinken, Wärme spüren, Nähe riechen, so tun, als sei alles in Ordnung, wenn man nur gesäugt wird und gestreichelt, als lösten sich Probleme der Arbeit und Kreativität dann in Nichts auf, als käme Schreibfähigkeit aus dem ordentlich gefickt werden, geleckt werden, in die Arme genommen werden. Ich will ihn nicht als meinen Lover verlieren und spiele dafür ein falsches Spiel. Ich pokere hoch, und der Einsatz ist meine Gesundheit, mein Kind, mein Leben.

Lavina, die Trödelhexe, eine esoterisch engagierte Freundin, die mit antiken Bauernmöbeln handelt, riet mir, mich gedanklich mit einem Lichtkreis zu schützen. Menschen, die in der Öffentlichkeit stünden, seien den zerfleischenden Gedanken von Millionen anderer Menschen ausgeliefert. Ich soll mir ein Licht-Ei vorstellen, das mich umgibt. Aber das Licht-Ei schützt mich wohl nicht gegen meine eigene Triebhaftigkeit, gegen hirnlose Urwünsche, gegen Rückfälle in Vorstufen meiner Entwicklung, heißt: Regression.

Da will eine Frau einmal wirklich nur Sex, und dann kommt der Typ mit Liebe und schleimt sie ein.

Torak sah mich mit seinen schwarzen, funkelnden Augen durchdringend an.

»Ah jaa ..., das interessiert mich ...! Ich liebe geile Geschichten von Hörigkeit und vom Verfallensein, von menschlicher Schwäche und psychischer Labilität. Finden Sie nicht auch, daß die Abgründe viel faszinierender sind, als irgendwelche trivialen Aufsteigergeschichten? Das Leid macht mich neugierig, das Versagen, demgegenüber Gefühllosigkeit und Kälte steht; das Kranke, Perverse, Mörderische im menschlichen Gemüt ... Darin liegt bei weitem mehr Faszination – und vor allem Wahrheit! – als in allen verlogenen Heldenepen der Geschichte, die ja nur dazu da sind, den Menschen eine Vision zu geben, ein Ideal; all die erfundenen Götter und ihre Söhne, die Drachentöter und Kriegssieger, aber die Wirklichkeit, die uns umgibt, das sind die Versager, die Schwächlinge, die Kleingeister, die Irren und Verzweifelten, Müden, Traurigen. – Sagen Sie selbst, sind Sie von Schwarzeneggers umgeben oder von Woody Allens?«

»Letzteres wohl.«

»Ich bin ein Körperkrüppel und Sie ein seelischer. Aber Ihre verkrüppelte Seele, Verehrte, kann wieder laufen lernen. Mein Körper bleibt so, wie er ist. Ich war nie jemandem verfallen. Bei mir kam es gar nicht dazu. Wenn ich körperliche Liebe wollte, mußte ich sie mir kaufen oder mich mit

Brosamen barmherziger Damen zufriedengeben. Sie jedoch durften sich vom dionysischen Zauber in die Tiefe der sinnlichen Lust reißen lassen. Bereuen Sie nichts! Ich beneide Sie.«

»Ich bin nicht sicher, ob Sie mich auch nach meiner Erzählung noch beneiden, Torak. Es war quälend.«

»Quälend ..., ein schönes Wort, ein lebendiges Wort, ein Wort, das Phantasien weckt. Nur zu, meine Liebe ..., ich höre ...!«

Alles aus dir holen

Ich treffe mich mit Resa, Yannis neuer Freundin. Die Schlinge zieht sich zu.

Resa kämpft um ihre Beziehung zu Yanni. Ich kämpfe um meine Beziehung zu Yanni, die keine intime mehr ist, aber so lebensnotwendig für mich, daß ich fürchte, mit dem Verlust seines Umgangs mein künstlerisches Genick gebrochen, meinen Lebensnerv getötet zu haben. Trotz dieser Erkenntnis wäre ich nicht imstande, Ja zu seiner Rückkehr zu sagen, wenn er sie mir anböte. Zuviel war unmöglich, zu endlos die Streitereien, zu klein das Wohlwollen und das Verständnis füreinander. Das ganze Ausmaß des Verlustes wird erst jetzt klar.

Aus mir selbst heraus soll ich alles holen, sagt Resa, und nicht von Yanni abhängig sein. – Ich bin aber abhängig. – So abhängig, wie ein guter Schauspieler von einem guten Regisseur abhängig ist. Mindestens. Wir waren ein Kreislauf. Ich wußte nicht, wieviel ich mit Yanni verloren habe. Ich habe die Trennung ganz einfach unterschätzt. Ich bin sprachlos geworden, meinungslos, mutlos, kraftlos. Er war mein Trostspender, mein Fürsprecher, der Erschaffer meines Selbstbewußtseins, mein Mentor, mein Lehrer, mein Führer und die größte Nervensäge des Jahrhunderts, das hellsichtigste Schandmaul des Jahrzehnts und der treueste Despot, den ich kenne. Ein Moralist, aber ein gänzlich autonomer, ein Klischeebrecher, ein unangepaßter Radikaler. Und ich bin Medium gewesen für seine kreativen Ergüsse, habe die

Saat in jeder Beziehung aufgehen lassen, die er als Keime in mich gesenkt hat.

Resa hat sich die Lockrufe verbeten, die ich wiederholt ausgesandt habe, ohne zu ihnen stehen zu können, wenn sie eine entsprechende Reaktion hervorrufen würden.

Als Yanni mich das letzte Mal vor dem Termin beim Notar zur Überschreibung seines neuen Hauses auf seinen Namen fragte, sehr verschlüsselt fragte, ob ich ein Angebot zur Wiedervereinigung annehmen wollte, er würde es auf sich nehmen, wenn ich es wirklich wolle, schwieg ich, stellte mich verständnislos und war zu einem Ja nicht in der Lage. Er war bereits mit Resa liiert, diese Liaison wollte ich nicht stören und meine mit Simon nicht beenden, trotz aller widrigen Umstände.

Nun bin ich umgeben von Sprachkrüppeln, Wortungewandten, Kürzelsprechern. Meine Sprache verarmt, ich weiß die Worte nicht mehr, und die Gedanken werden weniger. Ich bestehe nurmehr aus Panik und Schwarzsicht. Mein Lebenselixier habe ich fortgeschickt, weil ich es nicht mehr ausgehalten habe. Ich konnte die fünfzig Prozent Unerträglichkeit seiner Person nicht aushalten und die fünfzig Prozent Unersetzlichkeit nicht ermessen.

Merke dir das: *Den Wert eines Menschen erkennst du, wenn er nicht mehr da ist. Das Schöne lebt in der Erinnerung, und die Gegenwart ist vergiftet von Schwäche und Kurzsichtigkeit.*

Torak sann vor sich hin und blickte eine Weile auf den kleinen See hinaus.

»Thomas Bernhard ist gestorben. Haben Sie sein Buch *Der Untergeher* gelesen?«

»Woran ist er gescheitert?«

»Am Suff, an der Einsamkeit, an der Sinnentleertheit seines Daseins …

Der Untergeher im Roman ist sein Freund, der an der Genialität des Klaviervirtuosen Glenn Gould scheitert, demgegenüber seine eigene Begabung ein Schrumpfkopf bleibt, entlebt, entseelt, zu klein.«

»Warum erzählen Sie mir das?«

»Nun ja, es gibt Parallelen ...«

Mein eigener Kopf fühlte sich auch an wie ein Schrumpfkopf. Es blühte nichts mehr; alte, abgestorbene Ansichten vermehrten sich krebsartig und überwucherten sämtliche Kraft und Hoffnung. Ich vegetierte apathisch und wartete auf den Punkt, an dem mein Lamentieren keinen mehr interessierte, kein Mitgefühl mehr auslöste. Ab und zu machte ich Yoga-Übungen. Auf einem der Übungsblätter stand:
Betrage dich tapfer, und scheue dich vor keiner Schwierigkeit, denn du selbst mußt es tun, und durch die Qual und die Angst der Erkenntnis mußt du allein durch; so wie du ja auch selbst sterben mußt, so mußt du auch selbst leben.
Und:
Die Genugtuung liegt in der Mühe, sein Ziel zu erreichen, nicht im Erreichen selbst.

Am Abend zuvor sagte auch Jake, ich solle mein Leben nicht mit Warten verbringen, sondern selber tun, und in einer Rundfunksendung riet ein Radiotherapeut einer Frau, der es ähnlich erging wie mir: »Das Wollen nützt gar nichts. Tun müssen Sie, tun.«

Yanni sagte: »Diszipliniere deinen Kopf!«

Alles wahr, auch Resas Satz: »Du mußt alles aus dir selbst holen.«

Nur: Meine Seele ist krank, mein Hirn angstgelähmt, das Denken erstarrt, Eistränen statt Freudenfeuer. Ich existiere nicht, ich vegetiere vor mich hin, zwischen Angst und Depression, und keiner weiß den Weg hinaus.

No way out. Alle wissen, wie es geht – aber die Ratschläge greifen nicht.

Sie werden von Gesunden gegeben, von leistungsstarken, energischen Menschen, die, wenn auch mit Schwankungen, ihr Leben im Griff haben. Ich habe meines nicht mehr im Griff, es zerfällt mir unter den Fingern. Nur Menschen bauen mich manchmal noch auf, lustige, kraftvolle, starke Menschen.

Ich weiß, ich sollte die Verbindung zu Simon beenden. Sein Leben ist tägliche Routine, ohne Anregung, ohne Neues, ohne Erlebnisse, tägliches Einerlei mit Endziel gute Rente.

Aber ich steh so auf ihn, sein Mund und mein Geschlecht sind eins, seine Hände und mein Körper lieben sich, sein Atem und meiner wollen zusammen, wir wollen uns riechen und spüren und belecken, reiben aneinander und halten, drücken und Obszönitäten in die Ohren flüstern. Es ist dies unsere Sprache, die wir meisterhaft beherrschen, in der wir sprechen können, nur wir ... und keiner von uns beiden konnte es so mit einem anderen zuvor.

»Mmhm...!« Torak zupfte sich am Ohr und kratzte sich am Kopf, runzelte die Stirn, zog die Augenbrauen hoch, wiegte den Kopf, brummte etwas, dann sah er mich an: »Wie man sich täuschen kann ... faszinierend, Gnädigste! Ich hatte wirklich ein gänzlich anderes Bild von Ihnen. Obwohl ich natürlich spürte, daß Ihr Schein nicht Ihr Sein ist, aber die Differenz ist ja doch recht kraß, nicht wahr.«

Ich fand ihn dreist und wurde ungehalten. Er gab sich weise und verstand nichts.

»Ich schildere der Öffentlichkeit nicht meine Abgründe, Herr Torak, das ist höchst unprofessionell. Es langt, wenn andere das machen. Es ist nur so ... wenn der Riß zwischen Image und Privatmensch zu groß wird, stürzt die Seele in diesen Spalt.«

»Und was macht man dann?«

»Den Riß kitten, indem man seine Kunst der Privatperson wieder angleicht. Umgekehrt kann es auch helfen. Manche schaffen das allerdings nie und werden darüber verrückt. – Bei mir hat es bisher geklappt.«

»Bisher.«

»Ja. Bisher. Mehr kann ich Ihnen an dieser Stelle nicht sagen, Torak. Und ich bin auch gar nicht mehr sicher, ob ich es Ihnen erzählen will.«

»Ich verstehe. Das macht nichts. Ich bin übermorgen bei Ihnen, Verehrte. Sie haben mich gerufen, und nun bin ich Ihnen zu Diensten!«

Ich sah ihn mißlaunig an.

»Imaginiere und ordne an – heißt das Prinzip. Mir scheint, Sie haben ein kleines Goethesches Zauberlehrlingsproblem, meine Liebe. Grundsätzlich.«

Wir redeten hin und her, aber er ließ sich nicht abschütteln. Also erklärte ich ihm den weiten Weg zu mir auf das Land, vereinbarte die Zeit und ließ es sein Problem sein, wie er hinauskam zu mir.

»Bis dann, Verehrte ...!«

Er machte die Verbeugung, zog seinen Hut und hinkte in den Nebel davon.

Ich fuhr verstört nach Hause.

Um Gottes willen, was sollte ich mit diesem häßlichen Zwerg?

Der schaut aus wie aus meinen Träumen, dachte ich. *Kommen die jetzt alle aus der Nacht in meinen Tag hinein, die Wesen, die mir erscheinen?* In der Welt der Zwerge und der Nachtmare war ich stets mehr zu Haus als in der taghellen Geschäftswelt. Das Theater, die Bühne ist das *missing link,* das die Zwerge mit den Aktenordnern verkuppelt, die Phantasie mit der Ordnung. Beides ist existenziell durchaus unverzichtbar; fehlt eins, wird der Mensch krank oder wirr.

Bei mir hatte sich stets alles erfüllt, aber auf eine Weise, die nicht voraussehbar war. Torak hatte recht. Wie der Zauberlehrling erhielt ich immer, was ich ersehnte, und wurde zuerst nicht fertig damit. Ich erträumte mir Herausforderungen, bekam sie – und mußte dann kämpfen, bis ich ihnen gewachsen war. Hatte ich womöglich nicht genau genug gewünscht, die Vorstellung nicht exakt genug ausgearbeitet? Wie sollte ich ahnen, daß die Götter mir wie einer Mastgans mit allem den Rachen stopfen, wonach diese Gans hungrig gegiert hatte? Ich wollte Kasperl werden und wurde es, ich wollte Ruhm und bekam ihn, ich wollte viele Männer haben und bekam sie, ich wollte viel Geld und bekam es – und mußte dann stets all das aushalten lernen, was an Unbill damit verbunden war. Zuletzt war es der Sex, den ich ersehnte und den ich im Übermaß hineingeschoben bekam in jede Körperöffnung, unaufhörlich, bis ich abgefüllt war. *Mit Träumen ist es wie mit Werbeversprechungen: Unerfüllt sind sie am schönsten!* Aber hätte ich irgendwas missen wollen von dieser ekstastischen Reise durch mein Schlaraffenland? Nein, nichts.

Ich schlief kaum in dieser Nacht. Um drei Uhr fuhr ich im Bett hoch und sah auf dem mondbeschienenen, chinesischen

Teppich Torak stehen, wie er schadenfroh grinste und mich aus böse funkelnden Augen anstarrte.

»Du bekommst, was du wünschst«, raunte er, »das ist dein Schicksal!«

Ich erschrak zutiefst, bis ich mir die Augen rieb und bemerkte, daß ich einem Zerrbild aufgesessen war. Mein Stuhl mit den Kleidern und meinem Hut darüber warf Schatten, weiter nichts.

Mit dem Schlaf war es vorbei. Ich wälzte mich unruhig hin und her und wartete auf das Morgengrauen. Erinnerungen stiegen hoch. Wie war das gewesen in Singapur ... mit dem malaysischen Prinz, der mich in der Bambushütte zum Rauschen der Wellen bei Kerzenlicht nach allen Regeln der Kunst verführt hatte ... seine bronzene Haut, die dunklen Locken, die mandelförmigen Augen, die dicken Lippen ... davor die vier Texaner, die mich nacheinander bestiegen hatten, wie geile Hengste. Einer hatte mich aufgerissen, die anderen drei kamen im Schlepptau hinterher. Und während ein geiler Bock mit mir kopulierte, sahen die anderen zu. Träume, die Wahrheit wurden ... Was bietet das Leben für Freuden, wenn man sie aushalten will! Wenn man bereit ist, sich auszusetzen, kann man jede Erfahrung machen, die man sich vorstellt, ohne sich dabei zu verlieren.

Imaginiere und ordne an. Aber sei vorsichtig mit dem Wünschen, Lena, auch mit den Ängsten ..., die Bilder im Kopf werden alle Wirklichkeit.

Oft hatte ich das Gefühl, als würde ich innerlich von mehreren Identitäten behaust. Das war kein Ansatz zur Schizophrenie – das war *Multi*phrenie! Mein Leben, kam es mir vor, könne gar nicht lang genug sein, die vielen Rollen zu spielen, die ich darstellen, nein *leben* wollte. Da es gleichzeitig nicht möglich war, darauf kam ich mit der Zeit – damit hätte ich mich übernommen, springend von Woche zu Woche, von einem Tag auf den anderen oft, manchmal gar von Stunde zu Stunde, in eine andere Haut – wenn also nicht gleichzeitig, dann hintereinander.

Eine Kartoffel nach der anderen schälen, sagt meine Mama immer.

Ich wollte Schauspielerin sein, Musikerin, Autorin von Romanen, Gedichten, Theaterstücken und Drehbüchern, Rocksängerin, Songwriterin, Moderatorin, Komikerin – außerdem Ehefrau, Hausfrau, Mutter, Nonne in Tibet (leider unmöglich, dort gibt es nur Mönche!), Globetrotterin, Eremitin, Nutte (Domina *und* Sklavin) und Politikerin.

Man kann das als Identitätsschwäche auslegen, aber auch als Begabungsvielfalt. »*Wen Gott strafen will, dem schenkt er viele Talente*« – sagt meine Mama. Es sind ja nicht alles Träume geblieben! Bis auf die Nonne in Tibet und die Politikerin bin ich alles schon gewesen. Die Hobbynutte in privater Benefizfunktion, aber immerhin. Welche Frau kann das für sich in Anspruch nehmen?

Und nun hatte ich also diesen schrägen Zwerg am Hals. – *Bon.*

Auch den hatte ich mir Jahre zuvor erträumt in Korfu. Dort war ich alleine in Urlaub gewesen, ohne Mann, und hatte mir in der Hitze des griechischen Sommers einen knorrigen Zwerg entworfen, der versprach, mich die reine Lust zu lehren, ohne jegliche Abhängigkeiten, unter der Bedingung, daß ich meine Angst aufgäbe. Ich erging mich in unvorstellbar obszönen Phantasien, die ich nicht ausführen kann, weil ich befürchte, den Leser zu verschrecken. Jedenfalls sorgte der Zwerg dafür, daß ich alles erlebte, was ich wollte, und auch er selbst befriedigte mich auf perverseste Art; eine Art, die in deutschen Frauenträumen üblicherweise keinen Platz hat.

Den ganzen Tag und den darauffolgenden tagträumte ich müde und wirr vor mich hin, versuchte, mich zu beschäftigen, was mir nur unvollkommen gelang. Das Haus war leer, mein Sohn beim Vater, ich war allein und wartete auf Torak.

Wir hatten sechs Uhr abends vereinbart. Um fünf machte ich einen Spaziergang, um einen klaren Kopf zu bekommen. Kurz vor sechs Uhr kam ich zurück und machte noch einen Rundgang um das Anwesen. Als ich wieder zur Eingangstür kam, saß Torak auf der Holzbank vor dem Haus. Ich hatte weder ein Auto, noch Schritte auf dem Kiesweg gehört. Wie immer schien er aus dem Nichts aufzutauchen.

»Hallo, Gnädigste ..., welch eine Freude, Sie zu sehen ...!« Er humpelte schief auf mich zu und streckte mir die Hand entgegen. »Na, wie ist das werte Befinden? Bereit zum Abflug?«

»Abflug ... wohin?«

»In den Süden, wie die Zugvögel im Winter. Wegfliegen aus der Kälte Ihrer Verbitterung in die wärmende Sonne Ihres gütigen Herzens ...«

»Ach, Torak, Sie Lyriker ... Ich kann nicht fliegen, meine Schwingen sind gestutzt. Ich flatterte wie ein dickes Käfighuhn einmal aufgeregt im Kreis und sinke ermattet zu Boden ...«

»Aber, Verehrte, welch eine selbstvernichtende Beschreibung. Ihre Schwingen sind eventuell gelähmt, so würde ich das sehen, aber das kriegen wir hin. Sie werden wieder hochfliegen in Tagen und Gedanken ..., was wollen wir wetten?«

»Nichts. Ich wette nicht.«

»Doch! Wir beiden fahren zum Karneval in Venedig, Ende Februar. Sollten Sie immer noch so traurig sein, lade ich Sie ein, wenn nicht, zahlen Sie. Ist das ein Angebot?«

»Ich könnte Ihnen aber Traurigkeit vorspielen, um Geld zu sparen!« lachte ich.

»Nein, nein, das tun Sie nicht«, erwiderte er fröhlich. »Dazu haben Sie zuviel Sportsgeist!«

»In Ordnung, abgemacht, drei Tage Karneval in Venedig!«

Ich hielt ihm die Hand hin, und er schlug ein. Dann gingen wir ins Haus.

»Sind Sie müde von der Fahrt?«

»Oh nein, meine Gedanken haben mir viel Spaß gemacht und mich wach gehalten.«

»Wie haben Sie hergefunden? Sie wollten doch anrufen und nach dem Weg fragen!«

»Ach, Gnädigste, lassen Sie das mein kleines Geheimnis sein. Ich komme überall hin, wenn ich will ..., aber ein Tee wäre schön.«

Ich machte Tee, und Torak stand neben mir in der Küche und unterhielt mich mit Späßen. Er führte vor, wie er sich als Clown bewegt hatte, ahmte verschiedene Gestiken von unterschiedlichen Charakteren nach, schnitt Grimassen und brachte mich zum Lachen, daß ich mich fast am Kaffee verschluckte. Nach einer Stunde waren wir so guter Stimmung, daß meine Bedenken ihm gegenüber weggefegt schienen.

»So ..., und nun an die Arbeit, Verehrte. Wo werden wir uns aufhalten ...? Warten Sie ..., ich sage Ihnen, wo!«

Bevor ich ihn hindern konnte, humpelte er mit vergnügtem Gesichtsausdruck durch alle Räume, auch durch die im ersten Stock und im Speicher, was ihn etwas außer Atem geraten ließ, und blieb dann im Wohnzimmer stehen.

»Aahh ja ..., hier ist es gut. Der Kamin, die Rundbögen ..., war das ein Stall?«

»Ja, man sieht es am Salpeter in den Mauern. Ich muß das noch machen lassen.«

Ich dachte an Simon. Unser erstes Gespräch war über den Salpeter in den Mauern der alten Bauernhäuser gegangen. Und immer hatte ich das noch nicht renovieren lassen, wie alles andere. Es kam mir vor, als müsse die Beziehung zu Ende gehen, wenn ich den Schaden behob. An den schadhaften Stellen bröckelte der Putz, darunter sah man die gut hundertjährigen Ziegel.

»Wollen wir das Feuer anmachen«, sagte Torak, »warten Sie, ich erledige das. Kaminfeuer machen muß immer der Mann.«

»Wer sagt denn so einen Unsinn ...?«

»Ich, Torak Namadov. Natürlich ist es ein Unsinn, aber das macht doch nichts!?«

Die trockenen Scheite gingen schnell in Flammen auf, und das Kaminfeuer prasselte. Torak ließ sich in die Ledercouch fallen und schlürfte genußvoll seinen Kaffee.

»So, meine Liebe, und nun schreiten wir zur erzählerischen Tat. Ich bin der Sultan und Sie meine Scheherazade. Zwei und eine Nacht allerdings nur ... Wir werden ein bißchen schneller sein müssen als die beiden. Wir haben nicht drei Jahre Zeit. – Ich frage, Sie erzählen, ich äußere mich dazu.«

»Weiter nichts ...? Das Wiederkäuen bedrückt mich doch nur ...«

»Nein, nein, Sie werden sehen, daß es Sie eher erleichtert ... Vertrauen Sie mir und meinen Fähigkeiten.«

»Ich habe immer vertraut. Und zuletzt ist es fast mein Ruin gewesen ...«

»Sie müssen einige Erlebnisse mit neuen Gedanken kurzschließen, dann zündet der Funke wieder. Im Moment stottern Sie so dahin und kommen nicht in Fahrt ..., aber das kriegen wir schon hin.«

»Na gut, Torak, jetzt sind Sie schon einmal da, und ich will mich nicht verweigern. Wo fangen wir an?«

»Wir fangen am Anfang an, meine Liebe, bei Ihrem Liebsten, Ihrem labilen Gebieter. Wo sahen Sie ihn das erste Mal?«

Simon

Eitelkeit und Glück
schließen sich aus …

Die erste Begegnung

Yanni wohnt noch bei mir, aber die Trennung ist beschlossen.

Ich bin in optimaler Verfassung, kein Fett am Körper, durchtrainiert, vier Jahre keine Zigaretten und keinen Alkohol, fröhlich, gesund, glänzend, Sportlernatur. Freunde sagen: »Du strahlst ...!«

Das Abstreifen der Ehe-Zwangsjacke gibt Auftrieb, die ersehnte Freiheit winkt.

Die Geschlechtlichkeit liegt lang schon brach in unserer Ehe. Streite, Auseinandersetzungen, Fehlverhalten haben uns entzweit, Annäherung aufgrund der vielen Zerwürfnisse unmöglich. Unser Funke zündet künstlerisch, nach wie vor. Und wir treiben gemeinsam Sport.

Bei einer dieser Trainingseinheiten sehe ich Simon zum ersten Mal.

Er saß an der Bar und verfolgte meine Bewegungen mit der Ruhe einer Großkatze. Wir kommen ins Gespräch über bäuerliche Anwesen und Salpeter in den Mauern. Es stellt sich heraus, daß wir nicht weit voneinander wohnen.

Der ist ein Steiger, der Simon. Früher hätt ich mir so einen Mann nicht einfangen können, jetzt schon! Lenzens Jagdtrieb erwacht, will Belohnung für die viele Körperarbeit. Seine übermäßig muskulösen Arme fallen auf, der extrem trainierte Rücken, die perfekten Proportionen. Ein Pirat, ein Musketier, Straßenräuber, einem Abenteurerfilm entsprungen ..., bullig und groß, lange Haare auf breiten Schultern.

»Was machst du beruflich?«

»Ich bin Blumenbinder.«

Einunddreißig Jahre alt, angestellt im Laden seines Vaters. Schöne Stimme, weich und tief. Augen wie ein Wolf. Ich fühle mich beobachtet.

Er streicht sich die Haare aus dem Gesicht und lacht. Die Stirn könnte höher sein.

»Wir haben das Problem mit den feuchten Wänden auch gehabt. Die Risse in den Fensterleibungen waren's«, sagt er, »da ist die Feuchtigkeit rein. Jetzt ist es staubtrocken. Komm doch vorbei und schau dir die Fenster an ...«

Er sieht mich an. – Indifferent. Fallensteller. Ich kann nichts lesen aus seinem Blick. – Als er sich Zigaretten holt, sagt Yanni: »Der schaut aus wie ein Zuhälter.«

Sein Gesäß ist ein Traum, klein und knackig wie ein Apfel.

»Findest du ...?« Wie er wohl unter der Trainingskleidung ausschaut ...? Abwarten.

»Daß du immer auf die gleichen Typen reinfällst ...!«

Mein Mann ist ungehalten. Und er ist eifersüchtig. Keiner legt einen Besitzanspruch von heut auf morgen ab, im Gegenteil, in der Trennungsphase kocht er hoch. Yanni war stets mein Wächter für Niveau und vor unpassenden Menschen. – »Ich bin ausgebildeter Höllenhund!« sagte er.

Ich aber will jetzt meiner Spielernatur Raum geben, unverbindlich tändeln, nicht mehr jede Nacht und jeden Tag einen Mann um mich haben.

»Vergiß nicht, in drei Tagen gehen wir auf Tour. Üb deine Songs noch und die Texte!« sagt Yanni.

Wir verabschieden uns.

Queen

Drei Tage später. Winterwetter und Matsch. Kurz vor der Abfahrt nach Nürnberg.

»He, Yanni! Schau dir diesen Scheißtext an. Das ist das dümmste Lied, das ich seit Jahren gehört habe!«

Ich stapfte durch den Schnee zum Tourbus und wedelte mit einem Blatt herum.

»Das hab ich aus der Bravo. Da haben sie den Käse abgedruckt. Warum schreiben Frauen so unglaublich dumme Lieder?!«

»Wahrscheinlich ist es von einem Mann, der glaubt, daß Frauen so fühlen?«

»Tun sie oft auch, das ist ja das Schlimmste. Aber diesen Schwachsinn muß man ja nicht auch noch dauernd reproduzieren!«

»Alles einsteigen, Abfahrt!«

Wir waren mit unserer Rockshow *Queen* unterwegs.

Sechs Musiker, eine Sängerin, ich, die Techniker und die Fahrer. Insgesamt zwölf Leute.

»Ich will hinten sitzen, sonst wird mir schlecht.«

»Mach das Fenster zu, es zieht!«

»Nein, auf, da erstickt man ja!«

»Wo ist der Bibul?«

»Natürlich noch nicht da, was sonst!«

»Der regt mich tödlich auf. Das nächste Mal ziehst du ihm hundert Mark von der Gage ab!«

»Genau, wir sind immer die Deppen und müssen auf den Herrn Neger warten.«

Unser farbiger Bassist kam grundsätzlich zu spät.

Es gibt NT und BPT. *Normal time* und *Black people time.* Eine dreiviertel Stunde später kam er endlich.

»Bibul, das ist das Allerletzte, du bist fünfundvierzig Minuten über der Zeit!«

»*Oh boy,* was habt ihr immer? *Thirty minutes less ore more ... I dont care. You German people are crazy!*«

Unser Beharren auf Pünktlichkeit fand er vollkommen überzogen, überflüssig und typisch deutsch. Für ihn spielte es keine Rolle, ob wir irgendwo um sechs oder um sieben ankamen oder ob die Vorstellung um acht oder um halb neun anfing. Es blieb ein ewiger Kampf. Aber er spielte so himmlisch, daß wir ihm fast alles nachsahen. Bibul war erstaunlicherweise der einzige gewesen, der beim ersten Treffen mit Simon gesagt hatte: »*This is your friend? Oh ...! He is not the one you need, Lena; he is a traditional man, not good for you ...!*«

»Also, sind wir jetzt endlich vollzählig?«

Der Fahrer atmete tief durch und schloß die Türen. Der damalige Tourleiter redete die Musiker grundsätzlich nur mit *Sack Flöhe* an.

»Sind alle Flöhe im Sack?«

»O.k., dann geht's los. – Nürnberg, wir kommen!!«

»Yanni, ich bin hier hinten!!«

»Jaa, ich komm schon. Zeig her. Was ist da am Rand hingekritzelt?«

»Das sind meine Kommentare.«

Yanni schnappt sich das Blatt und liest laut. Der Text hört sich noch abartiger an, wenn Yanni ihn spricht.

Halt mich ganz fest, so daß ich dich spür.
Ich brauche dich und viel Mut.
Weiß nicht, wohin uns die Reise führt,
ich weiß nur, wo ich bin, bist auch du.
Wie schrecklich!

Nur, weil ich dich wirklich liebe,
kann ich nicht ohne dich sein.
Nur, weil ich dich wirklich liebe,
geb ich dir alles, nur dir allein. *Wie langweilig.*

Wenn deine Hand mich auch wehrlos macht,
ich frag mich nie, ist das gut.
Sollte sie aber ab und zu.
Ich hör dein Herz in der dunklen Nacht
und kein Mann auf der Welt ist wie du.
Das bezweifel ich.

Nur, weil ich dich wirklich liebe,
kann ich nicht ohne dich sein.
Nur weil ich dich wirklich liebe,
geb ich dir alles, jetzt und für immer,
geb ich dir alles, dir und nur dir allein. *Buäh!*

Ich weiß schon, irgendwann, du tust mir weh.
Wieso bleibt sie dann bei dem Arsch?

Dann sei nicht bös, wenn ich wein. *...?!*
Doch es darf nie geschehen, daß du mich belügst,
denn nur das könnt ich dir nir verzeihn.
Wieso nicht?

(gesprochen)
Weißt du, es hat noch keinen Menschen gegeben,
den ich so sehr geliebt hab. *Selber schuld*
Vielleicht mußt du jetzt lächeln über mich,
aber es ist die Wahrheit.
ich will alles mit dir teilen, was es gibt.
Alles ...? Wie töricht.
und das geht nur:

Nur, weil ich dich wirklich liebe,
kann ich nicht ohne dich sein.
Nur, weil ich dich wirklich liebe,
geb ich dir alles, jetzt und für immer,
geb ich dir alles,
dir und nur dir allein,
denn ohne dich kann ich nicht sein.

Trauriges Bild. Ziemlich fixiert auf den Typ!

»Was habt ihr da?« Fabian kam dazu, der Gitarrist.

»Das ist eine klassische Schwachsinns-Ausgeburt eines unterwürfigen Weiberhirns!« sagte Yanni.

»Mooment! Das ist Männerwahn von drittklassigen Songtextern!« widersprach ich.

»Wieso«, sagte Tini, unsere Chorsängerin. »Wenn man wirklich liebt, fühlt man eben so!«

»Mein Gott, jetzt fang du nicht auch noch an zu sülzen!«

»Ich meine ja nur. Ich bin auch so, wenn's mich erwischt – allerdings nur für ein paar Wochen ...«

»O.k., aber deswegen muß man doch sein Hirn nicht an der Garderobe abgeben und seine Selbstachtung mit dazu?! Außerdem ist der Text schlecht. Daß etwas in Wirklichkeit vielleicht auch so ist, sagt noch nichts über die Qualität aus.«

Ich kann schlechte Texte nicht leiden. Ich mag es nicht, wenn jemand Worte absondert, weil er Geld riecht oder nur ein Gerippe für die Musik braucht. Ich liebe Sprache, ich ringe mit ihr, und oft suche ich stundenlang nach einem treffenden, dem einzig richtigen Ausdruck für ein Gefühl. Das hier war banales Allerweltsgewäsch, und das Wort dafür war *Scheiße.*

Ein Jahr später und die nächsten vier dazu lebte ich das, was da geschrieben stand. Das einzige, was ich nicht tat, war, *alles zu teilen, alles, was es gibt.* Davor hat mich mein gesunder Geschäftssinn bewahrt. Sonst traf alles zu. – Nichts ist morgen so wie heute, und heute ist nichts wie gestern. *Seid nicht so sicher,* hat mein Opa immer gesagt. *Keiner von euch – es kann sich alles täglich ändern.*

Um fünf Uhr kamen wir in Nürnberg an. Wir waren sehr früh abgefahren, um noch eine Probe abhalten zu können.

»Gleich in die Halle bitte!« sagte Yanni zum Fahrer.

»Hallo, Gust – alles klar?«

»Ja, die Technik ist soweit. Ihr könnt's gleich loslegen. Wär mir auch lieber, dann hab ich noch genügend Zeit zum Essen nachher.«

»Alle Flöhe auf die Bühne! – Soundcheck!« Der Tourleiter trieb alle Musiker zusammen, wie ein Hirtenhund die Schafherde.

Yanni setzte sich hinter sein Schlagzeug und trommelte los. Ein ohrenbetäubender Lärm ließ unser Zwerchfell vibrieren.

»Yanni, bitte, nicht ganz so persisch, wenn's geht ...!«

»Da wär ich dann immer persisch, wenn deine Konservatoriumsschüler-Ohren keine Rockdrums vertragen!«

Fabian und Yanni hatten einen ständigen Kampf um die Lautstärke. Mir war es oft auch zu laut, aber nur deshalb, weil ich stimmlich nicht dagegen ankonnte.

»Lenz, alles o. k.? – Dann fangen wir mit *Queen* an. Bitte dran denken – Gitarrensolo kommt nach dem zweiten Refrain – und der kommt zweimal. Das war in den letzten Vorstellungen immer unklar. Ich will da kein Durcheinander mehr haben!«

Wir spielten die Nummer durch. *Queen* war der Titelsong und eine ironische, weibliche Pirouette vor dem Kniefall des Mannes. Inhaltlich ging es in der Show darum, daß der Mann die Frau zu verehren habe, da er von ihr abhängig sei und sich dessen endlich bewußt werden solle, alles mit freundlichem, aber satirischem Biß. Die Rockshow *Queen* verspottete Männlichkeitswahn, weibliche Passivität und die Unfähigkeit beider Geschlechter, ihren traditionellen Verhaltensritualen zu entkommen.

Yanni liebte es, mich auf der Bühne stark zu sehen, auch wenn er mich im realen Leben oft verbalen Demütigungen aussetzte. Vielleicht wollte er, daß ich demütig werde, wie seine Mutter. Und stark wie diese. Aber er fühlte sich provoziert durch Frauen, die laut und selbstsicher ihren Standpunkt vertraten. Er war sie einfach nicht gewöhnt, und ihr Verhalten und Ton reizte ihn, sie zurechtzustutzen. Er hatte es nicht gern, wenn jemand lauter und energischer war als er. Aber sicherlich spürte er, daß ich seine Herausforderung brauchte, um zu wachsen, um Verteidigung zu lernen. Es war äußerst anstrengend, mit ihm umzugehen, aber kräftigend. Yanni war für mich wie ein Sparringpartner, der meine Schnelligkeit, seelische Kraft und Abwehr trainierte.

Für Zärtlichkeit war in unserer komplexen, feurigen Künstler-Ehe wenig Raum.

»Lenz, du stehst vorm Mikrofon wie eine Kuh! Bitte denk dran, am Abend, daß du dich bewegst! Hintern wackeln, Schritte machen, hüpfen, herumrennen, spazierengehen – alles, was du willst, Hauptsache Bewegung. Aber nicht wie im Altersheim! Und wenn du stehst, dann steh wirklich!! Breitbeinig, selbstbewußt! Denk an *Status quo* oder was weiß ich. Aber nicht dieses halbscharige Herumhängen. Du schaust aus wie eine Sechzigjährige im Kurhotel!«

Unverschämtheit! Blöder Chauvi!

Das erinnerte mich an meinen Vater. Der hat den Vogel abgeschossen.

»Du stehst auf der Bühne wie ein vollgeschissener Strumpf«, hatte er gesagt.

Das war nicht nett gewesen – aber wirksam. Zirkuspferde dürfen keine Mimosen sein. Nicht die Höflichkeit ist vorrangig, sondern das Ziel – und das heißt Sprungkraft, Charisma, seelische Disziplin und Power. All das fordert man oft nur mit Provokation heraus. Schläge auf die Trommel, bis sie klingt. Yannis Art war meistens alles andere als nett, aber sie war effektiv. Zumindest bei mir. Es gab Leute, die sich beleidigt von ihm zurückzogen, aber ich reagierte wie ein Mann, der als Feigling bezeichnet wird. Ich bekam eine Wut und ließ mich zum Zweikampf herausfordern. Immer.

Ich war leicht zu provozieren, und es tat mir gut, weil meine Lebensgeister in Bewegung kamen. Das weiblich-esoterische Phlegma hatte keine Chance gegen Yannis Aggression. Viel später sagte er einmal zu mir:

»Ich hab mich nie bei einer Frau so sicher gefühlt wie bei dir. In deiner Gegenwart bin ich immer um zwei Meter gewachsen. Ich hab mich verantwortlich gefühlt und trotzdem gewußt, wenn was ist, kämpfst du für mich wie eine Löwin.«

Er nannte es das Graue-Hund-Syndrom.

Als wir zu Beginn unserer Ehe einmal einen Spaziergang machten mit unserem Jagdhund-Spitz-Mischling, kam ein riesiger, fremder, grauer Hund, so groß etwa wie eine deutsche Dogge und fiel wild knurrend über unseren Kleinen her. Und es sah so aus, als würde Blut fließen. Der graue Hund fletschte furchterregend die Zähne, stand über unserem und war drauf und dran, sich mit gesträubtem Fell in den Nacken des unseren zu verbeißen, sein Herrchen nirgends in Sicht. Yanni stand da und blickte ratlos auf das Geschehen. Ich weiß nicht mehr genau, was ich dachte damals, wahrscheinlich nichts, wie immer, wenn ich richtig handle. Nur dies: *Der darf das nicht!* Ich ging hin, packte den Hund am Schlawittel, beutelte ihn und schiß ihn zusammen. Und dann schickte ich ihn fort.

»Hau ab!«, schrie ich ihn an. »Verpiß dich! Und komm nie wieder!« Der Hund sah etwas ungehalten zu Boden, drehte sich um, blickte noch einmal unschlüssig zurück und trabte mißlaunig davon.

»Wir machen den Song gleich noch mal, so geht das nicht!«

Yanni war gnadenlos. Wir hatten das Lied nunmehr achtmal gespielt. Immer noch gab es Patzer und Unklarheiten im Ablauf der Soli und Wiederholungen. »Ihr kriegt Geld für das, was ihr hier macht! Darf ich euch daran erinnern!? Reißt euch gefälligst zusammen, und spielt nicht so eine Scheiße! Wir sind nicht auf dem Sommerfest vom Kindergarten!«

Beim neunten Mal klappte es endlich. Yanni hatte die Musikertruppe wie ein Raubtierdompteur im Griff, und ich konnte mich auf Gesang und Darstellung konzentrieren.

Die Vorstellung lief ohne Fehler ab. Bibul stolperte einmal über ein Kabel und fiel gegen Tina, was unterdrücktes Gelächter hervorrief und fast eine wichtige Textpassage zerstörte, aber sonst ging alles klar, auch das Solo nach dem zweiten Refrain.

Nach der Vorstellung saß ich mit Yanni im Wagen, die anderen waren schon im Restaurant.

»Du warst gut heut«, sagte er. »Aber dein Herumgeturtel mit jungen Burschen muß ich mir nicht anschauen, oder?

Daß Foxi, der Herr Hilfstechniker, dich in deinem Wagen zum Hotel fährt ... muß das unbedingt vor meiner Nase passieren? Daß er sich aufbläst wie ein Weltmeister und dumm daherredet? Das macht die ganze Gruppenstruktur kaputt. Entweder ich bin der Chef der Truppe oder du! Dann machst du auch bitte alles allein!«

»Yanni, ich hab doch nix mit dem ...«

»Das ist wurscht, es langt schon so, wie es ist. Wir gehen auseinander, gut. Aber ich hab keine Lust, so eine Art Heimtante für dich zu werden, zu der man kommt und die Wehwehchen erzählt. Womöglich auch noch die mit anderen Männern. Bitte mach dir endlich meine Situation klar: Ich gehe nicht, weil ich will, sondern weil du es willst. Und weil ich deine Visionen von freier Liebe oder sowas nicht nachvollziehen kann. Ich werde immer dein Mann bleiben und zu dir stehen, das hab ich versprochen beim Heiraten – bis zum Tod. Und das erwart ich auch von dir. Aber ich laß mich hier nicht von dir zur lächerlichen Figur machen ...!«

Es war eine ungute Situation. Je eifersüchtiger er über mich gewacht hatte die letzten Jahre, desto halsstarriger bestand ich auf Freiheit und Toleranz – für beide. Ich hatte das Gefühl, ersticken zu müssen in dieser ausschließlichen Zweier-Ehe, dieser kleinen Dreiergemeinschaft mit Kind. Es erinnerte mich an alles, was ich immer verspottet hatte, das Wüstenrot-Leben, das Sparkassen-Idyll, die Rama-Familie.

Eine Beziehung bleibt lebendig durch die äußere Welt, die man hineinläßt und in die man sich immer wieder begibt. Und die Beziehung trocknet aus, wenn man die äußere Welt nicht hineinläßt und sich fixiert aufeinander in einer ausschließlichen Zweisamkeit.

Je verbohrter Yanni meine Gedanken als Unsinn ablehnte, desto verbissener kämpfte ich um Bestätigung. Es wäre so einfach gewesen, sich anzunähern, sich entgegenzukommen, aber wir hatten uns in blinder Selbstverteidigung verfangen. Es ging nicht mehr. Es war etwas zwischen uns nicht mehr da, was Voraussetzung ist: Gegenseitiges Wohlwollen. Wir wollten uns nicht übel, aber auch nicht mehr wohl. Wir hatten die Nase voll vom anderen.

Rien ne va plus.

Torak hatte während meiner Erzählung ein paar Mal laut gelacht. Yannis Art schien ihn zu amüsieren.

»Tut es Ihnen jetzt noch leid, daß Sie Ihren Mann nicht mehr um sich haben?«

»Ich vermisse ihn sehr, seinen Witz, seine tägliche Inspiration ...«

»Seine Führung?«

»Ich weiß, daß ich mich selbst führen will, aber es ist schwer.«

Torak nickte. »Voraussetzung zum Führen ist Selbstbeherrschung; das beinhaltet, daß Sie zu sich und dem, was Sie sich einbrocken, stehen, Verantwortung übernehmen, auch für Ihre Gier, wenn es sein muß, nicht wahr.«

Jetzt kamen wieder die Vorträge ...!

»Ach, Torak, Sie reden und reden. Das sind doch Spruchblasen. Sie erinnern mich an die Studienräte aus meiner Schulzeit, und Sie kommen mir vor wie ein wandelndes Aphorismen-Büchlein. Lebensweisheiten absondern kann ich selbst auch.«

»Oh, Verehrte, Sie sind ungehalten, das tut mir leid! Wir können gern etwas anderes tun – Scrabble spielen, spazierengehen, fernsehen ... Sie können sich auch nackt ausziehen und selbst befriedigen, und ich sehe Ihnen dabei zu. Oder ich lecke Ihre Brustwarzen und massiere Ihren Kitzler. Ich kann Ihnen auch ein Schneckensüppchen kochen ... Aber ich denke, mit all dem ist Ihnen derzeit nicht gedient.«

»Sie sind ordinär.«

»Ja. – Schön ..., nicht wahr? Ich bin gern ordinär! Ich mag keine Halbheiten. Ich sage nicht gern ›Unterleib‹, wenn ich es konkret bezeichnen kann, um was es geht. Pralle Obszönitäten steigern den Blutdruck, finden Sie nicht? Man spricht das Wort aus, es trifft das Gegenüber wie ein Geschoß und explodiert im Kopf. Und augenblicklich jagt die Wärme bis hinunter in die Geschlechtsteile und wieder hinauf in den Kopf. Das ist gesund! Das Tun macht oft müder als das Sprechen darüber. Wenn draußen Tiefdruck ist, sage ich laut: ›Praller Ständer‹ oder irgendsowas, und schon bin ich hellwach! Man kann seinen Kreislauf mit den Gedanken steuern, das ist praktisch und preiswert.«

Torak wurde mir unheimlich. Ich saß mit ihm alleine auf

dem Land in meinem Haus und kannte ihn gar nicht. Was, wenn er ein Verrückter war, ein Frauenmörder, ein Geisteskranker ...? Er sah mich amüsiert an.

»Ich bin nicht verrückt, Sie brauchen keine Angst zu haben. Das ist nur Ihre Angst vor sich selbst. Wovor haben Sie Angst? Tue, was du willst, und du wirst frei sein«.

Ich hatte Angst vor meinen Abgründen, das war korrekt. Und es gab immer noch mehr Abgründe, als ich für möglich gehalten hatte.

»Wissen Sie, die katholische Kirche hat uns mit festem Griff an unseren Geschlechtsteilen. Sie will uns weismachen, daß dort das Verderben lauert. Diese Angst ist tiefsitzend. Lassen Sie sie einfach los, sie ist unnütz! Sie können mit mir tun, was Sie wollen, ich spiele alles mit. Wie gesagt, ich habe keine genormte Moral. Sie können erzählen, was Sie wollen. Ich werde Stellung nehmen und Ihr Geheimnis hüten, bis Sie es selbst ausplaudern wollen, weil Sie vielleicht exhibitionistische Lust dazu verspüren oder Ihre Erfahrung weitergeben wollen.

So, ich denke, wir fahren fort, nachdem Sie keinen Bedarf an einem sexuellen Verkehr mit mir haben. – Ich hätte gern gewußt, wie Ihr Niedergang anfing. Denn Sie waren ja ziemlich weit oben, soviel ich weiß.«

»Ja. Möchten Sie ein Glas Wein?«

»Oh nein, vielen Dank, ich würde gern klaren Sinnes bleiben, während Sie erzählen. Um Mitternacht vielleicht, ja ... Wir werden einige Stunden hier sitzen.«

»Vorerst war keine Rede von einem Niedergang, eher von einem Höhenflug, wie gesagt, ich fühlte mich wohl wie nie zuvor.«

»Gut, fahren Sie fort, Verehrte ...!«

Der erste Besuch

Lenz besucht Simon, wegen der Fenster.

Sein kleines, freistehendes Haus liegt, umgeben von einer Thujenhecke, wie ein Einödhof mitten im Land, alles gepflegt, ein paar hundert Meter davor eine Fliesenfirma, rechts daneben ein Einsiedler, rundherum Felder und Wiesen.

Sie klingelt. Er öffnet. Sie geht hinter ihm die Treppe hinauf und kommt in sein Wohnzimmer. Und hat die erste seltsame Empfindung; die Einrichtung überrascht sie. Vielleicht, weil sie eine andere erwartet hat. – Müßte sie ihr zu denken geben?

Tut sie auch, aber sie zieht keine Konsequenzen. Warum auch, was hätte sie ziehen sollen zu dieser Zeit? Es gibt nichts zu ziehen, es gibt nur Koketterie auf unverbindlicher Basis. Dieses Wohnzimmer, wie überhaupt das ganze Haus, ist exakt dasjenige aus ihrem Song *Heile Welt*. Der Text handelt von einer Spießer-Ehe, die zusammenbricht, weil der Vati fremdgeht.

Die Schrankwand ist eine dunkelbraune vom Möbelhaus, mit Nippes und Fotos, die Sitzecke aus dunkelbraunem Samt wie viele Sitzecken, die Küche Fichte rustikal mit einer bäuerlichen Eckbank und an der Wand Familienfotos. Nicht, daß an diesem Wohnzimmer etwas sehr auffallend oder geschmacklos gewesen wäre – mit Ausnahme dieses Elektrokamins vielleicht –, im Gegenteil, es ist einfach ein Wohnzimmer wie Millionen andere Wohnzimmer in Deutschland, von jungen Ehepaaren.

Und dann sieht sie das Mädchen. Eine kleine, zierliche Blonde mit blauen Augen. Sie denkt: *Warum braucht der so eine?*

Das Mädchen ist viel kleiner als Simon, scheu und verstockt, unoffen.

»Sie hat eine Zahnentzündung ...«, sagt Simon entschuldigend zu Lenz. Warum sind ihre Augen so traurig? Und ihre Gestalt ist die eines Kindes. Und daneben der riesige Simon, dieser muskelbepackte Mann, der wilde, große, mit dem Django-Flair. Abgesehen davon, daß Lenz mit gar keiner Frau gerechnet hatte, weil er eine solche auch nicht erwähnte, empfindet sie diese, wenn schon eine, als unpassend, obwohl es sie ja nichts angeht; aber es beschäftigt sie.

Im Laufe der nächsten Tage stellt sich heraus, daß das Mädchen nicht Simons Freundin ist, sondern seine Ehefrau, ebenfalls im Blumengeschäft; daß er seit gut zehn Jahren mit ihr befreundet ist, daß er seit drei Jahren mit ihr zusammenlebt und seit einem halben Jahr mit ihr verheiratet ist.

Das Gespräch verläuft mühsam. Es will keine rechte Stimmung aufkommen, nicht einmal ein freundlicher Small-talk. Simons Frau sieht Lenz mißtrauisch, traurig und feindselig an, als bringe sie Unheil ins Haus, vielmehr, als bringe jede Frau, mit der Simon in Kontakt kommt, Unheil ins Haus. Er läßt sich in die dunkelbraune Sitzgruppe fallen und fragt Lenz, ob sie einen Kaffee trinken will, den er seine Frau auffordert zu machen, was sie umgehend und widerspruchslos tut.

Simon ist durch den Besuch, das spürt Lenz, leicht aus der Fassung, angeregt und etwas aufgekratzt. Offensichtlich scheint ihm die Verwirrung, die ihre Gegenwart stiftet, Spaß zu machen, auch die Verunsicherung, die seine Frau empfindet. Er ist auch nicht willens, deren Verunsicherung und Mißtrauen durch verstärkte und liebevolle Zuwendung aufzulösen. Eher scheint er ihr sagen zu wollen: *Sieh, was ich da für eine Beute habe. Solche Frauen kenn ich, und sie besuchen mich!*

Sie dagegen scheint sich die ganze Zeit zu fragen: *Was will die hier? Wozu kommt sie her in unser Haus? Was will er mit der?*

Und selbst eine eingehende Besichtigung der Fenster und der Mauern kann ihre ablehnende Haltung nicht mildern.

Als Lenz geht, ist sie ratlos und verwirrt. Simons äußere Erscheinung und die Spießigkeit seines Lebensumfelds stimmen nicht zusammen. Es kommt ihr vor, als führe dieser Mann zwei Leben, als sei er zwei Personen in einer, als passe eines nicht zum andern; als stelle sich Simon als etwas dar, was er weder war noch lebte, vielleicht vor einigen Jahren gelebt hatte und was er nun nach der Heirat nicht aufgeben wollte. Aber muß ein Mann bürgerlich aussehen, nur weil er verheiratet ist? Und darf er nicht mehr Frauen haben, wenn er will? Was geht sie das an? Das ist doch die Lebensform, von der sie seit Jahren redet, allerdings für Frauen, zum Ausgleich der Historie – und nicht heimlich, sondern offen und ehrlich, nach Absprache mit dem Partner. Liegt der Unterschied also nur in der althergebrachten oder der fortschrittlichen Art, Polygamie zu leben? Ist Verrat am Partner kein Verrat mehr, wenn der es vorher weiß?

In einem frechen, denkwürdigen Interview für eine führende Frauenzeitschrift hatte sie einige Tage zuvor gesagt:

»Ich halte nichts von ehelicher Treue, sie macht mich depressiv! Lieber ertrage ich die Schmerzen der Eifersucht als eine lähmende Monogamie. Diese Fixierung auf einen Typen finde ich ungesund und nicht natürlich. – Frauen sind polygam.«

Und:

»Ich bitte Sie, diese doofe Einehe, die kann ich doch im Greisenalter noch führen. Ich bin nun mal mit großer Triebhaftigkeit gesegnet ...!«

Lenz dachte so, sie lebte so, es gefiel ihr. Sie fühlte sich frei und nun endlich deckungsgleich mit ihrer Einstellung lebend. Vielleicht waren die acht Ehejahre nur eine Störung in ihrem Privatleben gewesen? Sie empfand sich als alleinlebenden Menschen, der Partner nur sporadisch ertrug.

Therese Giehse sagte: *Ich bin ein alleiniger Mensch.*

Und so sah sich Lenz auch. –

Kaum erschien das Interview, rief Simon an.

»Schütz hier. Ich möcht dich gern zum Essen einladen.«

Die Geschichte beginnt. Lenz schreibt in ihr Tagebuch:

Das Essen beim Griechen heut war ein einziger Balztanz. Ich hab erzählt, daß ich gerade aus meiner Ehe raus bin – und daß der Sex in dieser Lebensform langfristig nicht funktioniert. »In der Ehe stirbt der Sex«, hab ich gesagt. Er stirbt immer, wenn man länger zusammen ist. Und daß ich deswegen jetzt frei sein will und mein Leben leben und mich nicht mehr binden mag. Simon hat nur zugehört und ein paar Geschichten von Sportwagen und der Spielbank von Wiesbaden erzählt. Es war etwas mühsam. Ich bin halt Yanni gewohnt, mit seiner Vehemenz und Dynamik, seinem Esprit und Kampfgeist. Aber den will ich nicht mehr täglich ertragen. Ich sehn mich nach Ruhe und Frieden und Geilheit.

Wir haben verabredet, daß wir gemeinsam trainieren. Das ist das Beste, was mir passieren kann. Simon ist mit Abstand der schönste Bulle in der Umgebung – und den als persönlichen Coach ...!

Am Weihnachtstag schenkt Simon Lenz einen kleinen, blauen Schlumpf. Es gibt viele Schlümpfe, mit Blumen, mit Gitarren, tanzend. Der seine war einer mit überdimensional großen Muskeln, ein Bodybuilder-Schlumpf. Er schenkt ihr ein Symbol von sich, eine kleine kindliche Eitelkeit.

Der Schlumpf steht noch heute in ihrem Regal. Und wenn sie ihn ansieht, muß sie an große Muskelmänner denken, Männer mit großen Worten und kleinen Taten, Zeitvertreiber und Lustvermittler, Playboys, aus denen man versucht, Lebenspartner zu machen, die sie nie wirklich werden. Oder immer erst mit anderen Frauen, weil Lenz solchen Männern zu anstrengend ist. Und mit bayrischem Ingrimm sieht sie im blauen Schlumpf das Wahrzeichen männlicher Schwäche.

Liebeserklärung

»Was passierte weiter?«

»Nichts.«

Torak nippte an seinem Tee und lehnte sich entspannt zurück.

»Nichts? Ah ..., und Sie haben sich gefragt, warum er nicht angreift, richtig!?«

»Ja. – Ich hab gespürt, daß ich ihm gefall, sowas spürt eine Frau ..., daß er was will von mir, aber ich hab nicht gewußt, was es ist. Wenn es Sex war, warum hat er nicht losgelegt? Es gab keinen Grund, es nicht zu tun.«

Torak schmunzelte.

»Aber er tat nichts.«

»Nein. Er sagte nur, seine Ehe sei monoton geworden; außer Fernsehschauen spiele sich nicht mehr viel ab ... Ich weiß, dieses Zeug erzählen alle Ehemänner, wenn sie auf der Jagd sind, aber ich hab es geglaubt!! Yanni hat nie gelogen – und ich hab Simons Ehemüdigkeit nachvollziehen können.«

»Es spiegelte die hinter Ihnen liegende Lebenssituation wieder.«

»Exakt. Und ich hatte noch nie ein Verhältnis mit einem verheirateten Mann gehabt. – Jahre später erst erkannte ich sein intuitives Einfühlungsvermögen!«

»Sie glauben, daß er sein Einfühlungsvermögen benutzte, um seine Glaubwürdigkeit zu erhöhen?«

Ich zuckte die Schultern.

»Ich weiß nicht ..., ich weiß es bis heut nicht.«

»Vielleicht wollte er Ihnen Ihre moralischen Bedenken nehmen, eine skrupellose Geliebte zu sein, indem er Ihr Mitleid erweckte für sich und seine unerfreuliche Lebenslage?«

»Und mir das Gefühl geben, ich könnte diesem trüben Dasein ein Ende bereiten? – Ein geschickter Schachzug ...«

»Wenn man von Schachzug sprechen will, ja ... Man könnte es auch eine, sagen wir, biologische Strategie männlichen Jagdinstinkts nennen. Etwas durchaus Kreatürliches, wenn auch nicht immer Humanes. Fahren Sie fort ...«

Tja ..., der vierte ›biologische Schachzug‹ bestand einfach darin – nichts zu tun. Alles kann eine Frau kalt lassen, aber nicht der paradoxe Umstand, daß ein Mann unzweifelhaft auf sie steht und ihr das subtil vermittelt – aber nichts tut. Sein Vorteil war, er hatte nichts nötig – und das blieb lange Zeit so. Er hatte eine Ehefrau und ein Nest und konnte von dieser starken Position aus in Ruhe und ohne Hast strategisch vorgehen. – Ich war entnervt durch die Ehe, labil nach der Trennung und kein Fuchs, sondern ein Schaf. Ein Schaf mit einer unbändigen Lebensgier und großer Sehnsucht nach Liebe und Sex. Aber die Sehnsucht ist ein schlechter Dschungelführer. Sie macht blind für alle Gefahren.

Ich suchte einen geilen Typ, der es mir besorgt! Ich wollte bedient werden und trainieren. Mehr wollte ich auch von Simon nicht. Seine Eheprobleme interessierten mich nicht. Ein erwachsener Mann entscheidet selbst, was er sich und seiner Frau zumuten darf. Und da diese nicht meine Freundin war und meine Frauensolidarität damals nicht so weit ging, daß ich deswegen die Finger von jemand ließ, der auf mich stand, hatte ich keine allzu großen Bedenken.

Aber er unternahm immer noch nichts. Über zwei Monate ging das so. Wir trainierten miteinander, und ich spürte die Wärme seines starken Körpers.

Eines Tages gingen wir auf seinen Wunsch in ein Café. Er wollte etwas mit mir besprechen, spürte ich. Im kleinen Café saßen wir zwischen alten Damen und ihren Nachmittagskuchen. Ein eigenartiges Ambiente.

Er druckste herum, saß mit hängender Nase da, besah sich seine Schuhspitzen und gab nicht das Bild eines Don Juan ab.

Er wolle, kam es nach längeren verbalen Umwegen endlich heraus, wahrscheinlich mehr von mir als ich von ihm – und wahrscheinlich überhaupt mehr, als ich ihm geben könne oder vielmehr wolle.

Ich spürte innerlich dieses blöde Kribbeln aus diesem noch blöderen Lied. Es mischten sich Freude und eine leichte Fassungslosigkeit mit Herzklopfen, Neugier und einem Überlegenheitsgefühl. Wenn ein Mann die erste Liebeserklärung macht, das ist wie ein Frühling in Südtirol.

Torak lachte.

»Aha! Dornröschen kam auf die Füße, das Weib in Ihnen rappelte sich auf, nach achtjährigem Eheschlaf. Ihre Hormone tanzten ihren alten, bekannten Tanz. ›Ich will mit dir ins Bett, du reizt mich‹ – was für eine billige Version gegen die große Liebeserklärung: ›Ich will dich, ich will dich ganz, du sollst mein sein, meine Frau meine Prinzessin, meine Fee, meine Mutter, Geliebte, Frau, mein Kind ...‹ *Meine Leibeigene,* sollte hier immer hinzugefügt werden, aber seitdem die Welt besteht, werden Mann und Frau nicht schlauer, wenn diese Sache in den Anfängen steckt. Werde Fuchs. Aber Sie waren keiner ...!«

Nein. – Ich war scharf wie eine Pepperoni, sonst nix! Ich begann, mich zu sehnen nach ihm, danach, daß er endlich sein Hemd auszog, mir seinen schönen Körper zeigte, daß er mich riechen ließ an seiner Haut, daß ich ihn anfassen, mich nackt an ihm reiben konnte.

Aber es geschah nichts.

Und dann fuhren wir das erste Mal zusammen in eine Diskothek.

Nicht um zu tanzen. Ein Profibodybuilder hatte ein Show-Posing angekündigt. Und ich war entschlossen, meinen Begleiter in einer etwas schärferen Version meiner Kleider herauszufordern. Der obligatorische Mini, schenkelhohe Stiefel, Netzstrümpfe, trainierte Brüste in einem tiefen Ausschnitt – eine klassische Schlampenaufmachung unter einem langen, schwarzen Ledermantel.

Wir standen eng gedrängt und bewunderten den definierten Latissimus des Muskelmanns und beklatschten seinen Bizeps. Die Musik war laut, die Luft war heiß, es war wenig Platz für alle, wir standen dicht beieinander, Simon hinter mir, eng an mich gedrängt. Ich konnte seinen warmen, großen Körper spüren. Ich spürte seinen Atem in meinen Haaren.

Und dann spürte ich seinen Schwanz, wie er sich langsam aufrichtete und größer wurde und gegen meinen Hintern drückte. Ich hielt die Luft an. Das war ein starkes Stück. Die klassische Anmach-Reihenfolge schreibt im allgemeinen lange Blicke vor, dann Handhalten vielleicht, dann den ersten vorsichtigen Körperkontakt, Verabschiedungsküßchen auf die Wange, irgendwann den Zungenkuß – und dann kommt die Matratze. Aber nicht ein harter Männerpenis in einer Diskothek, der sich an meine Rückseite preßt. – Weiter war nichts.

Ich blieb eine Weile so stehen und ließ das Gefühl wirken.

Dann brachte er mich nach Hause. Vor meinem Haus im Auto küßte er mich das erste Mal. Es war ein unendlich weicher, vorsichtiger, abwartender Kuß, und ich begann zu frohlocken, was ich da für einen guten, fetten Fisch an der Angel hatte. Dann kamen seine Hände …

Torak, ich schwöre dir, das waren Hände, die wußten genau, was sie taten – und alles, was sie taten, war der Himmel auf Erden. Damals und heute und die Jahre dazwischen. Da war nichts Eingelerntes, kein falsches Zugreifen, keine

Unsicherheit und keine Lieblosigkeit. Es war keine drängende Geilheit zur Unzeit und nicht ein Moment der Tölpelhaftigkeit. Es waren Hände von einem Fuchs, einem Casanova, einem Liebenden, einem Dichter, einem fahrenden Ritter und Minnesänger, der den jahrtausendealten, ewigen Minnesang in meinem Herz zum Klingen brachte und meinen Leib in Glut versetzte. – Ich war daheim. So daheim, wie ich es mein Leben lang ersehnt hatte. Aber die Hände allein waren es nicht. Es war das verrückte Gefühl, geliebt und verehrt zu werden, hofiert und ersehnt. Mir wurde Zeit gelassen und nicht respektlos zugesetzt mit triebhafter Aufdringlichkeit. Ich hatte alle Zeit der Welt, wie Mädchen vor hundert Jahren, und konnte mich zu meinem Liebhaber finden und ihn mir erspüren, bevor er mir zu nahe kam und alle Erregung schon wieder erstarb, weil sie zu früh beansprucht wurde.

Wir verabschiedeten uns für dieses Mal. Und trugen unsere heißen Herzen in unser Bett, jeder in das seine. Und ich dachte nicht an sein Weib, ich nahm seinen Geruch und seinen Atem mit in meine Kissen und wußte, es war geschehen – ich hatte mich verliebt.

Liebesrausch

Im Februar waren wir in dieser Discothek.

Danach begann eine wundersame Zeit zwischen Traum und Wirklichkeit, die zu der Tageswelt immer weniger Bezug hatte.

Simon und ich verbrachten Stunden, Abende, Nächte in einer Eruption von Sinnlichkeit und Zärtlichkeit, die ich bisher nur aus meinen Sehnsüchten, aus meinen Phantasien kannte. Frauenphantasien, wie wir sie seit Jahrhunderten in uns tragen und besonders, seitdem es die Hollywoodfilme gibt; Phantasien, die fast alle Frauen mit ins Grab nehmen, verbittert oft und sich der erotischen Dürre ihres Frauenlebens fügend.

Alle diese durchaus trivialen, existenziellen Sehnsüchte wurden mit einer Perfektion erfüllt, die meinen Vorstellungsrahmen sprengte und meine Beurteilungsfähigkeit lahmlegte, mich fassungslos und rot-ohrig wie ein Schulmädchen machte. Und ich konnte mir dieses Naturereignis – als solches kam es über mich – nur damit erklären, daß meine intensiven Visionen und mein jahrelanges bildhaftes Wünschen diese Wirklichkeit nun erschaffen und herbeigesehnt hatten. Als junges Mädchen hatte ich Männer gezeichnet, Männerköpfe, die von Physiognomie und Ausstrahlung her dem von Simon entsprachen, und die Körper, die ich gemalt hatte, sahen aus wie der seine. Er war der verkörperte Mann meiner Sommernachtsträume, meiner Jungmädchensehnsüchte, meiner Frauenphantasien.

Er war das fleischgewordene Objekt meiner Lustträume.

Als ich ihn das erste Mal auszog, wurde ich fast ohnmächtig vor Lust.

Sein Körper war stark wie der eines Jungstiers auf der Weide. Sein Rücken wuchtig und breit, sein Gesäß rund, muskulös und klein. Seine Haut schimmerte braun und war zart wie die eines Säuglings, seine Formen, von keinem Gramm Fett verunschönt, wie die einer griechischen Statue, die männliche Brust, die prallen Schenkel wie aus fleischernem Marmor gemeißelt. – Er war perfekt und er war mein Gott.

Spätestens ab diesem Augenblick, wo sich sein Körper mir offenbarte, verlor ich den Kopf und versank in der Lust. Eine Umkehr war mir nicht möglich. Ein nur aus Erzählungen und Seelenbildern vertrauter Sturm der Leidenschaftlichkeit ergriff mich und riß mich dahin, und die Geschichte nahm ihren Lauf. Ein Unheil war es ja nicht.

Von Zeit zu Zeit ließ er mich spüren, durch ein unmerklich festeres Zugreifen, welche Kraft hinter seiner Behutsamkeit lag, eine Kraft, die er jederzeit aus seiner Zurückhaltung hätte entlassen können, wie ein Tier aus dem Käfig, um mich zu überwältigen und an die Wand zu drücken, auf den Boden zu werfen. Das tat er nicht. Er ließ es mich nur spüren. Und er befriedigte mich wie nie zuvor ein Mann. Ich hatte vier Orgasmen, fünf, manchmal sechs und sieben, bis ich nicht mehr konnte und zitternd kapitulierte.

Nur eines konnte er anfangs nicht, das war seltsam. Er war, neben allen Liebesspielen, Sehnsuchtsbeteuerungen und aller triebhaften Lust nicht imstande, seine Männlichkeit aufzurichten. Das ging lange Zeit und brachte uns beide schier zum Wahnsinn. Wir rätselten hin und her, was der Grund für dieses Unvermögen sein könnte. Er sagte:

»Ich kenn das nicht von mir ... Ja, einmal, da war ich auch sehr verliebt, aber da war das nach ein paar Tagen vorbei!« –

»Vielleicht hast du Angst?«

»Vor was?«

»Vor mir.«

»Glaubst du?«

Angst vor meinem Anspruch an ihn und an seine Leistung. Dieses anfängliche Scheuen vor dem Hindernis kannte ich. Und es hatte auch mit Respekt zu tun, mit dem Bedenken, nicht zu genügen, mit Aufregung, mit überbordendem Gefühl, das die Geilheit überwältigt. Und all das ehrt die Frau eher, als daß es sie beleidigt.

Aber es blieb weiterhin so. Er verfing sich in Leistungsdruck und negativer Erwartungshaltung und wurde immer unfroher über seine Ohnmacht. Und ich wälzte alle Literatur, die ich hatte über dieses Phänomen und stellte Hypothesen auf, was der wahre Grund sein könne. Doch auch ich wurde mit der Zeit ungeduldig. Ich war heiß und sehnte mich, ihn in mir zu spüren, als ganzen Mann. Ich wurde ungehalten und gereizt und versuchte, das zu verbergen, was mir nur unvollkommen gelang.

Und eines Tages, als er wieder neben mir im Bett lag, unglücklich über die Umstände, fand ich den richtigen Satz.

»Ich habe da was gelesen«, sagte ich. »Wenn ein Mann eine Vision von seiner Traumfrau hat – und die steht eines Tages vor ihm – dann macht er schlapp, weil er der Meinung ist, er habe sie nicht verdient und sei ihrer nicht wert. Könnte es das sein?«

Ich bin immer noch nicht sicher, was genau diese Bemerkung in Gang setzte, auslöste oder beiseitefegte – aber es war wie das Erwachen einer Urgewalt. Als wenn ich seine seelischen Fesseln gesprengt und ihn zum Kampf herausgefordert hätte, so pumpte er sich auf. Einige Tage später kam er wortlos ins Haus herein, sprach kaum eine Begrüßung, legte mich über einen Sessel und drang in mich ein, ohne zu fragen. Und ab dieser animalischen Vereinigung war alles körperliche Unvermögen dahin.

Seine seelische Kraft konnte ich nur insofern herausfordern, als daß er mich täglich seiner Liebe versicherte und mich zu seiner Königin machte, zum Objekt seiner Anbetung und Verehrung – nie aber zu seiner Frau. Vielleicht, weil eins das andere ausschloß ...

Wir verloren uns zusehends in einer Sinnenwelt von Fühlen, Riechen, Schmecken, wir suchten ineinander Zuflucht vor der Rauheit der Wesen draußen in der Leistungswelt, wir waren Öl und Feuer und erzeugten einen Brand, der alles überstieg, was ich mir vorgestellt hatte. Wir rieben unsere Körper aneinander und gerieten in immer neue Verzückungen und berauschten uns daran, uns gegenseitig den Verstand zu rauben, uns zu verzaubern und zu bestricken und in immer neue Ekstasen zu fallen. Und wenn er nur die Hand auf meine Schulter legte, erschauderte ich tatsächlich am ganzen Leib in hingebender Erwartung.

Wir lebten Tag um Tag wie in einem immer dicker werdenden Kokon aus Brunst, und wir erzeugten eine Magie in uns und um uns herum, die andere Menschen ausschloß und uns emporhob in alle Höhen des Liebesrausches und hinabzog in alle Niederungen der Schweinslust.

Im Sommernachtstraum träufelt der Puck der Elfenkönigin Titania den Saft einer Wurzel ins Auge und fortan ist sie verzaubert. Sie wird den ersten lieben, den sie beim Erwachen sieht. In ihrem Falle war es der in einen Esel verwandelte Weber Zettel.

Oh Shakespeare, du weiser Dichter. Und nun kommt da, im Jahre X nach Christi, eine bayrische Satirikerin, die auf einem Betonfundament zu stehen glaubte mit ihren Mann-Frau-Kenntnissen, ins Straucheln und gerät in die Falle ihrer eigenen Lust in den starken Armen eines niederbayrischen Blumenbinders. Wie war das mit Lady Chatterley und ihrem Waldhüter? *Same procedure as every Jahrhundert.*

Aber verdammt, genauso hatte ich es mir ersehnt:

Ein starker, schöner, wilder Mann, der nicht mit seiner Gescheitheit meine Hirnlastigkeit verstärkt, sondern mich hinabzieht in den Orkus der Körperlichkeit. So war es denn, wie erträumt. – Mein Kopf, der bisher immer aufmerksam wahrnehmend und begleitend, bei aller Hitze kühl und überlegen, das Geschehen beobachtet und kommentiert hatte: Na, dieser junge Herr ist etwas hastig, jener doch zu tolpatschig, der hier wird wohl von seiner Eitelkeit dominiert, und der weiß nicht viel von der Liebe, wogegen dieser glaubt alles zu wissen und sich sieht als Herr der sieben Meere ... – dieser kühle Kopf taumelte von Sinnesreiz zu Liebesrausch und war nur mehr dazu da, im Schoße dieses riesigen, männlich-mütterlichen Fauns zu liegen, süße Worte in dessen Brustflaum zu flüstern, unsinnig heißes Zeug, die Augen zu schließen und zu genießen, genießen, genießen und dankbar zu sein, daß der übrige Körper gewiegt wurde in den Armen eines wollüstigen Dionysos.

Ich hatte meinen Meister gefunden.

Torak nippte an seinem Tee. »Ich nehme an, Sie wissen Bescheid über Dionysos ...?«

»Nun ja, die griechischen Götter sind scharf umrissene Persönlichkeiten, die in einer dramatischen Welt mit- und gegeneinander agieren. Der blinde Homer hat sie visualisiert ...«

Torak nickte und lehnte sich zurück. »Ich finde die vielen Götter Griechenlands viel faszinierender als unseren einen. Der griechische Himmelskult wies die Natur in ihre Grenzen. Die griechischen Götter symbolisieren die Gesellschaftsordnung und den Triumph des Geistes über die Materie –«

Ich unterbrach ihn. »Ja, ja ... aber sie sind Kunstobjekte, vergessen Sie das nicht! Man kann in diesen olympischen Göttern auch patriarchale Verräter am Erdkult und an Mutter Natur sehen. Immerhin sind sie eine intellektuelle Erfindung, wenn auch sehr künstlerisch ausgestaltet.«

Torak beugte sich wieder vor und hob den Zeigefinger. »Das ist der Punkt. Diese künstlichen Götter symbolisieren Prinzipien und bringen Ordnung ins Denken. Die Kunst als Verklärung der Materie gewinnt ihre Unabhängigkeit in der Vervollkommnung der Götter!«

Er schmunzelte amüsiert. »War das zu schwierig ...?«

»Nein«, lächelte ich und verneigte mich. »Wie sagte Nietzsche? Wir haben die Kunst, damit wir nicht an der Wahrheit zugrunde gehen ...«

Torak zog die Augenbrauen hoch und schürzte die Lippen.

Ich fuhr fort. »Diese Götter versuchen, die wilde Natur zu unterdrücken, die nächtliche, finstere Welt, der die Gesellschaft Tag für Tag wieder abgewonnen werden muß ...«

»So ist es. Die Sexualität ist eine weit dunklere Macht, als der Feminismus zugeben möchte, nicht wahr. Sie haben es selbst erlebt ...«

Er beugte sich vor und nahm einen Schluck Tee. Dann fuhr er fort. »Lassen Sie mich das kurz ausführen ... das Thema zieht sich durch unser ganzes Leben! Apollon und Dionysos, die beiden Gegenspieler. Das Apollinische und das Dionysische, zwei große Prinzipien des Westens. Dionysos bedeutet Energie, Ekstase, Hysterie, Promiskuität, Emotionalität, Rücksichts- und Wahllosigkeit im Denken und Handeln. Apollon dagegen ist eine fixe Idee, die Ordnung, das unerbittlich Kalte, das Trennende der westlichen Person und des westlichen Denkens in Kategorien. Der Streit zwischen Apollon und Dionysos ist der Streit zwischen dem Großhirn und den stammesgeschichtlichen, älteren Teilen von limbischem System und Kleinhirn ... Verstehen Sie?«

Torak machte eine kleine Pause und sann nach. Ich war froh um diese Unterbrechung, denn ich hatte Mühe, ihm zu folgen und das Gehörte zu behalten. Er fuhr fort: »Und die Kunst ist Widerspiegelung und Lösung des ewigen menschlichen Hin- und Hergerissenseins zwischen Ordnung und Kraft. Im Westen wetteifern Apollon und Dionysos um den Sieg. Apollon zieht die Grenzlinien, die gleichbedeutend sind mit Zivilisation, aber Stereotypie, Enge, Unterdrükkung zur Folge haben. Ziehen Sie Parallelen zu Ihrem Eheleben!«

Er stand auf und ging mit kleinen, schiefen Schritten im Zimmer auf und ab.

»Dionysos dagegen ist ungebändigte Kraft, wahnsinnig, rücksichtslos, destruktiv, zerstörerisch. Apollon verkörpert Gesetz, Geschichte, Tradition, Würde und die Sicherheit des Sittlichen und der Form. – Dionysos dagegen verkörpert das Neue, ist ebenso begeisternd wie gewalttätig, fegt alles weg, um ganz von vorne anzufangen. Apollon ist ein Tyrann, Dionysos ein Vandale. Und in jedem Exzeß lauert die Gegenreaktion ...!«

Torak blieb stehen und hielt in seiner Erzählung inne.

Ich nutzte die Pause: »Sie wollen sagen, Dionysos befreit, indem er zerstört ...

»So ist es. Er ist nicht reine Lust, sondern Lust und Schmerz gemischt, quälende Leibeigenschaft, in welcher der Körper unser Leben hält. Für alles, was er gibt, fordert er seinen Preis. Dionysische Orgien enden in Verstümmelung und Zerstückelung ...«

Er sah nachdenklich vor sich hin. Plötzlich hob er abrupt den Kopf. »Aber ich schweife ja ganz ab, Verehrte! Entschuldigen Sie diese kleine Exkursion. Das Thema fasziniert mich ..., wie Ihre Geschichte. Erzählen Sie von Ihrem Dionysos ...!«

Simon bei Queen

Simon war gelegentlich bei Proben zu meinem neuen Solo-Programm *Mammon für Mamma* dabei gewesen, aber er hatte mich noch nie auf der Bühne erlebt.

Also lud ich ihn nach München zur *Queen*-Show ein. Ich war sehr verliebt und wollte vor ihm glänzen und ihn beeindrucken. Die Pfauin wollte ihr Rad schlagen.

Der Saal war vollgepfercht mit Menschen, alle Plätze bis zum letzten Stuhl ausverkauft. Die Band spielte das Intro, ich trat auf die Bühne mit einer männlichen Sexpuppe in Lebensgröße von Beate Uhse in einem großen Sack, die im Laufe der folgenden zehn Minuten ausgepackt und aufgepumpt wurde. Tina und ich besorgten das unter großem Gelächter. Ich hatte ein kurzes Uniformjäcken an und enge Latexhosen, die meinen Hintern und die Beine mit der extrem trainierten Muskulatur perfekt zur Geltung brachten.

Ich hatte das Publikum im Griff und konnte mit ihm machen, was ich wollte.

Die laute, schwere Rockmusik dröhnte, unsere Körper vibrierten, der Schweiß lief. Sechs der besten Musiker von München ließen perfekten Funkrock ab. Tini, die Chorsängerin, war eine rothaarige Hexe, kleiner als ich, lasziv, mit einer Stimme, als hätte man Tina Turner und Nina Hagen gekreuzt. Ich wundere mich bis heute, daß sie kein Star ist. Vielleicht ist sie zu lieb.

Tina und ich ergänzten uns prächtig. Sie unterstützte mich stimmlich und charismatisch, Yanni powerte wie ein Derwisch auf seinen Drums. Bibul gab den Songs mit seinem Teufelsbaß negroide Urkraft, Fabian, der Gitarrist, und Zeno, der Keyboarder, peitschten die rockigen Harmonien hoch bis Ultimo. Die Songtexte und Zwischenansagen waren Satire pur, bös, lasterhaft, provokativ, ätzend – ein astreiner Lena-Yanni-Mix. Und ich fühlte mich gut wie lang nicht mehr. Seit ich *Queen* spielte, hatte ich weder diese leidigen Gewichtsprobleme vieler Frauen, noch irgendwelche Konditionstiefs. Bei der ersten Vorstellung war es noch nicht so. Damals sank ich in der Pause auf den Garderobenstuhl, rote Kreise und schwarze Kringel vor den Augen und befürchtete, den zweiten Teil aufgrund von Überanstrengung nicht zu überstehen. Ich habe oft solche Befürchtungen (von denen kaum welche eintreffen!). – Aber die vielen Shows hatten mich innerhalb eines Jahres so gefordert, daß ich nun in Topform war, in der besten meines bisherigen Lebens. Ich war Ende Dreißig und schlanker, schöner und energiegeladener als zehn Jahre zuvor. Die Rockmusik war Lebenselixier und Kraftspender. Sie forderte mich heraus, meine Kraft zu trainieren, in Bewegung zu kommen, sie ließ mich wachsen, tanzen, springen, singen, schreien – *leben!*

Während des dritten Songs – ein Liebeslied – entdeckte ich Simon im Publikum. Mit glänzenden Augen saß er in der fünften Reihe neben seinem Freund und blickte mich voller Stolz an. Er war beeindruckt, das konnte man von der Bühne aus erkennen. Nach der Vorstellung kam er zu mir mit einem ehrfürchtigen Ausdruck und sagte: »Ich hab mir schon vorgestellt, daß es gut wird, aber daß es so gut ist, hätt ich nie gedacht!«

Er hatte mit weniger Menschen gerechnet, mit weniger

Power, mit allgemein kleineren Dimensionen. Ich wurde für ihn nun immer mehr ein Wesen aus einer anderen Welt, das ihn magisch anzog und faszinierte, eine Welt, zu der er keinen Zugang hatte. Seine Welt war klein und eng; in mir sah er die Chance, ihr zu entkommen. Ich war sein Ziel – er war mein Traum.

Das erste, was er für mich baute, war ein großes Bett.

Mit einem Freund zimmerte er einen Rahmen aus Sperrholz und legte darauf Lattenroste. Die ganze Umrandung wurde mit dem hochflorigen, grauen Teppich überzogen, mit dem auch das restliche Schlafzimmer ausgelegt war. Das riesige Lager hatte eine Breite von nahezu vier Metern und war über zwei Stufen, wie ein Thron zu besteigen. An der Wand ließ ich vier zwei Meter große Spiegel anbringen mit einer Gesamtfläche von zehn Quadratmetern, und auf dem Boden lag ein chinesischer Seidenteppich.

Wenn er zu mir kam, duftete das Schlafzimmer nach Ylang-Ylang, Bergamotte oder Lemongras, zwanzig Kerzen tauchten den Raum in einen überirdischen Glanz und dazu Musik, die den Äther füllte, Musik, Musik.

Unsere enthusiastische Verzückung hüllte uns ein wie eine Aura, und wir verwandelten uns in zwei Gottheiten, die sich in einer anderen, märchenhaften Welt vereinigten.

Wenn ich Simon im Dämmerschein der Kerzen über mir knien sah, wenn ich seinen hünenhaften Körper, hinter mir stehend, im Spiegel wahrnahm und gleichzeitig in mir fühlte, wenn meine Schenkel sich die Stufen abwärts spreizten und er seine dicken Lippen, vor mir kniend, in mein feuchtes Geschlecht versenkte, raubte es mir fast die Besinnung, und wenn er in mich eindrang, kam ich in die Ekstase einer mystischen Verschmelzung. Er ließ mich nie los, bevor ich völlig erschöpft in die Kissen sank. Und dann legte er sich zu mir. Auch schlief er nie nach dem Akt ein, wie so viele Männer es tun, oder drehte sich fort, es sei denn, wir entschlummerten beide, ohne es zu bemerken.

Er streichelte mich sacht, wiegte mich in seinen Armen, sprach Liebesworte, und wir fielen beide in einen süßen, schwülen, feuchten Schlaf, und wenn wir erwachten, klebten unsere heißen Körper aneinander und sprachen für sich selbst.

»Ich habe das Gefühl noch nie erlebt, so«, sagte er immer wieder.

»Ich kenne es nicht. Es war noch nie so wie mit dir. Ich hab die Frauen befriedigt, aber ich hab mich nie so geborgen gefühlt. Du bist für mich Frau, Mutter, Vater, Kind, alles. Ich liebe dich so stark. Ich brauch dich so.«

Ich weiß nicht, wie oft er es sagte, er sagte es täglich, mehrmals. Hunderte Male ließ er die Worte in mich sinken, wie Samenkörner, bis sie aufgingen in mir und zu keimen begannen. Er überschlug sich förmlich. Er überhäufte mich mit Liebeserklärungen, Geschenken, Blumen, Komplimenten, nicht nur Wochen und Monate – sondern Jahre! Der Mann liebt mit den Augen, heißt es, die Frau mit den Ohren. Seine Vision von unserer gemeinsamen Zukunft beflügelte ihn, katapultierte ihn in geradezu metaphysische Höhen und ließ ihn begeistert von unserer Liebe schwärmen und vom gemeinsamen Altwerden träumen.

»Wir sind zwei Welten«, sagte ich immer wieder. »Das wird nix mit uns. Das tut nicht gut. Ich bin Künstlerin, du bist Blumenbinder, du hast andere Interessen, eine andere Biographie, andere Wurzeln.«

Und als er das erste Mal davon sprach, seine Frau zu verlassen, dachte ich still bei mir: *Laß ihn reden. Er tut es eh nicht.*

Und dann hab ich mir gedacht: *Vielleicht tut er es ja doch?*

Wir waren nicht klug. Wir waren verliebt. Und es gibt Zeiten im Leben, in denen die Vernunft keine Chance hat.

Torak legte mir sacht die Hand auf die Schulter und schmunzelte. »Gott sei Dank ist das so ... Stellen Sie sich vor, Gnädigste, Sie wären immer vernünftig gewesen ...! Was hätten Sie erlebt? Nichts! Und eine indiskrete Frage: Waren Sie überhaupt je vernünftig? Wollen Sie nun die Frau Lehrerin sein, die sich als wandelndes Über-Ich Verhaltensweisen abfordert, die die lustfeindliche Trockenheit eines Steuerprüfers haben und in keiner Weise Ihrer

Natur entsprechen? Ich bitte Sie, dann wären es doch nicht mehr Sie selbst ...?«

»Ach, Torak, Sie sprachen doch über Apollon und Dionysos, über die zwei Seelen, die in der Brust wohnen und die ums Verrecken nicht kompatibel sind!«

Er lachte. »Doch, doch, das braucht nur Geduld und Zuversicht! Diese zwei Seelen sind wie streitende Geschwister, die man diplomatisch versöhnen muß. Und beide, vergessen Sie das nicht, beide haben ihre Lebensberechtigung, sonst ist der Mensch nicht ganz!«

Ich dachte an meine Zwerge und an meine Aktenordner, an die Phantasie und an die Ordnung. Natürlich, Torak hatte recht. Es war nur so schwer, den inneren Zwist zu schlichten.

Er nippte an seinem Tee. »Fahren Sie fort, meine Liebe ... Ich nehme an, es wird jetzt ernst?

Aussprache

Die Liebe mit Simon wuchs. Der Hauptantrieb ging von ihm aus. Er war der Motor, der Herzschlag dieser Verbindung. Er machte mir konstant den Hof. Täglich sagte er mir, daß er mich liebe und mich brauche. Nach drei Monaten begann er, mir ernsthafte Anträge zu machen.

»Ich will mich von meiner Frau trennen!« sagte er.

Sowas hatte ich bisher immer erfolgreich verhindert.

Meine erste Reaktion war Abwehr. Simon war, bei aller Liebe, recht breit und präsent in seinen tagtäglichen Zuneigungsbezeugungen. Ob ich das aushielt auf Dauer? Ob ich noch genügend schreiben, arbeiten, denken konnte?

Ich setzte mich ernsthaft mit der Frage meiner zukünftigen Lebensgestaltung auseinander. Die Netzwerktechnik machte unabhängig, aber beruflich kam nicht viel heraus. Ich hatte mehrere Männer, von denen immer einer verfügbar war, fixierte mich nicht und ließ mich nicht unter Druck setzen. Jedoch empfand ich dieses Netz von Liebhabern zwar als Selbstbestätigung, aber nicht als geistige Anregung. Die wirren Einflüsse und die Unruhe, die die verschiedenen

Männer mit ihren unterschiedlichen Charakteren und Denkweisen mit sich brachten, machten mich konfus. Monogamie vereinfacht die beruflichen Abläufe, und Kontinuität in den Beziehungen ist eine stabile Basis. Aber war das nicht auch mit mehreren Männern möglich? – Einengen lassen oder nicht?

Daß es mit Simon gehen sollte, bezweifelte ich. Er lebte zu sehr aus dem Familienbetrieb, aus den Wurzeln seiner Blumenbindertradition heraus.

Dennoch, ich war geschmeichelt, daß er sich in mich verliebt hatte.

»So ein schöner Mann!« sagte mein Hausmädchen, und ich wuchs innerlich. Auch führte ich ihn gern vor, wenn ich mit ihm zum Essen ging. Wir zeigten uns häufig und gern in der Öffentlichkeit. Und auch ihn erfüllte es mit Stolz, wenn er mich als seine Eroberung vorweisen konnte im Landkreis – und der Wille, meine Freiheit zu verteidigen, wurde schwächer. Wenn er versprochen hatte, zu einem meiner Auftritte zu kommen und dann doch nicht kam, war ich traurig und nahm es mir sehr zu Herzen und bekam Bauchweh wie ein Kind.

Meine Netzwerk-Ideologie hatte die ersten Risse. Sie funktionierte nicht mehr. Sollte ich härter sein und versuchen, mich besser durchzusetzen? Ich fühlte mich leer und ausgelutscht und hatte nichts entgegenzusetzen – keinen Haß, keine Power, keine Stacheln.

»Man kann eine Frau auch in dem Sinne unterwerfen, indem man sie so befriedigt, daß sie verblödet« – sagte ich später einmal zu ihm.

Mein Herz rutschte immer mehr auf Simons Schoß. Er war warmherzig, zeigte ein Übermaß an Gefühl und hatte seine Finanzen in Ordnung. Er war ein geschäftstüchtiger Mann mit einem guten Sinn für Geld und materielle Ordnung. Das war bei meinen Schauspielerbekanntschaften nicht immer der Fall. Ich ließ mich durch triviale Dinge nicht direkt beeindrucken, aber sie hatten eine subtile Langzeitwirkung, die mich durch Yannis fehlende Moralpredigten korrumpierte:

Daß er eine Corvette fuhr – *mein Gott, Lena ...! – Ja, aber sie stand ihm doch so gut!* – daß er über die Bundesstraßen räuberte wie ein Formel-1-Fahrer – *billig, aber wirkungsvoll* – daß er mich stets zum Essen einlud mit der lapidaren Erklärung – *das gehört sich einfach so* – und daß ich immer, wenn er erschien und aussah wie Paul Newman als Wahlindianer John Russel aus *Man nannte ihn Hombre* (vor dem Haarschnitt) – das Gefühl hatte: *Here comes your personal conqueror* – hier kommt der Prototyp aller starken, wilden Helden, aller Abendteuerromane, die ich je gelesen hatte – Robinson Crusoe, Sindbad der Seefahrer, Herkules und Tarzan zusammen. Mein Herz hüpfte vor Aufregung wie das eines Teenagers, und heiße Wellen liebevoller Empfindungen durchfluteten mich augenblicklich.

Weise Frauen, weise Männer, verzeiht mir, ich weiß, ich war kindisch, aber es war so schön! Ich war ohne Ehemann, frei und glücklich – und ich war verliebt bis über beide Ohren. Und ich fühlte mich wie eine Prinzessin mit ihrem Stallknecht: Ich war ihm intellektuell überlegen, in rhetorischer Hinsicht hatte er keine Chance gegen mich, sein Denkvermögen war so gut wie nicht trainiert, und er kannte kein soziales Engagement. Sein Engagement galt dem Geld, dem Prestige, dem äußeren Eindruck – und den Frauen. Den Frauen und deren Wertschätzung. Er wollte sie erobern, befriedigen, und sie sollten sich nach ihm sehnen.

Wir übten gegenseitig eine magnetische Anziehungskraft aus. Der eine hatte all das, was der andere nicht hatte, jeder verkörperte jeweils das, was der andere gern gewesen wäre.

Meine erotische Anziehungskraft war ein Kunstprodukt, außen war ich energisch, aber innen war ich scheu – er war sinnlich, erdig, geil und gerissen. Er war der Verführer, der Herzensbrecher, der Don Juan, der Schlawiner, der Strizzi, ich war wortgewandt, wach im Geist, schlagfertig und denkschnell im Erfassen von Zusammenhängen. Er war intuitiv und erspürte die Dinge eher, als daß er sie erkannte, und brachte sie auf den einfachsten, oft tumben, aber durchaus richtigen Nenner, während ich Spaß an der geschliffenen, differenzierten Verbalakrobatik hatte. Er war ein Mann, wie ich ihn noch nie länger an mich binden hatte können, er wiederum hatte in seinem Leben noch keine Frau wie mich kennengelernt, sowohl was den sozialen Status betraf als auch meine freizügigen öffentlichen Äußerungen über Sexualität und meinen Umgang mit ihr.

Er war fasziniert und ich war fasziniert.

Eines Tages hatten wir so etwas wie eine erste ernsthafte Aussprache über unsere Lebenssituation. Wir saßen hinter meinem Haus auf der Erde, die Frühlingssonne schickte ihre ersten warmen Strahlen und schien uns wärmend ins Gesicht. Wir saßen nebeneinander, Körper an Körper, und er bekräftigte seinen Willen, sein weiteres Leben mit mir zu verbringen.

»Ich will zu dir!« sagte er. »Alles will zu dir, mein Herz, mein Hirn, mein Körper, mein Sein will zu dir. Ich will mit dir leben. Ich will raus aus meinem alten Leben, es ist mir zu klein, zu eng! Sowohl das Blumengeschäft ödet mich an als auch meine Frau. Ich weiß nicht mehr, was ich mit ihr anfangen soll. Sie arbeitet täglich mit mir im Geschäft. Das geht nicht mehr so. Sie ist furchtbar eifersüchtig und verhält sich wie ein Wachhund bei jeder Kundin, die unter fünfzig ist. Sie nervt mich mit ihrer Einengung und ihren blöden Ansichten, wenn sie überhaupt welche hat. Und reden kann ich mit ihr auch nicht mehr. Sie denkt nix. Ich bin was anderes gewohnt jetzt, verstehst du?«

Ich verstand. Natürlich verstand ich. Und ich fühlte mich wieder einmal geschmeichelt. Dennoch sagte ich ihm anstandshalber, was ich für richtig hielt: »Du mußt diese Flaute, oder was es ist, mit deiner Frau durcharbeiten. Du kannst nicht vor einer Frau und der Auseinandersetzung mit ihr in eine andere Beziehung flüchten.«

Ihre Trägheit würde in Form seiner geistigen wahrscheinlich auch unser Problem sein, dachte ich, aber das sagte ich nicht. Außerdem wollte ich fair bleiben. Und ich warnte mich selbst vor unüberlegten Konsequenzen.

Ich habe hohe Ansprüche, schrieb ich in mein Tagebuch an diesem Abend.

Ich erwarte, daß sich jemand entwickeln will; daß er seine Verpflichtungen kennt und einhält; daß er Verantwortungsbewußtsein hat; daß er sozial und human eingestellt ist – sowie offen und guten Willens der Gemeinschaft gegenüber.

Ich wußte, ich brauche Aktivität und Bewegung, vielfältige, geistige Anregung und Austausch. Was bedeutet, daß der Partner sich selbst informiert und liest. Von all dem war Simon weit entfernt.

Aber ich war ja nie zufriedenzustellen, weder von Menschen, noch von eigenen Erfolgen – ich war getrieben von Erfolgswillen, Ruhmsucht und perfektionistischem Streben. Und ich hatte zu hohe Ansprüche, an mich und an andere Menschen.

Bescheidener werden! tönte es in mir. *Nicht so arrogant sein!*

Internist Dr. Ebert, der Simon schon zehn Jahre kannte und unsere Affaire mitbekommen hatte, sagte: »Simon ist gutherzig, er ist ein ganz Lieber. Aber er ist ein großer Junge, Lena. Er braucht eine strenge Hand. – Du mußt ihn führen, dann geht das.«

Es ging nicht, weil eine Frau, die den Mann als Prinz auf dem weißen Pferd sieht, diesen nicht führen kann. Und das mir! Abgesehen davon, ließ sich Simon selten führen. Er war viel zu störrisch, auch wenn er zuweilen in meinen Armen versank wie eine Katze. Er blieb, wie diese, eigensinnig. Sein Vater mit Autorität und seinen Prügelstrafen hatte dieses Verhalten provoziert. Druck erzeugt Gegendruck.

Er hatte ein unsäglich dickes Fell entwickelt, das ihn vor Angriffen, Demütigungen und Schlägen schützte. Zumindest nach außen hin. Ich hatte dieses Fell nicht, ich war nackt. Und verunsichert durch meine Verliebtheit.

Simon ließ sich unsere gemeinsame Zukunft nicht ausreden. Er begann, Visionen und Pläne zu entwerfen. »Weißt du was? Ich werd dir dein Anwesen zu einem Schmuckstück ausbauen. Da wirst du schauen. Das wird ganz toll. Irgendwann verkauf ich das Geschäft, und dann bin ich für dich da. Das wär mein Traumberuf, als Bauer mit dem Traktor herumfahren, auf dem eigenen Landsitz – und mich um alles kümmern, draußen sein in der frischen Luft, die Vögel hören und den Wind spüren und die Sonne auf den Bauch scheinen lassen.« –

Er war ein Naturmensch. Wenn ein Gewitter kam, lief er halbnackt, nur mit der Hose bekleidet, hinaus und rief: »Komm, Lenz, schau dir das an! Das ist Wahnsinn, die Farben am Himmel und die Stimmung jetzt – ahh, ist das schön!«

Er streckte seinen Kopf hoch und sog tief die Luft ein. Ach, Simon, nie werde ich deinen Anblick vergessen, die vielen Male, die du draußen gestanden bist und das Naturschauspiel genossen hast, du, selbst Teil der Natur, Gott der Wiesen und Wälder und aller Kreaturen, über die du geschimpft hast und die dir so nah sind.

Simon liebte Gerüche. Er hatte eine ungemein feine Nase und konnte, was er nicht zu erdenken in der Lage war, erriechen und wußte sofort, ob ihm das unangenehm war oder nicht. Er liebte ausgefallene Farben, und der Anblick des sich verfärbenden Himmels in besonderen Wetterlagen entlockte ihm immer Ausrufe der Begeisterung. Oft saß ich mit ihm auf der Holzbank vor dem Biotop, und wir hörten dem Quaken der Frösche zu und beobachteten die Tiere, die aus dem Wald in den Garten kamen.

Sein Lieblingsplatz war der Wasserfall in den Flußauen. Da konnte er stundenlang sitzen und den Wellen zusehen und der Gischt, die sie bildeten. Und als er mich mitnahm, das erste Mal, und mir seinen Platz zeigte, lief er aus dem Wagen, rannte ans Wasser, riß sich die Kleider vom Leib, und dann stand er unter dem Wasserfall, braun, groß und glitzernd, das Wasser sprudelte über seine breiten, starken Schultern hinab, und er lachte wie Pan, der eine Nymphe verfolgte, die, um seinem Begehren zu entkommen, in ein Schilfrohr verwandelt wurde.

Ich wollte ihm nicht entkommen. Ich stieg zu ihm ins Wasser, nackt, rieb mich an seinem Körper und sah, wie seine Erregung stieg und er mich gegen den Felsen drehte, sich mit dem einen Arm auf den Stein stützte und mit dem anderen mich um die Mitte hielt, damit ich nicht fiel – und wie er dann hineinglitt in mich, wie das Leben selbst, das sich von meinem Körper in meinen Kopf aufgemacht hatte, um denken zu lernen, und nun wieder zurückgeholt wurde in den Leib.

»Bis dahin klingt Ihre Geschichte ausgesprochen wunderhübsch.«

Ich hatte eine Schale Kekse auf den Tisch gestellt, die Torak während meiner Erzählung genußvoll aufgegessen hatte.

»Und es war Ihnen auch bewußt, daß kaum eine Frau das Glück hat, einen so guten Hengst zu begeistern, der ihr alle ihre geschlechtlichen Sehnsüchte erfüllt?«

»Ja, ich weiß. Es war wie ein Traum ... Zumindest ein Rausch der Sinne. Ein Rausch der Sprache war es nicht ...«

Er hob den Zeigefinger. »Ei, freilich, ein Rausch der Körpersprache. Den suchten Sie ja, soweit ich mich erinnere. Daß Sie einen Faun mit Hochschulabschluß bekommen, war unwahrscheinlich. Vor allem in Ihrer Gegend. Zudem ein gewisser Widerspruch in sich, nicht wahr. – Männer, die den Schutzschild der Gedanken und der Sprache vor sich hertragen, sind selten sinnlich – bis auf wenige Ausnahmen. Schwanz und Hirn führen eine schlechte Ehe und vertragen sich nur in den seltensten Fällen. Verzeihen Sie, aber ich muß mir wohl keine sprachlichen Zügel anlegen?«

Mir gefiel Toraks Art, die Dinge beim Namen zu nennen. Ich mag keine Leute, die verklemmt sprechen und nie auf den Punkt kommen.

»Nein. Ich tu es ja auch nicht ...«

»Ich genieße das, Gnädigste ...! – Will sagen, die sinnliche, schwüle Schwere des Körpers ist eine andere Energie als die der luftigen Worte und Gedanken; der Körper ein anderes Medium als ein Gedanke. Sie beschrieben es ja, wie leer Sie im Kopf wurden, als Sie es übertrieben. Nun aber – wo lag das Problem bei den Sinnenfreuden? Hat er Sie verlassen, der Dionysos?«

Torak lehnte sich zufrieden im Ledersofa zurück, schlug die kurzen Beine übereinander und sah mich erwartungsvoll an. Es sah komisch aus, weil er kaum bis an den Boden reichte mit den Beinen. Er wirkte aufgeräumt und gutgelaunt.

»Übrigens hätte ich gerne ein Häppchen zu essen, wenn es möglich ist. Nur wenig, bitte, das reicht.«

Ich ging in die Küche und machte ihm ein paar Käsebrote.

»Oh, sehr liebenswürdig, vielen Dank. Bitte ..., wo lag das Problem? Erzählen Sie weiter!«

Er nickte mit dem Kopf.

»Ähm ..., und was mich noch interessieren würde: Wie behielten Sie in Ihrem Liebesrausch die Klarheit für Ihren Beruf, die Bühne, die Interviews, die Öffentlichkeit ...?«

Mammon für Mama

Während dieser ganzen Zeit arbeitete ich daran, dic Texte für mein ncues Soloprogramm in die Endfassung zu bringen. Einen Großteil hatte ich fertiggestellt, bevor Simon in mein Leben trat, noch unter dem Einfluß von Yanni. Der Titel stand ebenfalls fest: *Mammon für Mama.*

Natürlich spiegelte dieser Titel keine Geldgier, Karrieresucht oder Jagd der Frauen auf Männer mit Geld wieder. Ich wollte in diesem Yuppie-Jahrzehnt – das so wunderbar begonnen hatte mit dem frischen, unverbrauchten Engagement der Grünen und geendet mit einem gigantischen Rückfall in eine unsägliche Profit- und Konsumgier, die alles, was die Achtundsechziger jemals angegriffen und aufzuhalten versucht hatten, in den Schatten stellte – ich wollte also vielmehr der Korrumpierbarkeit des Menschen auf den Grund gehen, auch meiner eigenen:

Warum verät man Ideale, die sich dann unrealisiert in nichts auflösen? Warum immer die neurotisch-triebhafte Jagd nach dem Geld?

Warum resigniert man und wird zum Judas seiner selbst?

Ich stellte mich in diesem Programm als Gallionsfigur eines neuen Reich- und Glücklichseins dar, als innerlich total gewendete Satirikerin, die im Nerz und Cocktailkleid verkündet ... doch, sie sei schon noch ab und zu – wie hieß das damals? – betroffen!

»*Wenn ich in der Abenddämmerung eines milden Novembertages den Nordzaun von meinem Gut entlangreite*« – so hieß es im Text – »*dann denk ich mir auch immer wieder: Mein Gott, es geht so vielen Menschen so schlecht! Vor allem in der Dritten Welt! – Und dann geh ich ins Solarium. Und dann ist das vorbei! ... Tut Ihr doch nicht so! Was hier*

herin sitzt, hat mit Sicherheit mehr Geld für Abmagerungskuren bezahlt als für ›Brot für die Welt‹!«
Diejenigen also, die ausgezogen waren, der Gesellschaft den Spiegel vorzuhalten – die modernen Hofnarren –, selbst die waren zu bloßen Unterhaltern verkommen, das wollte ich sagen. Der Wahnsinn der Normalität hatte auch sie eingeholt: »Wie sollen wir die Gesellschaft verändern, wo wir als Zecken drinsitzen?« Das Programm war von schillernder Bosheit, voller schlitzohriger Gemeinheiten und selbstironischem Sarkasmus. Eine satte Portion Yanni steckte da mit drin und viel mentale Fitness aufgrund unserer verbalen Schlagabtausche.

Die Kritiker schrieben später darüber:

»Lena Lustig nimmt dem Leben seinen Schleier und schaut nach, was dahintersteckt. Sie reißt die schöne, neue und die heile Welt in Stücke. Die Margarinewelt mit ihrem sonnigen Sommermorgen und der fröhlich lachenden Familie am Frühstückstisch, ›lauter glückliche, blonde Menschen‹, gerät zur Farce dort, wo in der wirklichen Familie die ›Aggression schon hinter dem Frühstücksei lauert‹. Wir ersetzen die Realität durch Scheinbilder und wollen uns den Schein nicht vermiesen lassen. In der modernen Wohlstandgesellschaft geht L. L. auf die Suche nach dem wirklichen Ich, deckt das Kaputte in einer Welt von Halbwahrheiten in jedem Winkel auf und zeigt es ungeschminkt, ganz nackt.

Das Drama zwischen den Menschen im Kampf um das Glück beschreibt die Lustig mit einem Satz: ›Wir sind keine Menschen mehr, wir sind Verbraucher – unsrer eigenen Substanz!‹ Schwarze Satire ist es, die sich nicht als Moralinstanz sieht, sondern als erfrischende Sauerstoffdusche für ein von Mief und Sattheit geschädigtes Publikum. In dieser Beziehung war der Abend ein geistiges Biotop. Und Biotope sind rar und sollten in vollkommener Freiheit gefördert und gepflegt werden!«

Es gab Kleinstädte, in denen ich später mit diesem Programm echte Pionierarbeit leisten mußte. Manchmal saßen die Zuschauer mit offenem Mund da und lachten nur aus dem vagen Gefühl heraus, das könne soeben eine Pointe gewesen sein. Verstanden hatten sie sie in der ganzen

Tragweite mit Sicherheit oft nicht. Ein ungeübtes Publikum nimmt Aussagen, die ein Satiriker macht, für bare Münze. Satire ist für den Durchschnittsmensch in etwa das, was Goethe für Landwirte ist – nämlich überkandidelt.

Und wenn man vom *Faust* spricht, fragen sie sich lediglich, warum man *der* Faust sagt und nicht *die*.

So ging es wohl auch Simon.

Später einmal gestand er mir – nach fünf Jahren erst – er habe zu Beginn unserer Beziehung deshalb so wenig gesagt, weil er tatsächlich nur etwa die Hälfte von dem verstanden habe, was ich damals von mir gab.

Und ich war besessen von dem Wunsch nach Aufklärung. Ich wollte mein Publikum aufklären, und ich wollte Simon aufklären. Ich wollte, daß er seinen Verstand trainierte, wie er seine Körpermuskeln trainierte. Ich fand, er müsse wachsen zu dem, was er eigentlich war – oder sein konnte, ein schöner Mann mit einem wachen Geist und einem guten, empfindsamen Gespür für alles Menschliche.

Ich drängte ihn zu lesen, wollte, daß er ins Theater geht mit mir, in gute Filme, forderte ihn durch mein heftiges Argumentieren heraus, mitzudenken beim Gespräch und nicht träge zu verharren in der regionalen Phrasendrescherei der ihn umgebenden chronischen Nicht-Denker.

Ich glaube, Torak, ich hatte, als erste Frau, die ich kenne – außer meiner Mutter –, einen Higgins-Komplex.

Sepp Trost fiel mir ein, der sperrige Dichter, der geniale. Als ich mit ihm einen Dreiteiler fürs Fernsehen über das Entstehen der Sozialdemokratie in Bayern drehte, er in der Hauptrolle, ich als seine Ehefrau, schliefen wir miteinander und begannen ein Verhältnis.

Er war verliebt, und als ich ihn, weil mich ein Teufel ritt, schelmisch fragte, ob er mich denn nicht ehelichen wollte, sagte er: »Ach, Lena ... zum Heiraten sind wir zwei doch nicht spießig genug!«

Das ärgerte mich. Man kann aus Gründen der Bürgerlichkeit heiraten oder weil man verrückt ist. Es ist alles möglich.

Und dann wurden mir die achtzig Kilometer zuviel, die ich fahren mußte, um ihn zu besuchen, und das sagte ich auch.

Und er sagte: »Ja, wenn achtzig Kilometer der Grund sind, daß man eine Freundschaft nicht aufrechterhalten kann, dann ist das eh nix.«

Und ich dachte mir damals: *Stimmt*. Und hab mich irgendwie herausgeredet vor ihm. Wir haben zuwenig festgehalten aneinander. Und so gingen wir auseinander.

Später, als wir gemeinsam auf Tournee fuhren, mit einem Stück von ihm, und ich gerade frisch verheiratet war, da sagte er, sich auf meinen Eheschluß beziehend, zu seiner Freundin – wir saßen im Auto vor dem Theatereingang – über mich und Yanni, den er nur flüchtig kannte: »Komisch ..., die Lena hat irgendwie einen Dressurkomplex!«

Daraufhin versetzte ich ihm vom Rücksitz des Wagens aus eine üble Kopfnuß, mit der er in keiner Weise gerechnet hatte, und rief, ziemlich verärgert ob dieser vermeintlichen persönlichen Kränkung und in Verbindung meines mir neu vermählten Rockmusiker-Underdogs: »Der hat menschliche Qualitäten, die erreichst du in hundert Jahren nicht!«

Und dann waren wir uns für zwei Tage ziemlich beleidigt, weil jeder fühlte, daß der andere so Unrecht nicht hatte.

Ein *Higginskomplex* also womöglich?

Und Simon war das Blumenmädchen Eliza, das ich gesellschaftsfähig machen wollte. Warum immer wieder die gleiche Konstellation?

Das *Buben-aus-der-Gosse-Holen-Syndrom*. Retterin Lustig in Aktion! Wollte womöglich ich die Prinzessin auf dem weißen Pferd sein, die irgendeinen Herrn Aschenputtel zum Prinz machte? Lena, du wirfst ja alle Traditionen durcheinander, das kommt dich teuer zu stehen, meine Liebe ...!!

Nun, weder war Yanni aus der Gosse, noch Simon.

Yanni war mir an Seelenkraft um Jahrzehnte voraus, obwohl drei Jahre jünger, Simon stammte aus einer angesehenen Vilstaler Geschäftsfamilie.

In gewisser Weise *war* ich ihnen aber überlegen. Yanni hatte keinen Platz im Establishment, Simon kein Denk- und Sprachvermögen. Jeweils das eine oder das andere hatte ich zu bieten. Und beide waren sie auf mich zugestürmt und wollten mich haben, um jeden Preis.

Bei Yanni war es, nachträglich gesehen, gut ausgegangen, diese rasante *Tour de force* in die Ehe, aber nun?

Ich lehnte mich im Ohrensessel zurück und erinnerte mich an die Zeit, als mir Yanni begegnete ...

Yanni

Dooby hatte mich auf diese Party eingeladen.

»Du mußt dir meine Musik unbedingt anhören«, sagte er, »und den Yanni kennenlernen!«

»Yanni?«

»Yafir Annani, unser persischer Schlagzeuger, faszinierender Mensch. Hat viele Ähnlichkeiten mit dir ...!«

»So?«

»Vor allem weiß er viel über Musik und das Business, denkt sehr geschäftlich.«

Wie er den so beschrieben hat, muß der eine ganz schillernde Figur sein, denk ich mir, und weil ich eh zu viel zu Hause sitz in dieser Zeit, geh ich auf das Fest. Die Band macht gerade Pause. Dooby stürzt erfreut auf mich zu, ruft: »Yaaanni – schau, *das* ist *die* Lena – Lena, *das* ist *der* Yanni ...!«

Ich habe sofort einen Eindruck, wenn ich Menschen begegne, und meistens ordne ich sie auch gleich ein.

Wie der Yanni vor mir steht, zart, aber drahtig, und mir seine kleine Hand gibt, denke ich – nichts. Ich fühle auch nichts, ordne nicht ein, sage nur: »Grüß Gott«. Er strahlt mich an, lacht, ist scheu, kringelt sich innerlich, daß ich glaub, ein Wesen mit tausend Verschlingungen vor mir zu haben.

Dooby spielt Baß, meine Aufmerksamkeit verdichtet sich auf Yanni.

Versunken, in eigner Welt – ein schamanischer Trommler, Zauberer, Derwisch, in Trance mit seinen Rhythmen verbunden – und er trommelt verdammt gut! Zwei Pinot hab ich getrunken, da haben Atmosphären leichtes Spiel bei mir. Ich bin neunundzwanzig. Yanni sechsundzwanzig.

In der nächsten Pause eine Unterhaltung mit Dobbys kleinem Bruder Max. Yanni streicht um uns herum und sprengt immer wieder die Konversation, stellt Zwischenfragen, motzt, mischt sich ein, drängt sich dazwischen. Irgendwann am späteren Abend nehm ich ihn bei der Hand, führ ihn in den Garten, und sage: »Deine Musik ist schön, aber irgendwas fehlt.«

Yanni geht mit ... Ein herrenloser Hund, ein Kind, das sich verlaufen hat. Geht mit an meiner Hand. Nach diesem Gespräch will ich Wein. Er holt einen, sagt er und geht ins Haus. Ich vergesse ihn und führe blöde Gespräche mit einem Typ, auf den ich einige Tage zuvor scharf war. *Single-Jägerin.* Irgendeine betrunkene Kuh fällt in den Fischteich, großes Gelächter. Wo ist Yanni? Ganz hinten im dunkelsten Eck des Grundstücks, auf einer Sonnenliege, liegt er. »Mein Vater war Perser«, sagt er, »er ist schon lang tot ...«

Yanni fasziniert mich, ich weiß nicht warum. Er ist nicht der Prototyp aus der Jeanswerbung, im Gegenteil. Er ist vollkommen anders als alle, die ich jemals gekannt habe. Und das waren viele. – Er hat eine eigenartige innere Kraft.

Eine hochentwickelte.

»Was für ein Sternzeichen bist du?«

»Fisch mit Aszendent Zwilling. Warum?«

In meinem Kopf Spiralnebel. *Das ist er! Das ist er! Endlich ...!* –

Der Mann, der mein Wegweiser, Führer und Lehrer sein könnte, müßte ein Fisch mit Aszendent Zwilling sein – von mir selbst berechnet, sehr diffizil! Yanni wird zur mystischen Erscheinung.

Als er mich einige Tage später heiraten will, müssen dieses astrologische *das ist er!* und seine Heiratswut zusammengetroffen sein. Deutsche Esoterik und persische Hartnäckigkeit. Alles in allem eine explosive Mischung aus Intuition und Todesmut; normalerweise keine Motive zum Heiraten und sich ein Leben lang die Treue schwören – bei Künstlerseelen vielleicht aber doch. Er hat mich in meiner Räucherstäbchenphase erwischt – romantische Sehnsucht, vage Gottesliebe, kindliche Offenheit. Nix Genaues und typisch weiblich halt – vielleicht aber auch medial.

»Mit dem kann ich alle Träume verwirklichen!« kam es mir in den Sinn an diesem Abend. Und so war es dann auch.

Mit knapp sechzehn hörte ich einen singen, um sechs Uhr morgens vor dem Zelt im Jugendlager und hatte ein ähnliches Gefühl. Es zog mich hin zu dem, und ich konnt's nicht erklären. Zwei Tage später war ich keine Jungfrau mehr. Dieses Mal war es das Kind, was anstand, vielleicht. Vielleicht muß es so unerklärlich ziehen, wenn etwas ansteht, und vielleicht ist diese Sehnsucht in uns eine biologische-intuitive, die sein muß, damit wir uns lieben und vermehren. – Und vielleicht sollen wir es nicht erklären können.

Ein hübscher Tunesier war noch mit im Rennen, den hat er aus dem Feld geschlagen, und spät in der Nacht legten wir uns zusammen ins Bett zum Schlafen, als wenn sich das so gehört.

Am nächsten Tag Katerfrühstück von Übernächtigten und Partyrestlern. Yanni stellt sehr fest und männlich Theorien auf über Familienbewußtsein und persische Mentalität; sagt recht autoritär, daß man da drüben von Familienbewußtsein wesentlich mehr versteht als bei uns. Sehr bestimmt wirkt er, die anderen sind nicht sehr interessiert. Ich schon. Intensiv ist er, der Mann, und sagt lauter Dinge, die ich noch nicht gehört habe, nicht in der entschiedenen Art und nicht in dieser Zeit.

Im *grünen Kotzbrocken* – dem Dreiliter-BMW und benzinmäßigen Albtraum – setzt er sich hinten hinein, wie im Taxi, sagt, er will schauen, wie man sich da fühlt. Er hat kein Auto und sonst auch nicht viel, ist Rockmusiker, Kämpfer, Underdog. Max, der kleine Dooby-Bruder, kommt an den Schlag, kurze Verabschiedung, Augenaufschläge.

»Der ist auch bald reif!« sag ich und grinse.

»Du brauchst ein Kind ... einen Sohn! – Dann hört sich das Buben-Vernaschen von selber auf!«

Er lehnt sich zurück und schaut zufrieden über das Gesagte.

Zuvor, auf der Couch über mir liegend und der gemeinsamen Nacht nachspürend, analysiert er selbstbewußt von oben: »Des is toll, wie du an dir gearbeitet hast ...! Im Prinzip –« (*Prinzip* sagt er oft) »– im Prinzip wärst du eigentlich a Verkäuferin beim Hertie, aber du hast halt viel aus dir gemacht!«

Ich kann mit dieser Aussage nicht viel anfangen, aber sie beeindruckt mich. Etwas despektierlich, finde ich, aber originell. Hat mir noch keiner gesagt. Sie staucht mich auf ein Frausein ohne Prominenz zurecht, auf einen Mensch mit Durchsetzungskraft und Energie. Ich bin nicht *die* Lena Lustig, das offizielle Image-Konstrukt, sondern somit eine bodenständige bayrische Weibsperson.

»Ich hätt heut schon in die Schweiz fahren sollen, zu einem Yoga-Kurs ... Na ja – dann ruf ich halt an und sag, daß ich morgen erst komm.«

»Geh, Schmarrn!« – (das sagt er auch immer) – »Was willstn da?«

»Stille, Ruhe, in mich gehen ...«

»Du kannst doch hier auch in dich gehn – bleib halt einfach da!«

»Nein«, sag ich, und bleibe entschlossen, »aber wir können zusammen einkaufen fahren.«

Er fährt mit, geht im Supermarkt hinter mir her, dann verabschieden wir uns. Am nächsten Tag bin ich unterwegs in die Schweiz. Nach zwei Tagen bekomme ich ein Telegramm:

EINE KURZE WAHNSINNIGE FRAGE IN DIE STILLE –
MAGST DU GRIECHISCHES ESSEN ZUR HOCHZEIT

Ich erzähle allen Yogisten dort, daß ich einen Halbperser kennengelernt habe, der spinnt und mich nach eineinhalb Tagen Bekanntschaft heiraten will. Alle sind sofort meiner Meinung. Der spinnt, sagen sie, da könnte ja jeder kommen! Ich leiste mir, wie seinerzeit immer vor lebensverändernden Entscheidungen, einen Vollrausch, in dessen Auswirkungen die ganze Yoga-Gemeinde – in Form eines nächtlichen Badeausflugs an einen Waldsee, einbezogen wird, am nächsten Tag, ohne begründen zu können, warum, schick ich ein Telegramm zurück: JA!

Yanni ruft um fünf Uhr in der Früh an und redet mir den Kopf voll – die *Allergrößte* bin ich, aber auch das *allergrößte Arschloch* und *eingebildet!* Betrommelt mich wie sein Schlagzeug ... *Tonk-tonk-tonk* ... Dreht er jetzt durch? Er will mich fassen, wo ich unfaßbar bin. Wie ein Holzfäller hackt er den ganzen Wald um und ruft: *Wo bist du??* Ich bin wie silbrige Spinnweben zwischen den Bäumen verwebt. – *Ich will dich haben!!* heißt seine Botschaft.

Er rennt meine Mauer ein. Mit dem Kopf durch die Wand. Die Festung erobern – Sturm auf die Bastille! Ein derartiger Ansturm von Energie macht mir solche Angst, daß alles dicht bleibt.

Ich versuche durchzuhalten – bis er zahmer wird, vorsichtiger.

Aber wieso muß er so sein, wie ich will? ... Bloß, weil ich ihn nicht aushalte so? *Ich werde dich aushalten lernen.*

Nach sieben Tagen bin ich wieder in München. Wir treffen uns auf einer Party. Dünn und zäh kommt er auf mich zu, so zerbrechlich, daß ich mein, ich hätt nix in der Hand, wie ich ihn in den Arm nehme. Später hab ich ihn rausgefuttert, aber damals hat er nicht viel gegessen. – Und die Haare! Eine Frisur wie eine Klobürste! Oben einen Blumentopf, und hinten einen Schüppel, der absteht wie ein Vogelnest, dafür vorn die Nase vom Vogel, die einsam und willensstark hinausragt. Der Kampf um die Frisur hat eineinhalb Jahre gedauert. Mit einem Mal Sagen richtet man bei dem überhaupt nix aus, nach fünfzig Mal entwickelt er vielleicht so langsam eine gewisse Aufmerksamkeit, wenn man Glück hat. Daß mich einer so plötzlich und vehement heiraten will, ist mir noch nie passiert. Entschlossene Menschen, die entschieden und laut sprechen, machen einen Eindruck auf mich, ob ich will oder nicht. Und wie er mich jetzt in ein ruhiges Seitenzimmer schiebt, mich auf die Couch legt, sich vor mich setzt und bei seinem Entschluß bleibt, macht mich das vage in meinen Einwänden.

»Yanni«, sag ich, »du weißt nicht, was du dir da auftust – weil dir nicht klar ist, *wen* du da heiratest!«

»Geh, Schmarrn!!!« – Er kriegt seinen typischen Zorn, mit dem er mich einschüchtert. »Du mußt mir nix erzähln, des woaß i scho selber, was i mir auftun kann und was ned, des darfst mir glaubn, Baby!«

Bis ich ihm das *Baby* abgewöhnt habe, hat es auch ein Jahr gedauert. Er ist so uferlos und so gschert und so aus München-Laim, daß ich nix hab, was ich ihm entgegensetzen kann. Wenig ist so schwer, wie dem Drängen eines entschlossenen Mannes zu widerstehn, der einen fasziniert.

Die Welt gehört den Böcken – und sie bringen die laschen Weiber auf Trab.

Wir bleiben gemeinsam in der Wohnung meiner Freunde, in der ich mich in dieser Zeit zwischen einem Aus- und Umzug aufhalte. Ich bin durch den Wohnungswechsel heimatlos und verunsichert.

Drei Tage redet Yanni auf mich ein, Dauerberieselung, Marathon-Vorträge. Er redet mich in Grund und Boden. Oft bis drei Uhr in der Früh. Mir fallen im Bett die Augen zu, und er redet, redet, redet, begründet, argumentiert, erzählt – und es stört ihn auch nicht, daß er Monologe hält.

Er spielt mir seine Nummern vor, erzählt von seiner Rockmusik – die mich als Welt magisch anzieht –, überwalzt mich in seiner ganzen, heftigen Präsenz, und ich bin ihm nicht gewachsen. Bei allem, was er sagt, denk ich: *Er hat ja vielleicht recht!* Ich hab trotz meiner bewegten Vergangenheit keine Erfahrung und kann nicht auseinanderhalten, was nur Worte sind und was Tatsachen. Ich lasse mich zum Heiraten überreden und meine rationale Rechtfertigung dabei ist : *O. k. Ich werde ein Exempel statuieren – daß heiraten überhaupt nichts besagt!* Mit einer Heirat muß man nicht zwingend eine lebenslängliche Bindung anstreben. Man kann heiraten, man kann sich trennen – man kann die konservative Verwandtschaft ärgern, schockieren mit einem unmöglichen Mann, die bayrische Fangemeinde dazu, man kann die Leute vor den Kopf stoßen und provozieren, allein durch eine solche Tat. Ihr ganzes Ausmaß hab ich im Kopf nicht einkalkuliert. Die Vorstellung ist das eine, Taten sind das andere. Daß mich das soweit bringt, daß ich auf einer Wiese sitze, mit echter Todesangst – aus dem Gefühl heraus, ich muß mein ganzes bisheriges Leben abschneiden und mit dem verrückten Kerl weitermachen – das hab ich nicht geahnt.

»Laß mich noch nach Köln fahren in einer Woche. Danach geb ich dir endgültig Bescheid ...«

»Nein«, sagt er, »wenn ich dich jetzt auslaß, bist du weg!«

Na gut. Man muß auch mal verheiratet gewesen sein, denk ich mir und schaffe es, die vierwöchige gesetzliche

Frist mit Hilfe unseres Bürgermeisters, einem Freund meiner Eltern, zu umgehen.

»Wenn du einmal ganz schnell heiraten willst«, hatte der gesagt, »mach ich das für dich, Lenz!«

Sieben Tage später heiraten wir. –

Allen fällt die Klappe herunter, und die Zeitungen sind voll. Meine Eltern sind dagegen und sprachlos. Sie akzeptieren ihn nicht, den wilden Hund, den halben Perser aus München-Laim, den Rockmusiker, *enfant terrible*, Super-Macho mit weicher, weiser Seele. Meine Mama hält mich für geistesgestört. Seine Mama versucht zaghafte Einwände von wegen seiner wirtschaftlichen Situation, die er ziemlich ruppig vom Tisch fegt.

Es ist leichtsinnig, abenteuerlich, mutig, naiv – und sehr intuitiv. Und es wird die wichtigste Zeit meines Lebens. Yanni wird mein Stachel, mein Lehrer und Zuchtmeister. Und ich, Susi, bürste den Strolch für die High Society zurecht. Eine rosa Schleife hat er sich nie umbinden lassen, aber wir wachsen zusammen wie zwei Hälften, auch über unsere Trennung nach acht Jahren hinaus – und wir wachsen auch *aneinander* wie die Weltmeister. Heirat, Schwangerschaft und das Kind stabilisieren mich so, daß ich Jahre später auf einem Betonfundament stehe. Und ich hab tatsächlich alle meine Träume mit ihm erfüllen können!

Eigentlich erfüllt sich immer alles, bloß anders, als man denkt!

Abwärts

Der Sinn des Lebens ist
der, den man ihm gibt

Lena

Die Ergebnisse sind so
banal wie die Wünsche

Yanni

Die Lüge

»Laß uns irgendwohin fahren, es ist ein so schöner Tag heute.«

Simon willigte ein. Zu Beginn konnte ich ihn begeistern für kleinere Ausflüge. Allerdings waren sie selten. Er mußte den ganzen Tag im Geschäft sein. Abends war er müde, die Wochenenden teilte er auf zwischen seiner Frau und mir.

Wir fuhren nach Burghausen auf die alte Burg. Dort wanderten wir durch die bemoosten jahrhundertealten Gemäuer, spuckten in den Burggraben hinunter und besichtigten die Folterkammer aus dem Mittelalter. Durch den Abstand der Jahrhunderte blieb das Entsetzen über die Grausamkeiten im Rahmen, doch überlief uns ein Schauern beim Anblick der Foltergeräte; ein eher wohliges Schauern. Der Umgang mit Straffälligen ist in unserem Jahrhundert und in unserem Land gottlob humaner geworden, und all diese Abartigkeiten lagen in weiter Vergangenheit. Zumindest in diesem Moment.

Und doch ..., der Raum übte eine eigenartige Faszination auf uns aus. Ich wagte kaum, Simon anzusehen aus Angst, etwas zu offenbaren, von dem ich nicht wußte, was es war – und als ich doch einmal kurz zu ihm hinübersah und unsere Blicke sich trafen, schien es mir, als wüßte irgend etwas in uns viel mehr über uns, als wir selbst in diesem Augenblick. Es war ein sehr altes Wissen, ein unendlich tiefes.

Wir entdeckten ein besonders grausames Instrumentarium. Ein Holzbock, obendrüber ein Querbalken, der, mit der Kante nach oben, zugespitzt war. An diesem wurde der Delinquent so aufgehängt, daß sein Haupt nach unten zu hängen kam und seine Kniekehlen genau auf den Balken gepreßt wurden.

»Eine häufig angewandte Foltermethode, um Ehebrecherinnen zur Besinnung zu bringen«, stand daruntergeschrieben. Und weiter: »Sie blieben dort so lange hängen, bis ihr Fleisch wundgewetzt war und ihnen das Blut am Körper entlanglief und sie die Besinnung verloren.«

Wir sprachen nichts. Es ging nur etwas Unbekanntes in uns um.

Eine Weile hielten wir uns noch in diesem Gruselkabinett

zwischen Folterperversion und Ritterromantik auf und machten uns dann auf, um aus den Verliesen ins Freie, an die Luft, auf andere Gedanken zu kommen. Die Sonne ging hinter den Burgmauern unter, ein glutroter Ball, und es begann kühl zu werden.

Simon sagte nicht viel. Er machte nur ein paar spärliche Bemerkungen, daß das ein Wahnsinn gewesen sei, diese Zeit. Er ging neben mir und war gegenwärtig, sonst nichts. Das aber unausweichlich wie immer, groß, bullig, breit, warm. Seine Art, körperlich präsent zu sein, Sinnlichkeit zu senden, stimulierte mich zu jedem Augenblick, animierte mich, ihn anzufassen, mich an ihn zu lehnen, seine Hand zu nehmen.

Das war für mich ein neues Gefühl, denn bisher hatte ich mich der Körperlichkeit in Beziehungen über kurz oder lang entzogen. Der andere Mensch fing an, mir lästig zu werden mit seiner ständigen Nähe. Das war für meine Partner immer ein Problem; und für mich damit auch.

Vor allem betraf das auch die Häufigkeit der Vereinigungen. Nicht so bei Simon. Ich kannte ihn fünf Monate, und meine Lust an ihm nahm zu, nicht ab.

Wir waren zurück in die Nähe des Ausgangs gewandert, zu der großen Wiese und setzten uns unter den großen Baum. Ich lehnte mich zurück und blickte auf die Stadt hinunter. Die letzten Besucher verliefen sich, und die Dämmerung legte sich über die Burg. Simon saß neben mir und sah mich an. Und sagte nichts, außer, daß er mich liebe und mich brauche. Und sah meinen Körper an. Dann legte er meine Brüste frei. Und dann fühlte ich seine Hand unter meinem Rock und die Angstlust, daß uns andere Menschen sehen könnten, und spreizte die Beine und kam unter seiner Hand, einmal, zweimal, und dann saugte sich sein Mund fest, und ich spürte seine Lippen und seine Zunge in der Mitte meiner Schenkel – mitten auf dieser Burgwiese unter dem Baum bäumte ich mich auf und war nurmehr aufgegeilte Tochter in den Händen eines alten, noch geileren Vaters, eines Burgherrn, der sich vergreift an der von fremder Hand noch unberührten Lustknospe seines minderjährigen, weiblichen Kinds.

Als ich zu mir kam, befand ich mich zwischen Träumen und Wachen. Ich schämte mich und sah Simon an, als hätten wir gemeinsam Äpfel aus Nachbars Garten geklaut, und ahnte, er war meinen Phantasien in seiner tatsächlichen Unverfrorenheit weit voraus.

Drei Tage später nahm das Verhängnis seinen Lauf.

Ich war zu Hause und arbeitete. Da klingelte es. Ich hörte kleine, schnelle Schritte vor meiner Haustür, und als ich öffnete, stand sie vor mir: Simons Frau.

In der Hand meinen Brief. Er hatte ihr ja alles erzählt, und sie war zur Trennung bereit. Im Brief bat ich um Verständnis und versuchte, mich zu erklären, soweit möglich.

»Kann ich reinkommen?« sagte sie schnippisch, etwas zu laut und recht sattelfest.

»Natürlich, komm rein«, sagte ich. »Möchtest du einen Kaffee?«

»Nein, danke«, war die knappe Antwort. Sie betrachtete kurz meine Küche. Dann sagte sie: »Ich habe diesen Brief da gefunden, und jetzt möcht ich gern wissen, was eigentlich los ist – und was da dran ist«, fragte sie, immer noch mit erhobener, leicht vibrierender Stimme und deutlich gereizt. Offenbar hatte sie nichts gewußt – gar nichts.

»Wie lange geht das schon so?«

»Ein halbes Jahr …«, sagte ich, so sachlich wie möglich. Sie war die angetraute Ehefrau und also nach der Sitte im Recht.

»Und wie soll das weitergehen mit dir und Simon, wenn ich fragen darf?«

Sie versuchte, mich emotionslos anzusehen.

»Ich weiß nicht, darüber soll er selbst mit dir reden …«, wich ich aus. Ich fand, das war seine Angelegenheit.

»Was ist da zwischen euch?«

»Einiges«, antwortete ich. »Er sagt, eure Ehe war nicht mehr besonders gut. Und er sagt auch, daß er mich liebt. Das ist nicht nur so ein Bettverhältnis …«

»Klar«, sagte sie lakonisch. »Das muß er ja sagen. Sonst hätt er dich ja vielleicht nicht gekriegt, wer weiß. Unsere Ehe – wieso soll die schlecht sein?«

»Wann habt ihr das letzte Mal zusammen geschlafen?« fragte ich.

Sie nahm die Frage scheinbar ungerührt zur Kenntnis.

»Das war ... hmm, laß mich überlegen, Moment, ja – vorgestern, nein vor zwei Tagen, am Montag. Warum?«

Liebende auf der ganzen Welt – ich hatte das Gefühl, mein Herz bleibt stehen! Mein Gott, was war ich dumm gewesen. Am Tag nach unserem Burghausen-Ausflug ...! Da hatte er sich womöglich Appetit geholt und dann am nächsten Tag ... seine Frau aufgebockt!

Kennt ihr die Bilder von Wolkenkratzern, die nach einem Bombeneinschlag in sich zusammenstürzen?

Und mir hatte er immer wieder erzählt, die eheliche Sexualität sei eingeschlafen (»Wir liegen sooo weit auseinander!«), und ich Schaf hatte das geglaubt! Blind und taub durch meine eigene Vorgeschichte! Er hatte meine Erfahrung genutzt, um sein Märchen zu konstruieren! In dieser Minute mit seiner kleinen Frau wußte ich: Er hat mich ein halbes Jahr lang belogen mit dem jahrtausendealten Hurendreck, der abgelutschtesten aller Schmonzetten, die alle verheirateten Männer erzählen, wenn sie geil sind auf Weiber.

Ich weiß nicht, wie viele Fahrstühle in meinem Körper und meiner Seele in diesem Augenblick abwärts fuhren, aber es waren so viele wie nie vorher in meinem Leben. Mein ganzes großes, aufgeblühtes, aufgeblähtes Herz welkte, entließ Luft und Leben, meine ganze Vision von Liebe sackte in sich zusammen wie ein Fesselballon nach der Landung. Es war nicht der Beischlaf das Drama, es war die Lüge.

Als sie ging – ich weiß nicht mehr, nach welcher Zeit, was noch gesprochen oder beschlossen wurde und was gefragt – war alles, alles anders. Ein Traum war zerstört; eine Leidenschaft, die eben im Begriff gewesen war, zu Liebe zu werden und Tiefe zu bekommen, enttarnte sich als – *La Grande Illusion ...!*

Mir wurde übel und alles drehte sich. Ich legte mich in mein viel zu großes Bett und konnte nicht weinen, nichts tun, nur an die Decke starren und warten, bis ER mich anrief.

Torak zog die Stirn hoch, sah mich an und faltete behutsam die Hände. Er hatte schöne, zartgliedrige Hände, die Feinfühligkeit ahnen ließen, und lange, schmale Finger.

»Je nun ... Ein klassischer Dialog. Klassisch schmerzhaft.«

»Ja. Das weiß ich jetzt auch.«

»Sie waren eine dumme, feurige Stute, das ist absolut verzeihlich. Und er ein gewitzter, geiler Hengst – auch das ist nichts Ungewöhnliches. Um nicht zu sagen – Sie gestatten – sehr gewöhnlich ... Was zogen Sie für eine Erkenntnis daraus?«

»Ich bin nicht mehr sehr aufgeschlossen für Liebesbeteuerungen.«

»Schade ..., aber verständlich. Offenheit und Naivität – Erfahrung und Mißtrauen sind oft Paare, aber es gibt durchaus auch die Möglichkeit der kreuzweisen Paarung. Sie müssen sich jetzt nicht häuslich einrichten in einer Art kleinbürgerlichen Verbitterung. Das wäre doch recht spießig. Sie ließen ja dadurch Ihr ganzes Lebensblut ab – wie eine abgestochene Gans ihr Blut in eine Küchenreine. Das dürfen Sie nicht, Gnädigste. Warten Sie, wir wollen ein wenig wiederbeleben ... Lehnen Sie sich zurück, entspannen Sie sich und lauschen Sie ... Genießen Sie vor allem, Verehrte ..., nichts weiter. Aber denken Sie nicht.«

Ich tat, wie mir geheißen. Torak löschte das Licht.

»Schließen Sie die Augen, Liebe ...!«

Ich schloß die Augen. Und nun fing er leise an zu reden. Kaum hörbar zuerst ... »Ich hab noch nie so ein Wesen wie dich gesehen ... Ich träume von dir, überall, wo ich bin ... und hab immer schon von dir geträumt ... Von Beginn an liebe ich dich – ich liebe dich, seitdem du bist und werde dich lieben bis in alle Ewigkeit ...«

Torak flüsterte und raunte, girrte und lockte in unzähligen Tonlagen und Stimmen, es schienen mehrere Personen zu sein, die da sprachen, junge Männer und alte, verschiedene Nationalitäten und Hautfarben. Es war, als käme seine Stimme aus jeder Ecke des Zimmers, einmal von rechts und einmal von links. Und es fielen ihm immer wieder neue Formulierungen ein ... »Ich will dich begleiten, wenn du dich fürchtest ... dir die Hand reichen, wenn du vom Weg abgekommen bist, will dir deine Traurigkeit vertreiben …

Du bist so schön, so wild, dein Feuer spüre ich in mir brennen, als wäre dein Leib meiner, ich will zu dir und in dir sein, weil ich dich liebe … Und immer, wenn du verzweifelst am Leben, denk daran, ich liebe dich, Lena, ich liebe dich … Ich liebe dich so stark …«

Seine Hand berührte mich zart am Knie. Ich weiß nicht, nach welcher Zeit …

»Augen auf …«

Er sah mich vollkommen offen und forschend an, in keiner Weise verlegen oder beschämt. Ich wollte verwirrt sein und sollte es sein, fand ich … oder kokett – aber es gelang mir nicht. Ich fühlte mich stark und offen.

Torak lächelte.

»Wie ging es weiter …?«

ER

Vollmond. Ich bin alleine zu Hause. Ich gehe auf den Balkon und schau in den Himmel – schwarz. Nur der Mond sitzt fett und einsam da oben und scheint teilnahmslos auf mein Anwesen herunter, in dem eine unwichtige Person ein dummes Herzeleid hat, eine unter Milliarden. Wie viele von denen da draußen haben viel größeres Leid als ich mit meiner Liebeskrankheit?

Fudweh sagt man in Bayern. Die Fud ist die Scheide. Aber es war nicht nur Fudweh. Es war heilig. Für mich ist Liebe heilig und Sex heilig, und wenn ich mich verliebe, bin ich heiliges Tier und ewiger Geist und nicht mehr nur Mensch oder Frau. Ich bin alles, bin eins mit der Natur, der allumfassenden, dem Kosmos, dem unendlichen, ich blute aus tausend Wunden, wenn man mich verletzt, und das Leben fließt aus mir heraus, und ich kann nichts, als nur lieben … nur lieben …

Natürlich rief ER an.

ER rief immer an. Immer wieder.

Und ich war entschlossen, auszuhalten und durchzuhalten – aber in meinen schwachen Zeiten empfand ich mich nur als ein Bündel Sehnsucht, von Kopf bis Fuß erotisiert zwar – aber in diesem hilflosen Begehren meinem zunehmend leidenschaftlichen Verfallensein immer heftiger ausgeliefert.

ER hatte mich so verwöhnt, daß ich bereits nach einigen Wochen meinen drohenden Sturz in die Leere seiner Gleichgültigkeit zu fürchten begann. Wie schrecklich mußte es sein, malte ich mir aus, wenn diese zärtliche Zuwendung einmal nicht mehr da war! Denn ER gewöhnte mich Schritt für Schritt an sie – und ich ließ sie Teil meines Lebens werden.

Ich liebte SEINEN Körper. Man konnte sich dranlehnen, hineinschmiegen, war sicher, behütet, aufgehoben – im Nest. Immer hatte ich stark sein müssen, wenn nicht die Stärkere sogar. Vielleicht war das auch gut so. Nun wollte ich nicht mehr stark sein müssen und war offen für einen Mann wie IHN, der Geschäftssinn, Schönheit und Gemüt in sich vereinigte. Solche Männer sind rare Trüffel. Gleichzeitig wollte ich Unabhängigkeit, denn einmal aufgegebene Freiheit ist unersetzlich. Es stritt sich alles in mir.

Und ich wollte auch keinen unemanzipierten Mann mehr dulden, keinen traditionellen, altmodischen. In der Selbstdarstellung waren sie alle vorn dran – im Gemüt hundert Jahre zurück. Es ist anstrengend, dauernd so zu tun, als sei man nicht emanzipiert, nur, damit sich der Mann nicht blöd vorkommt.

Ich hatte es satt, mich täglich in Frage zu stellen oder stellen zu lassen und dem Mann das Gefühl geben zu müssen, daß er mir überlegen war, weil er sich sonst überflüssig fühlte. Nie mehr Entwicklungshelferin sein für rückständige Männergemüter! – Ich war Künstlerin! Mit einem Auftrag.

Es ist eine Sünde, das Pfund zu vergraben, das Gott uns geliehen hat.

Für einen Künstler ist Arbeit Licht und Luft. Trost und Traum.

ER rief also wieder an und redete sich am Telefon heraus, verteidigte sich unter Zuhilfenahme fadenscheiniger Ausflüchte; ich versuchte, meine seelische Einrichtung wieder zurechtzurücken, die Verwüstung in der inneren Wohnung aufzuräumen: Natürlich hat ER ab und zu Verkehr mit SEINER Ehefrau, sei's drum, so spannend kann der nach zehn Jahren nicht sein. Außerdem hat ER mich jetzt ›gehabt‹ und keine Veranlassung mehr, seine Liebesbeteuerungen fortzusetzen. ER hätte jederzeit gehen können, schon lange, wenn es IHM nur um ›das Eine‹ gegangen wäre – warum also ging ER nicht ...? WEIL ER MICH LIEBT. Genau. Und ER bekräftigte dies wie eh und je, jeden Tag, jede Stunde, unermüdlich aufs neue und beteuerte nach wie vor SEINEN unerschütterlichen Beschluß, mit mir leben zu wollen, käme, was wolle, wir würden es schaffen, da sei ER ganz sicher.

SEIN Wille geschehe, in Ewigkeit, Amen.

Aber nichts war mehr wie zuvor.

Unsere Hitze kühlte ab, er vernachlässigte mich, mußte stets zur rechten Zeit nach Hause gehen und machte Versprechen für Unternehmungen, die er dann aus unterschiedlichen Gründen nicht einhielt. Außerdem war er zu meinem großen Ärger sehr unpünktlich, und seine vorwiegende Aufmerksamkeit widmete er dem Geld und dem Profit. So etwas wie geistige Interessen gab es nicht. Gemeinsame schon gar nicht. Und daß er es schaffen würde, von seiner Frau wegzugehen, schien mir immer fraglicher. Also saß ich im Schicksals-Kino und wartete auf den Ausgang der Handlung.

»Scheißmänner!« sagte ich zu meiner Mutter am Telefon. »Nach einem halben Jahr, wenn sie ihre Unarten auspacken, kann man sie vergessen! Ende der Balzzeit.« – Meine Mutter weiß immer Rat.

»Lena, ich weiß, das quält«, antwortete sie. »Aber es gibt etwas, das über der Geschlechtlichkeit steht, über dem Mann-Frau-Sein: die geschlechtslose Seele, die viel weiter ist, die sich ausdehnen will, der der materielle Körper zu eng ist. Vergiß es nicht ganz ...«

Seele hin, Geschlechtlichkeit her – ich war immer auf die Füße gekommen. Und auch dieser Sommer würde vorübergehen ...

Jedoch, ich steckte schon zu tief drin im Begehren – meine

Ohnmacht begann ... Sie begann mit körperlichen Symptomen. Wochenlang wachte ich zitternd auf, konnte nicht mehr gut schlafen, nichts arbeiten, nichts denken. Die Affaire nahm mir Kraft, Verstand und Lebenslust. Das Leiden fing an. Ich fiel in die Krankheit und trat in meinen Schatten.

Die Premiere der neuen Show, die Trennung von Yanni, selbst das Warten auf IHN – all das wäre zu bewältigen gewesen mit jener inneren Glückseligkeit, die ich bis zu diesem unseligen Tag des Auftauchens SEINER Frau gefühlt hatte. Ab diesem Zeitpunkt wurde das Leben nicht mehr von mir bewältigt, es überwältigte *mich*. Ich verlor den Überblick unddie Wachsamkeit, meine vorzüglichsten Lebensbegleiter.

Sehnsucht ist ein schlechter Dschungelführer. Sie macht blind für Gefahren.

Das Problem war nicht, daß ER nicht kam, sondern, daß ER nicht ging.

Ich fragte mich, ob ich das viel zu große Haus verkaufen und nach München ziehen sollte. Der Beruf begann, mir zu entgleiten. Seit Yanni aus dem Haus war, wurde alles schwer und schwerer, kaum mehr zu tragen die Last, alleine. Das Kind, der Beruf, das Haus, die Beziehung, die Finanzen ... Eigentlich brauchte ich einen starken Partner, der alles mittrug, keinen Galan und Sprücheklopfer. Mir fehlte die nötige Gelassenheit im Angesicht SEINER offensichtlichen Unreife. Ich verzehrte mich nach IHM und war geil. Und wenn mich ein Mann geil macht, bin ich ihm erlegen – solang er mich geil macht.

Es kommt selten genug vor. – Warum verfeinern Männer nicht ihre Liebeskunst? Wir Frauen lassen uns so leicht bezaubern!

Das Betörendste an IHM war sein Körper – und sein Charme. Er konnte die Unwiderstehlichkeit einer schnurrenden Katze ausstrahlen. Doch war ER weitaus weniger gefestigt, als er anfangs gewirkt hatte. ER reagierte oft wehleidig, labil, mimosenhaft narzistisch, voll Selbstmitleid, in totaler Ermangelung der Fähigkeit zur Reflexion. ER war kein verläßlicher Mann mit Format, ER war ein verwöhntes Kind, eine jugendliche Diva, die angebetet werden wollte und die vielleicht gar nicht in mich verliebt war, sondern in ihr eigenes, übergroßes romantisches Gefühl, von dem sie sich durchdrungen fühlte …?

Wieviel Selbstwertgefühl hatte mir dagegen Yanni gegeben …! Zu spät.

Ich wollte SEINEN schönen, großen Körper in meinen Armen, in meinem Bett haben und konnte nicht davon lassen.

Torak sah mich aus halbgeschlossenen Lidern an. Seine langen Wimpern verschleierten seinen Blick, und ein leichtes Lächeln umspielte seinen sinnlichen Mund.

»Haben Sie bemerkt? Das Wort ER wurde immer größer. Schwoll an wie ein erigierender Penis … Und Sie, Verehrte, mit Ihren geöffneten Beinen und Ihrer geöffneten Seele warteten nur mehr auf IHN. Ihre Seele wurde zur feuchten Vagina, die darauf wartet, ausgefüllt zu werden. Die Weiber wollen gefickt werden, sagen die Männer dann. Das ist nichts schlechtes, wenn es ein vorübergehender Zustand ist oder wenn Sie ihn mit Ihrem Leben vereinbaren können. Der geöffnete Mund paßt da auch noch ins Bild, dieser etwas einfältige Gesichtsausdruck, den Männer so anregend finden.«

Dionysos fiel mir ein. – Apollon auch. Wer siegt?

Premiere

Die Premiere von *Mammon für Mama* naht.

Wahnsinn im Wahnsinn. – Ich hab Angst und springe ins eiskalte Wasser. Ein neues Programm testet man in der Provinz, wo Fehler und Falschgedachtes keine so großen Folgen haben. In München schreiben alle Zeitungen über so ein Ereignis, und ich bin inzwischen ein solches. Ich bin eine der ersten in Deutschland.

Yanni und ich haben über Jahre an meiner beruflichen Karriere, an meinem Erscheinungsbild gearbeitet, an meiner Darstellungskunst und Selbstdarstellung auf der Bühne und in den Medien.

Mammon für Mamma ist meine dritte Show. Der Großteil der Texte ist von mir, ebenso die Gestaltung der Show. Und damit will ich nun – hop oder top – in die Großstadt. Alles geboren, wie in der Imagination gezeugt: Ein rotes Korsagenkleid aus Brokat, ein hellblauer Hintergrund, auf dem ein Lichtdesigner alle Farbkombinationen aufleuchten läßt, von Regenbogen über Himmelslicht bis Höllenstimmung, Rockmusikeinspielungen und eine eigene Begleitung mit der Konzertgitarre, auf der sich nahezu unbegrenzte Klangvariationen erzeugen lassen, das heißt, alle, die Gust auf seinen Effektgeräten hat. Mein Kleid habe ich nach viermonatiger Suche in einer namhaften Münchner Boutique entdeckt, exakt das Kleid, das ich mir vorgestellt hatte!

Eine Woche vor der Premiere beginne ich, mich in Aufregung und Lampenfieber aufzulösen; am Tage selbst bin ich ab zehn Uhr morgens nicht mehr ansprechbar. Diesmal wird es in professioneller Hinsicht zum ersten Mal richtig ernst. Mein vorhergehendes Solo-Programm hat sich aus halbstündigen Gala-Auftritten für diverse Firmen über Jahre hin ohne Druck von selbst entwickeln können. Damals durfte ich mit einem Frauen-Bonus und Milde rechnen, weil ich Einsteigerin war. Bei der zweiten Show stand ich mit Yanni und sechs Mann Verstärkung auf diesen Brettern da oben und nahm alles nicht so ernst; es war ein Urlaub von der täglichen Berufs-Seriosität, vom harten Showalltag. Aber so eine Rockshow geht mit einem großen Aufwand einher, und die Einnahmen stehen – wenn man die gigantische Werbemaschinerie eines Rock & Pop-Topacts nicht zur Verfügung hat – nicht im Verhältnis zu den Unkosten. Deswegen war es sinnvoll – auch um meiner Unabhängigkeit willen – ein weiteres, vielmehr das erste professionelle Soloprogramm auf die Beine zu stellen. Und hier ist es nun. Ich habe keinen Anfänger-, keinen Einsteiger-, keinen Frauenbonus mehr – man erwartet von mir die Qualität eines Profis. Drei Tage vor der Premiere sitzen wir beisammen, Yanni, Gust und ich, der harte Kern; neun Jahre Yanni, fünf Jahre Gust. Man hat uns für die Bühnenproben in meinem Heimatort freundlicherweise den Stadtsaal zur Verfügung gestellt, was nicht selbstverständlich ist – damit wir Anlage, Bühnenbild und

Licht aufstellen können. So bleibt uns die Fahrt nach München erspart.

Man muß ein Bühnengefühl bekommen; für jede Show neu.

Generalprobe. Simon steht rauchend herum, hat die Zigarettenschachtel, in der immer sein Geld steckt, in der Hand, diesmal als Aschenbecher, und fühlt sich etwas deplaziert. Seine spurverbreiterte Corvette steht vor den Glaswänden des modernen Saals. Daneben der spurverbreiterte Camaro von Yanni, der ziemlich bleich im Zuschauerraum sitzt und für mich leidet. Neben dem Camaro meine spurverbreiterte Cobra; ich selbst, innerlich aus den Angeln gehoben, äußerlich Hochwertiges sprechend, auf der Bühne. Drei Angeber-Autos protzen um die Wette, die Menschen dahinter sind nicht so laufsicher wie die breiten Reifen – genauer gesagt: garnicht. Yanni und ich haben Angst. Er im Moment noch mehr als ich. Meine Angst steigert sich im Verlauf der folgenden drei Tage, wenn Yanni nichts mehr für mich tun kann, ins Unermeßliche. Eine Frau im weißen Kittel schaut aus dem Gang rein, bleibt eine Weile stehen, schaut ratlos, *lacht nicht!* – schließt wieder die Tür. Ein paar Männer vom Schützenverein im Gang reden laut, verstehen auch nix. Vielleicht versteht keiner, was ich sage ...?

Trotzdem müssen wir, vor allem ich, vor der Premiere viele Interviews geben, das Fernsehen will wissen, um was es inhaltlich geht. Ich sondere intellektuelle Spitzfindigkeiten ab und frage mich innerlich, ob ich das halten kann, was ich da verspreche. Ein Tag noch, dann ist es soweit ...

Der Abend ist da. Geprobt ist alles so weit; der Schiß läßt sich nicht wegproben. Es wird dunkel. Ich vibriere, stehe unter Strom, eine halbe Minute noch ... Gust fährt die Musik ab, schmeißt den Spot an ... *und raus!!!*

Die ersten Sätze sprechen sich aus hypnotischer Trance von selbst. Ich registriere nur, daß die Zuschauer irgendwann zu kichern und zu gackern beginnen. Ich spüre, daß sie auf meiner Seite sind, mich annehmen, mich lieben, und daß ganz langsam der Druck nachläßt, daß es warm wird in mir wie nach den ersten Schlucken Tee nach einem Skiausflug mit eiskalter Nase und starren Fingern. Nach zehn Minuten weiß ich: *Sie fressen's!!*

Es gibt einige Längen und Versprecher aufgrund der Aufregung, und ich versaue mir einen optimalen Abgang, weil ich in der Vorbereitungshektik keine knalligen Zugaben vorbereitet habe. Aber insgesamt ist *Mammon für Mama* ein Erfolg. Zumindest ein Publikumserfolg. Das ist das Wichtigste. Mich erwarten zwei lange Jahre Tour mit diesem Programm. Ein neues zu schreiben und zu erarbeiten würde mindestens ein halbes bis ein dreiviertel Jahr Arbeit bedeuten. Die Show kann verbessert, aber nicht ersetzt werden.

Die Presse ist geteilter Meinung.

Allerdings fallen die Kritiken derartig unterschiedlich aus, daß es geradezu ein krasser Widerspruch ist. Die Kulturkritikerin der einen großen Tageszeitung, eine sonst scharfzüngige, gefürchtete Lady, lobt mich als satirische *Trendsetterin der Neunziger*, die Watschen an die heillos Zurückgebliebenen verteilt, als *vulkanischen Wort-Schatz*, der aus der Vielfarbigkeit der bayrischen Lobpreisungen und Beschimpfungen Funken schlägt, verleiht mir die Auszeichnung *Zeitgeist-Göttin ...!* Während der Herr des zweiten Blattes einen völligen Verriß konstruiert. Er schreibt, es tät ihm leid, daß er nicht, wie geplant, an diesem heißen Sommerabend in seinen geliebten Biergarten gegangen sei. Dort hätte er meine inhaltslosen Worthülsen und mein selbstgefälliges, hohles Geseire nicht ertragen müssen. Er beschwert sich beleidigt über zu laute Musik, durchgehende platte Oberflächlichkeit in der Aussage, billige Effekte und Dilletantismus in der Darstellung. Weder mein Verständnis von Humor, noch mein Biß scheint ihn erreicht zu haben. Einzig ein Lied zum Schluß hebt er lobend hervor. Da habe man ahnen können, was möglich gewesen wäre, um so unverständlicher, warum der Rest in derartiger Trivialität versacke. – Und dieses letzte Lied ist nicht von mir. Sondern von meinem gescheiten Freund Viktor. *Bon.*

Mit den Jahren habe auch ich eine gewisse Immunität gegen Kritiker-Ausfluß entwickelt und nehme nicht jede Aussage über mich als verbindlich hin, aber in diesen Tagen trifft es mich schwer! Ich bleibe tagelang im Bett liegen und weigere mich, aufzustehen. Ich bin gekränkt, beleidigt und nach dieser monatelangen, belastenden Arbeit schwer angeschlagen. Besonders der Vorwurf des Dillettantismus trifft mich. Ich empfinde ihn als gemein und ungerecht. Konstruktive Kritiken bringen weiter, man ist bereit, sie aufzunehmen, sich zu verbessern; destruktive wirken so, als wollten sie persönlich kränken. Vielleicht sollen sie das auch. Bei einem Verriß ist nicht die Meinung dieses einzelnen das Problem, sondern die Tatsache, daß Hunderttausende Leser Zeuge dieser eventuell unerheblichen Meinung werden.

Das Programm bleibt drei Jahre ein Stachel. Für mich und für die Zuschauer. Die einen lieben die Show über alles und empfinden sie noch heute als meine beste; die anderen lehnen sie ab.

Nach einigen Dutzend Aufführungen habe ich eine groteske, souveräne Komik perfektioniert, die auch die schwierigen Textpassagen transportiert und provozierende Aussagen auch in der Provinz verdaulich macht. Aber es gibt immer wieder Veranstaltungen, während derer ein ratloses Publikum mit meinen ironischen Überhöhungen und Giftpfeilen nichts anfangen kann. Ein Nord-Süd-Gefälle ist nicht auszumachen. Manchmal liegen die Städte im Ruhrpott oder um Stuttgart herum nur fünfzig Kilometer voneinander entfernt, und die Menschen im Veranstaltungssaal sind unterschiedlicher als Franzosen und Engländer. Die Publikumsreaktionen werden zudem beeinflußt von Gruppendynamik, Wetter, Jahreszeit, Temperatur und Wochentag. Je nach Wochentag kommen verstärkt Mitglieder anderer Berufssparten zur Veranstaltung, was mit dem freien Tag von Friseuren oder Zahnärzten zu tun und wiederum jeweils unterschiedliche Reaktionen zur Folge hat.

In meinen vielen Bühnenjahren habe ich eine gewisse Wetterfestigkeit im Gemüt in bezug auf Publikumsreaktionen entwickelt, ohne deswegen vom Energie- oder Leistungslevel herunterzugehen. Und mit der Zeit ist es mir möglich geworden, auch das verstockteste Publikum im Verlauf von einer halben Stunde zu knacken.

Was mir auf der Bühne gelingt, nach vielen harten Wanderjahren, gelingt mir im Privatleben nicht. – Vielleicht noch nicht.

Und vielleicht verhalten sich Menschen in beruflicher

Hinsicht generell professioneller als in ihren privaten Beziehungen. Oft erscheint es mir, als sähen vor allem Männer ihre Ehe als Kissen, auf das sie täglich ihren müden Kopf legen wollen. Aber daß dieses Kissen aufgeschüttelt, gelüftet, von Zeit zu Zeit frisch überzogen, daß der Überzug gewaschen und gebügelt werden muß – daran denken sie nicht. Liebe ist Arbeit. Warum hat ihnen das niemand gesagt? Wir wissen es doch auch.

Torak sah auf die Uhr. »Neunzehn Uhr dreißig«, sagte er und unterbrach mich in meiner Erzählung. »Es ist Zeit.«

»Wozu?« fragte ich verdutzt.

»Um Fernsehen zu schauen«, sagte er. »Ich möchte Tom und Jerry ansehen ...«

Ich glaubte, er sei vollkommen wahnsinnig, aber ich schaltete das Gerät ein, verschränkte die Arme und erwartete eine Stellungnahme von ihm.

»Sehen Sie sich die beiden an«, sagte er. »Eben hat ein Auto den Kater plattgewalzt, bis er aussah wie Papier, und anschließend wurde die Maus von ihm zu einer Ziehharmonika gefaltet. Was ist so faszinierend daran?«

Ich zuckte die Schultern. Natürlich mochte ich Trickfilme, besonders auch Tom und Jerry, Beni liebte sie auch, aber mir erschienen sie in diesem Zusammenhang ein banales Beispiel zu sein und sehr unpassend. Ich empfand Toraks Verhalten als unhöflich. Immerhin ging es um *die* Leidensgeschichte meines Frauenlebens, und er wollte Trickfilme sehen! Dennoch antwortete ich, etwas indigniert: »Sie gehen nicht kaputt ... Ist es das?«

»In der Tat!«, lachte er, »sie sind unzerstörbar. Sie gehen nicht kaputt, was auch passiert. Sehen Sienur ...«, diesmal lachte er laut auf. Kater Tom hatte seinen eigenen Schweif aus Versehen gegrillt und fuhr jaulend gen Himmel. Nach einigen Sekunden hatte er den Brand gelöscht und machte Jagd auf Jerry, der im Mauseloch verschwand. Tom raste gegen die Wand und fiel scheppernd um.

»Wußten Sie das nicht, meine Liebe, daß auch wir vollkommen unzerstörbar sind? Ich weiß, das scheint Ihnen etwas zu metaphysisch, trotzdem ... Wenn es wieder einmal ganz schlimm wird, Verehrte, denken Sie an Tom und Jerry. Nein, lachen Sie mich nicht aus, Sie werden sich erinnern. Es hilft. Nur das Denken an die beiden Verrückten ...«

Wir sahen uns die Sendung bis zum Ende an, dann schaltete er den Fernseher ab.

»So ..., und nun fahren Sie fort, meine Liebe ... Ich lausche.«

Nur, weil ich dich wirklich liebe ...

Im August zog Simons Frau ihre Art von Konsequenz und fuhr für vierzehn Tage in Urlaub, allein – und er zog zu mir. Sagte, *er sei jetzt da, weil er mich liebe*. Und nichts wurde besser, im Gegenteil.

Ich empfand das Zusammensein mit Simon lähmend und belastend, seine Sprach- und Wortlosigkeit legte sich wie Smog auf meine Stimmung. Außer der erotischen Spannung hatten wir uns nichts zu vermitteln. Mein Nervensystem stand unter Starkstrom. Ich vermutete sexuelle Überreizung. Wir machten es andauernd – in allen Räumen, allen Variationen, allen Stellungen, allen Intensitäts- und Härtegraden; die Hochsommerhitze blies uns den letzten Rest Hirn aus dem Kopf, wir jagten uns gegenseitig hoch.

Unsere Phantasien waren grenzenlos, und unser Erfindungsreichtum schlug Kapriolen. Der Teufel persönlich, schien es, war in unsere Körper gefahren und ritt uns abwechselnd. Simon erschien mir wie der Djin aus Aladins Wunderlampe: *Zu Diensten!* Ein Geist aus der Flasche, der nun nicht mehr in die Flasche zurück wollte. Am zehnten Tag seiner Anwesenheit wurde ich von einem Heulkrampf geschüttelt, weil ich mich nicht mehr hinaussah vor Anforderungen.

Ich brauchte getrennte Zimmer, viel Zeit für mich, ganze Abende alleine und wollte ihm das so nicht sagen, aus Angst, dieses winzige Pflänzchen der neuen Gemeinsamkeit zu zerstören. Eine ruhige Planung war unmöglich, weil die Situation denkbar schlechte Voraussetzungen bot für eine gesunde Partnerschaft und diesbezügliche kleine Konzepte. Alles war wund. Wundgefickt. Es stimmte nichts. Bis auf den Sex.

Der war Bindemittel, Struktur, Stütze und Essenz. Alles außerhalb dieser Dunstglocke aus Körperlichkeit und Verschmelzungssucht lag brach.

Und ich erkannte: Es ist ein großer Unterschied zwischen dem, was man *will*, und dem, was man *leben kann.* Ich wieder-erkannte: Die pausenlose Anwesenheit eines Mannes erdrückt mich.

Ich erkannte: Ich habe keinen Freiraum mehr.

Ich erkannte: Ich vermisse meine Einsamkeit und Distanz, auch zu ihm.

Und so sammelte ich nun alle Argumente, die gegen unser Zusammenleben sprachen, und trug sie ihm vor:

Ich bin mit meiner Arbeit verheiratet.

Das Leben mit mir ist viel anstrengender als mit Britta.

Ich hab keinen Putzfimmel wie sie, aber ich hab einen Schreibfimmel.

Und ich kann es mir nicht leisten, nur mehr aus Gefühl zu bestehen.

Ich brauche geistige Anregung und intellektuellen Austausch.

Doch ich trug ihm diese Argumente nur im Geiste vor ...

Er wäre nicht mehr und nicht weniger als der ideale Hausfreund gewesen. Genau das aber wollte er unter keinen Umständen sein. – Es war ihm zu gering.

Frau Vernunft maßregelte nachdrücklich, daß das Verhältnis beendet werden muß, und zwar sofort, umgehend. Das Gemüt greinte, wehrte sich, war weich, geöffnet, liebte und wollte den Mann Schütz haben, für immer, dauernd, täglich, minütlich, riechen, spüren, umarmen, aufbauen auf dieser Liebe, was zusammen bauen, eine Lebensbasis errichten, auf der man zusammen alt werden kann. Frau Vernunft orakelte, der Beruf geht ein, die Schaffenskraft auch, das Leistungsvermögen schwindet, die Belastung ist so groß, daß der Mensch Lustig eingeht, langsam in den Abgrund hineinsiecht.

Und die übermächtige, übermäßige Sexualität narkotisierte mich. Ich ging herum wie ein betäubtes Huhn, fast wie ein kopfloses, und wußte weder, was ich *mit* ihm, noch *ohne* ihn anfangen sollte. Als hätte man einen Fön in einen Anschluß für einen Rasierapparat gesteckt, statt 220 Volt 110 Volt, so lief ich nur auf fünfzig Prozent meiner Vitalität. Wenn er kam, wurde ich augenblicklich müde und schläfrig und alles, was in Gang kam, war mein Unterleib.

Wir fuhren drei Tage an den Gardasee, der einzige Urlaub, den wir in sechs Jahren zusammen machten, der einzige Ausflug, der länger als einen Tag dauerte – fanden kein Hotel, alle Zimmer waren besetzt im August, und schliefen, müde nach zweistündiger Suche und erschöpft nach fünfstündiger Fahrt, eng umschlungen vor dem Auto im Gras ein, frierend ab drei Uhr in der Früh, ineinandergerollt – und sehr verliebt. Irgendwo bellte einsam ein Hund, und der italienische Mond schien auf uns herab. Wenn wir unsere Körper hatten, waren alle Schwierigkeiten weit weg. Romantisch war dieser kleine Trip – und kurz. Romantisch, zähflüssig, mit offenem Mund, tranig, verliebt, anlehnungsintensiv, körperlastig, schön und lethargisch.

Als wir wieder zurückkamen, gingen die vierzehn Tage dem Ende zu, und die Rückkehr seiner Frau aus ihrem Urlaubsort stand an. Er fuhr, um sie vom Flughafen abzuholen – und kam nicht zurück. Er blieb weg. Bei ihr. *Back to the roots.*

SPÄTESTENS AN DIESEM PUNKT HÄTTE ICH GEHEN SOLLEN. SADPHIGS ... SAD PIGS ...

Es war gut, daß er weg war – und schlecht. Ich war außer mir. In meiner stetig wachsenden, lähmenden Ausschließlichkeit begann ich, mein Eigenleben zu verlieren. Kopf und Herz waren Gegner, die *Hölle der Liebe* nicht mehr nur ein Wort und der Groschenroman Realität.

Ein Telefongespräch mit seinem Vater brachte niederschmetternde Aufklärung. Er drohte mir mit der Enterbung des Sohnes, wenn der sich scheiden ließe. Aber Simon habe ihm sowieso schon erzählt, die Sache mit mir sei erledigt, bloß ein kleiner Flirt gewesen, nichts weiter.

Ein zweites Mal, sagte der Vater, mache er so etwas nicht mehr mit. Bei seiner jetzigen Frau, sei das Doppelspiel mit einer Vorigen über Jahre gegangen und mit der Heirat dann habe er genügend Probleme gehabt. Und nun hätten sie seine Frau endlich ins Herz geschlossen, nach langer Zeit, und seien nicht mehr bereit, sich erneut solchen Schmerzen zu unterziehen. Sein Wohl schien vor Simons zu gehen. »Wer wäscht denn? Wer macht denn die Buchführung? Das schwör ich Ihnen, daß der nicht länger als zwei Monate bei Ihnen ist – entweder er geht wieder fremd oder zurück zu seiner Frau!«

Keinen Charakter hätte der Simon, sagte der Vater. Und er sei feig. Wieso sagt ein Vater sowas über seinen Sohn? dachte ich und rief die ›Vorige‹ an. »Lügen tut der Simon«, sagte sie. »Drei bis vier Jahre war er treu, wenigstens halbwegs beständig, dann ging es los, seine Frau und andere ... So ist er halt«

Ach, hätte ich mir doch bloß früher eine Auskunft geholt! Was für ein Wahnsinn! Es war ja kein Wahnsinn. Es war die ganz gewöhnliche Steigermentalität eines jungen Mannes, der sich nicht besonders ehetauglich zeigt. Und hatte ich mich nicht bei Yanni ähnlich untauglich verhalten?

»Sie sind doch ein Weltmensch, Frau Lustig!« hatte Vater Schütz am Schluß noch eindringlich gesagt. »Was wolln's denn mit dem Buam? Der paßt doch gar net in Ihr Leben!«

Weltmensch... Der Weltmensch war resigniert, ängstlich, depressiv geworden, vernachlässigte seinen Sohn, seinen Beruf; seine Gesundheit schien beschädigt und gefährdet. Immer wieder hatte ich so unverschämt viel Glück gehabt. Immer stand rechtzeitig ein Engel zur Stelle und lenkte die Bahnen in glückliche Umstände, die mich retteten vor mir selbst. Und wieso dieses Mal nicht? Hatte mich das Glück jetzt doch verlassen ...

Gibt es ›Glück‹ überhaupt? Verursacht man nicht die Umstände selbst, in denen man sitzt, von Anfang bis Ende, und ist das nicht Karma?

»Ich glaube, daß jeder Mensch das Leben bekommt, das er verdient«, sagt Sarte. Da braucht es gar keine früheren Leben, um zu erkennen, wodurch man sich etwas eingebrockt hat und daß man das Eingebrockte dann auch auslöffeln muß. *Aushalten oder beenden.*

Beenden war mir im Falle Simon unmöglich. UNMÖG-

LICH!! stand in riesigen Buchstaben auf einem Schild in meinem Kopf. Also *aushalten.*

Seine Liebkosungen waren ein süßes, starkes Gift – und seine Worte waren Fesseln. Er band mich an sich durch die Magie seiner Versprechungen. Wie unter einem hypnotischen Zwang wollte ich glauben und vertrauen, daß sich eines Tages meine, unsere Sehnsucht auf wundersame Weise erfülle. Er schrieb mir unzählige, wunderschöne Liebesbriefe. Und er sagte: »*Ich liebe dich.*« Jeden Tag, viele Male, auch am Telefon. Wenn er anrief, war es gut, wenn er nicht anrief, schlecht. Er wurde meine Droge.

Meine Show spielte ich mit beginnender Routine, das war eine große Erleichterung; aber ich war ohne Motivation, ohne Perspektive und ohne Lust, sah schlecht aus und hatte auch für die Überreaktionen meines Mannes kein Verständnis.

Yanni hatte sich eine neue Freundin gesucht. Sie hieß Stefferl, war sechsundzwanzig Jahre alt, ein liebes, blondes Mädel mit einem schlichten Gemüt, die auf ihn stand, jeden Morgen um halb sieben Nußschnecken und Kaffee an sein Bett stellte und ihm sein sexuelles Selbstbewußtsein wieder aufrichtete. Ich fand, daß ich eine würdigere Nachfolgerin verdient hatte als eine Fabrikarbeiterin aus Österreich, denn Stefferl war wirklich etwas dumm – und ich nicht besonders souverän. Und mein Ehemann war immer noch mein Ehemann. Yanni war sehr, sehr verliebt.

Und jetzt gab es Zoff.

Stefferl war ihm nach einigen Monaten weggelaufen, und nun gab er mir die Schuld und wollte sich scheiden lassen, sofort. Stefferl beabsichtigte, ihn zu heiraten und Kinder zu gebären, und zwar auf der Stelle. Ich hätte mich übermäßig eingemischt, warf er mir vor, und nun sei sie durch meinen allmächtigen Exfrau-Schatten vollkommen verschreckt. Ich fand ihn kindisch und ungezogen und seinen Vorwurf eine Ungeheuerlichkeit. Viel später sagte er mir, er habe eine körperliche Abhängigkeit ihr gegenüber verspürt, die sich simonähnlich entwickeln hätte können, wäre Stefferl nicht von alleine gegangen. Das war vielleicht sein Glück.

»Am Sonntag wollte sie immer vor dem Fernseher sitzen und Sendungen über Wale anschauen! Tiersendungen haben sie fasziniert, sonst eigentlich wenig. Ich hab mit ihr über fast nix reden können. Ich glaub, ich wär eingegangen, mitsamt ihren Walen …«, sagte er später.

Aber in dieser Zeit schlugen alle Versuche einer verständnisvollen Annäherung fehl, unsere Emotionen waren zu aufgewühlt. Ein Gespräch während eines gemeinsamen Spaziergangs über die Gestaltung des bevorstehenden Weihnachtsfests – das erste seit seinem Auszug – endete in einem unwürdigen Streit. Er war durcheinander, aber er hatte die besseren Nerven. Trotzdem machte auch er im Geschäft Vertragsfehler, Verhandlungsfehler, und ich war ihm keine Hilfe. Nirgends ein Nachlassen der Schwierigkeiten in Sicht, und Simon erlag immer wieder seinem Wankelmut.

Das Zusammensein mit ihm war in monotone Abläufe geraten, wir trainierten gemeinsam, hatten Sex und führten lange Telefonate, bei denen ich stets mehr sprach als er. Alles stagnierte, die gesamte Entwickung trat auf der Stelle, wir kamen nicht weiter.

Vielleicht ist es gut so, sagte ich mir. Ins Tagebuch schrieb ich: *Liebe allein genügt nicht … Ich meine so verdickte Gefühle.*

Ich stellte ihm ein Ultimatum, das erste von vielen, und beschloß, Ernst zu machen. Ich wollte Ordnung in meine Lebensplanung bringen. Am nächsten Tag kam Simon und verkündete:

»Am Samstag, dem 22. Oktober, komme ich endgültig. Ich werde mit meiner Frau reden!«

Oh Gott, schon wieder. –

Das Datum beflügelte und erschreckte mich zu gleichen Teilen. Endlich ihn ganz bei mir haben … Andererseits, was sollte ich mit ihm? Ich hatte mich damit arrangiert, daß seine Ehesexualität farblos geworden und sein Sex mit mir für ihn *der* Hype sei, wie für mich auch. Er aber bestand hartnäckig auf unserer gemeinsamen Zukunft.

Der besagte Tag rückte näher.

Statt um zwanzig Uhr, wie vereinbart, rief er um zweiundzwanzig Uhr an und erzählte eine Räuberpistole von irgendwelchen Leuten, die er früher einmal gelinkt hatte, die nun Druck machen und ihr Geld von ihm zurückwollten. Er sei in Deggendorf, es würde noch dauern.

Ich schlief ein, vom marternden Warten erschöpft. Um Mitternacht schreckte ich aus dem Schlaf hoch – Simon war nicht da! Ich rannte hinaus in das Auto und jagte unter einem inneren Zwang zu seinem Haus, parkte das Auto in angemessener Entfernung und ging so nahe wie möglich an das abgelegene Anwesen heran, um zu sehen, ob er zu Hause war, ob sein Wagen vor der Tür stand.

Ich erreichte die Gartenhecke unter dem Wohnzimmer. Gerade *in time*, um zu hören, wie er mit Hingabe seine Frau vögelte, die ihm Schimpf- und Schmutzworte zustöhnte. Sagte sie *»Du Sau«*? – oder *»Fick mich«*? – Es klang geil, heiß und hysterisch. Und nicht nach langjähriger Ehefadheit.

Vor so viel Abgebrühtheit war ich fassungslos. Der Schock nahm mir fast den Atem. Ich drehte mich um und ging weg. Ich rang nach Luft ... Meine Gedanken überschlugen sich in wilder Hast. Nicht das *Vögeln* war schlimm, sondern das *Heucheln.* Aber was tun? Er war abgestumpft gegen Kritik, verbale Attacken ließen ihn kalt. Und wenn eine der beiden Frauen Zicken machte, fuhr er zur anderen. Ihn würde nur das Leben lehren, was zu lernen war, wenn überhaupt. Und war es denn mein Recht, ihm Lektionen zu erteilen? Sein Charakter war *sein Charakter.* Hatte er nicht das Recht zu sein, wie er war? *Aushalten oder beenden, Lena ...*

Ich saß im Wagen, starrte in die Dunkelheit, in den schwarzen Waldrand, die beginnende Oktoberkälte kroch in meine Knochen. Ich fühlte mich, als sei alles Leben aus mir entwichen, all mein Herzblut und meine Liebe dahin ...

Ich weiß schon irgendwann, du tust mir weh,
dann sei nicht bös, wenn ich wein.
Doch es darf nie geschehen, daß du mich belügst,
denn nur das könnt ich dir nie verzeihn.

Geh weg, Lena ... Lauf, solang es Zeit ist ..., laß diesen Mann, der tut dir nicht gut, der macht dich krank. Du bist ein stürzender Engel, fällst aus dem Licht in die Schatten der Tiefe, die Macht der Finsternis streckt ihre Klauen nach dir aus.

Du fällst und fällst, und bald kann dich keiner mehr halten ... Steh auf und wandle! Geh weg von diesem Mann ... Dem fehlt alles, was du brauchst ...!

Umsonst. Gib dir keine Mühe, innere Stimme, ich weiß, du hast recht. Aber ich kann nicht. Laß mich in Ruhe trauern jetzt. Und weinen ...

Nur, weil ich dich wirklich liebe,
kann ich nicht ohne dich sein.
Nur weil ich dich wirklich liebe,
geb ich dir alles, nur dir allein.

Scheißtext. Scheißrealität.

Er braucht also immer eine Frau, die irgendwo schmachtet. Und wartet auf ihn. Wahrscheinlich hat ihn die Vorstellung meines sehnsüchtigen Wartens so beflügelt, daß er seine Frau viel geiler besteigen kann, geiler als sonst. Er fühlt sich durch mein Schmachten aufgewertet ... Ja, so muß es sein ...

Um Gottes willen, wohin trudele ich da, welche unsäglichen Verflechtungen völlig verschiedener Seinsebenen habe ich zugelassen ...? Wenn schon Simon keinen Begriff von Ethik und Menschenwürde hat, so hab ich ihn doch; ebenso Yanni, wenn wir auch Wortschlachten geschlagen haben wie die Berserker, mitunter durchaus auch handgreiflich geworden sind in der Hitze des Gefechts, aber das hat doch immer Stil gehabt und Originalität ...!

Das hier hat nichts – weder Stil, noch ist es originell, noch ist es irgendwas ..., doch, es ist etwas: billig. Und die billigen Tricks sind die besten. Sie sind am gemeinsten und wirken immer. Und ich kannte sie nicht!

Selbst wenn ich gewollt hätte, wäre ich handlungsunfähig gewesen. Der demütigende Schock hatte mich schachmatt gesetzt. Wenn ein Boxer von seinem Gegner im Ring mit einem K. o.-Schlag zu Boden gestreckt wird, kann er nicht zurückschlagen. Er kann auch nicht aufstehen und gehen.

Er bleibt liegen, wird ausgezählt und hat verloren. 1:0. In meinem Fall waren es schon – wieviel? – 4:0? Und ich merkte: Es ging in diesem Spiel gar nicht nur um Leidenschaft, Liebe und Lust. Es ging um Macht! Wer saß am längeren Hebel? Unsere Interaktion hatte mehrere Ebenen, von denen eine ganz klar hieß: *Kampf bis aufs Messer – dem Sieger die Macht!*

Und mir wurde auch klar, daß ich nicht unschuldig war an dieser Verstrickung. Von Anfang an hatte auch ich die Kraftmeierin raushängen lassen, den weiblichen Sexprotz – und damit sein männliches Selbstverständnis provoziert, nicht vorsätzlich oder konkret auf seine Person bezogen; ich hatte ganz allgemein und öffentlich gepowert und das Echo nicht einkalkuliert, es unterschätzt. Ich hatte ihm zu verstehen gegeben, daß sein Verstand nicht ausreichen würde, um mich zu befriedigen – bestenfalls sein Körper. Zudem hatte mich sein guter Verdienst unbeeindruckt gelassen – ebenfalls eine Herausforderung für Simon – und meine Popularität bedeutete für ihn Auf- und Abwertung zugleich.

Ich begriff. Aber das heilte mich nicht. Im Gegenteil.

Lonely Queen

Der Rest des Jahres verrann in unzähligen, von Woche zu Woche gesetzten Terminen, an denen Simon *endgültig* kommen wollte.

Einmal war ein harter Geschäftstag der Grund, warum er den lebensverändernden Schritt nicht tat, ein anderes Mal war er besorgt, seine Frau könne sich etwas antun, wenn er ginge, ein drittes Mal hinderte ihn Krankheit, und wenn ihm gar nichts mehr einfiel – eigenes eingestandenes Unvermögen. Es waren diese ständigen Aufschiebungen, die mich zermürbten, meine Standfestigkeit untergruben, meine Kraft aushöhlten und an den Nerven zehrten. Ich regte mich jedesmal maßlos auf, wenn sein Kommen bevorstand, und verfiel mit der Zeit in einen Zustand zunehmend lähmender Ohnmacht und immer größerer Hilflosigkeit, wenn er dann nicht kam.

»Bitte ...«, sagte ich. »Laß es ... Quäl uns nicht. Hören wir auf. – Nimm mich als Geliebte ... Schau, dann hast du zwei Frauen. Und ich hab meine Freiheit. Ich will gar nicht deine Socken waschen, und ich brauch auch nicht ständig einen Mann um mich. Wir haben doch viel Freude so.«

Das wollte er nicht. Er sei nicht der Mensch für sowas. Er wollte auch nicht, daß ich *meine Freiheit* habe, vermutlich. Ansonsten schwieg er. Sagte nichts. Aber kaum waren wir uns nahe, fing er wieder damit an: »Ich liebe dich, so stark wie nie jemand zuvor! Ich will bei dir bleiben, mit dir leben für immer, ich will mit dir alt werden ...!«

Wie eine Schallplatte, die ich gern hörte. Und jedesmal, wenn es ernst wurde und ich ihn beim Wort nahm, wenn er zu seinen Worten mit Taten stehen sollte, versagte er.

Der Mann Simon erschien mir wie ein Wesen aus einer anderen Welt, für das ich keine Handhabung wußte. Ich war nicht gerissen genug, um nicht in das klebrige Spinnennetz seiner Versprechungen zu geraten. Verführungskunst hat Gesetze. Wer sie einhält und ihre Regeln kennt, kann mit genügend Ausdauer fast alles von jeder Frau bekommen.

»Wehret den Anfängen!« sagen die alten, die weiseren Frauen; was aber, wenn die Anfänge daherkommen wie ein lebendes Bilderbuch?

Und selbstverständlich, da bin ich mir ganz sicher, hätte jede Frau reagiert wie ich. Insbesondere unter diesen Umständen. Aber ist es nicht demütigend, zu reagieren wie jede Frau? Ebenso hirnamputiert und durchschnittsgelähmt wie der Großteil der Frauen? Pfui! – Ich fand mich schrecklich, und ich genoß gleichermaßen meine bisher nicht ausgelebte Hingebung.

Der Winter kam. Dicke Flocken schwebten auf die Erde nieder.

Die Verbindung mit Simon wurde immer aussichtsloser. Aber der Geist aus der Flasche wollte nicht mehr hinein. Er wurde selbst zur Flasche. Und mir wurde immer klarer, daß nichts zusammenpaßte: der Denkstil nicht, die Ideologien nicht und der Lebens-Sinn nicht. Es war eine Abwärtsspirale in den seelischen und damit beruflichen Ruin.

Ich hatte mit Yanni meinen ersten und besten Helfer in die Wüste geschickt. Aber all diese Probleme, wenn er wiedergekommen wäre, hätte ich nicht mehr aushalten können. Jetzt schon gar nicht mehr. Kein Licht. Das tatenlose Hadern nutzte auch nichts. Es gab keinen Manager, kein Team, keine Rückendeckung. Und keine Motivation.

I was lonely as never before. Wenn ich Yannis Song *Lonely* hörte, fing ich an zu heulen. Vielleicht war auch nur die Person Simon mit ihrer Eingeschränktheit daran schuld, daß ich mich immer mieser fühlte? Er war in allen Bereichen drin; der Identitätsverlust setzte ein. Ich lebte sein Leben, nicht mehr meines.

»Aha!« sagte Torak, setzte sich gerade, verschränkte die Finger und knackte mit den Gelenken. »Ich ahne, wir kommen schön langsam zu *Deep point* ... Ja?«

»Ja. Nach außen hin, draußen in der Welt, der Gesellschaft, war alles in Ordnung, und ich war fast auf dem Zenit meiner beruflichen Laufbahn; in meinem Inneren bahnte sich die Katastrophe an. Ich saß vor meinem Schreibtisch, voller Angst, und starrte ihn an. Länger als zehn Minuten hielt ich es nicht aus.«

Er antwortete nicht gleich; offenbar dachte er nach. Dann sagte er: »Wenn man eine Lady wie eine Nutte behandelt, was passiert dann? Wird sie zur Nutte, bleibt sie Lady? Geht sie kaputt?«

Ich sah ihn ratlos an. »Ich weiß nicht ... Es kommt auf die Persönlichkeit an.«

Er atmete tief ein, stieß die Luft aus und setzte neu an: »Wenn man eine Denkerin behandelt wie einen Fußabstreifer, wird sie dann einer?«

»Ich war naiv, ungelernt im Gefühl, eine emotionale Dilettantin! Beruflich erfolgreich, aber lebensdumm.«

»Sie hatten Ehefrau gelernt, nicht Geliebte. Und Sie verhielten sich lediglich wie eine typische Frau.«

»Ich mag keine typische Frau mehr sein. Das ist furchtbar! Ich bleib lieber Kasperl ... Die Liebe ist nix für mich!«

Er klatschte mit der Hand auf den Tisch.

»Aber, Gnädigste ...! Wer wird denn gleich das Kind mit dem Bade ausschütten! Ich erzähle Ihnen eine Geschichte von dem berühmten Dichter Voltaire. Aber zuerst erzählen Sie einmal weiter, bevor Sie gleich ganz mit der Liebe in Ihrem Leben abschließen ...«

Tilt!

Den Großteil des Tages liege ich im Bett und starre zur Decke, gefangen in der Fallgrube einer Angstpsychose. In der Früh um sechs oder sieben geht es los. Jeder Gedanke besetzt sich selbst umgehend mit Panik. Der Körper angeschlossen an einer Zweihundertzwanzig-Volt-Steckdose. Angst vor allem. Haare wie Stroh, das Gesicht verquollen, der Spiegel wird zum Feind. Die Ausweglosigkeit schaukelt sich selbst hoch. Es ist nichts mehr möglich. Abends Limbatril, eine halbe Tablette. Morgens wieder, zweimal eine viertel Tablette. Keine Besserung, nur das Zittern etwas vermindert. Das Denken läuft in etwa so ab: Steh auf, dusch dich, geh laufen. – Nein ich bin zu schwach, zu häßlich, das Laufen, nein, nein, es geht nicht.

Dann mach dich hübsch, geh zum Friseur – Nein, ich kann unmöglich so lang stillsitzen da auf dem Stuhl. – Ich kann mich nicht im Spiegel sehen. Zu vergammelt.

Dann geh ins Arbeitszimmer, erledige den Schreibkram. – Nein, da wartet ein Haufen von Entscheidungen, die getroffen werden müssen – ich fürchte mich, ich kann nichts entscheiden jetzt – wahrscheinlich nie wieder!

Gefangen, gefangen.

Yanni fehlt, die Auseinandersetzung mit ihm, der Streit, die emotionalen Entladungen. Stau, Stau, Hemmung, Verklemmung.

Dann weiter die Abwärtsspirale: Die Steuererklärung wird es an den Tag bringen, daß der Ruin ins Haus steht. Nie Rücklagen gemacht, keine Lebens-, keine Rentenversicherung. Muß immer weiterarbeiten, arbeiten. Und was ist, wenn ich nicht mehr kann?

Am Vortag Besuch beim Neurologen Dr. Hübner. Ende Fünfzig, zwergisch, korpulent, überzeugt von seiner Kraft, dominiert die Familie, sagt immer, eigentlich sei er weich. *Eigentlich.*

»Sie müssen sich entscheiden!« doziert er.

»Der Beruf ist das Wichtigste. Dann kommen die Gefühle. Nehmen Sie den Mann, der Sie in Ihrem Beruf unterstützt! Dabei hilft Ihnen der Intellekt. Lassen Sie die Gefühlsschmonzetten! Der Intellekt ist der Überbau. Der sagt, was getan wird, weil er der Herr über die Gefühle sein muß!«

Ich denke an Olga. Zwei Tage Meditations-Kurs.

»Der Verstand, der überaktive Verstand«, sagt Olga, »ist der Feind. Der schwätzt. Der sagt, du kannst nicht, du muß Angst haben, du mußt klein bleiben, weil die Umwelt kleine, schwache Frauen will. Der Verstand muß außer Kraft gesetzt werden! In erster Linie bist du nicht Verstand, nicht Gefühl. Du bist ein geistiges Wesen. Und das muß befreit werden.«

O.k. Verstand das Größte – Verstand das Letzte.

Yanni sagte: »Tu gar nichts. Wenn nichts geht, geht nichts. Schau Fernsehen, lies Fix und Foxi. Es muß so langweilig werden, bis du wieder Lust auf irgendwas hast. Und wenn es nur eine Bratwurst ist.«

Nachsatz: »Aber du hörst eh nie auf mich. Du mußt ja immer Hektik veranstalten, irgendwas tun und dich selber fertigmachen.«

Stimmt. Ich muß zum Beispiel zur Weihnachtsfeier meines achtjährigen Sohnes in die Volksschule. Yanni hat es meist verstanden, sich solchen lästigen Verpflichtungen zu entziehen. Die bleiben an Oma und Mama hängen, nach der Trennung sowieso. Eh klar. Mein Sohn spielt einen Hirten im Weihnachtsspiel, und es ist ihm höchst wichtig, mein Kommen.

Volksschule Pinzting. Bayrisch Kongo. Nicht analphabetisch, aber intellektuelles Vakuum. Nicht Lehrerseits, sondern Elternseits. Ein Gespräch kommt auch nach vier Anläufen nicht in Gang. Sie sind verstockt, wissen weder, was sie reden sollen, noch warum sie reden sollen.

Die Kinder singen und spielen. Nichts Besonderes, aber rührend. Ich denke mir dauernd: *Warum bin ich nicht in*

München? An der *International School* hätte man die Fähigkeiten von Benedikt besser fördern können als in dieser Baumschule. Nachdem das Spiel vorbei ist, sollen die Eltern gesellig beisammen sitzen. Es gibt Plätzchen und Punsch. Sie sitzen zwar, aber es geht nichts zusammen. Ich habe so eine Sprechstarre in meinem ganzen Leben noch nicht erlebt. Ich flüchte nach zehn Minuten. Zu meinem väterlichen Freund Herbert, der eine fünfzehn Jahre ältere Ehefrau hat. Herbert und Freund Tobias sitzen vor dem Fernseher. Ich klage mein Leid.

»Eigentlich habe ich viel gegen Psychopharmaka«, sagte Herbert. »Aber manchmal sind sie die einzig vernünftige Lösung. Tobias nimmt seit zwei Wochen Piracetam. Jetzt geht es schon viel besser.«

»Wieso, was ist mit Tobias?« – Tobias will antworten.

»Tobias hat geschwitzt«, spricht Herbert für ihn, »Hände naß, Fußschweiß, nachts ganze Unterlagen durchgeschwitzt. Angst und Depressionen, Verlust der Leistungsfähigkeit und Tatkraft, usw. usw.«

»Seit wann denn?« – Tobias will antworten.

»Ach, seit einigen Monaten«, spricht Herbert für ihn. »Das wissen wir nicht mehr so genau.«

»Seit wann, Tobias?« – Ich sehe ihn an.

»Na ja, ich glaub, seit der Trennung von Ursula, da fing das an. Und dann der berufliche Umstieg. Mit dem Kunstschmied war Schluß wegen meiner Rückenleiden, und für die Umschulung wollten sie ein psychiatrisches Gutachten haben. Da hab ich gesagt, na naaa, mit mir nicht. Und dann eben die GmbH mit Herbert, da wußte ich ja gar nicht, was da draus wird und mußte nur lernen, lernen, lernen. Und immer der Druck von meiner Umwelt. Daß das alles nix is, und daß ich nur Scheiß mach!«

»Er ist ja praktisch völlig abhängig von mir«, spricht Herbert, »er ist wirklich völlig abhängig davon, was ich mache. Total abhängig.«

Herbert liegt auf der Couch, die Bettdecke bis zu den Ohren, im Fernsehen Nachrichten. Tobias sitzt scheu im Ledersessel.

»Die Scheiße ist, daß dieses Vehikel Körper irgendwann nicht mehr mitmacht«, sagte Herbert, »dauernd irgendwelche Zipperlein. Seit meinem Herzinfarkt ist immer irgend etwas anderes. Aber ich seh das nicht so tragisch. Wenn ich weg bin, bin ich weg. Man soll sich nicht so wichtig nehmen.«

»Nein, nein, diese Meinung teile ich keinesfalls!« antworte ich. »Ich will leben, gut leben, Spaß haben. Ich will kreativ sein, funktionieren, geben, in eine Gemeinschaft eingebettet, lachend und liebend, konstruktiv an was arbeiten, nicht fatalistisch einer Krankheit ergeben, dahinsiechen. Nicht so würdelos verfallen, ohne mein Klassenziel erreicht zu haben!«

Es geht noch ein Weilchen hin und her, über Erfolg haben oder nicht, angebliche Sinnlosigkeit des Daseins.

»Jedenfalls geht es Tobias viel besser jetzt. Er merkt das selber gar nicht so stark. Aber ich merke es an sehr vielen kleinen Dingen. Es bessert sich.«

Tobias nickt. »Die Ärztin sagte, passen Sie auf, das Ding wirkt wie eine Bombe. Zwei Tage nach der Einnahme habe ich mein Auto zu Schrott gefahren. Sechs mal überschlagen, Totalschaden. Gott sei Dank nur eine leichte Gehirnerschütterung! Aber es stimmt, mir geht es besser jetzt!«

»Und die Ängste«, sage ich, »meinst du nicht, daß dich auch das Verhältnis mit Herbert belastet, verdrängte Schuldgefühle und so?« – Tobias will antworten.

»Nein, das auf keinen Fall«, spricht Herbert für Tobias. »Wir kennen uns seit zwölf Jahren jetzt –«

»Dreizehn«, sagt Tobias, »Dreizehn Jahre.«

»Aber wir reden nicht drüber«, fährt Herbert fort, »weil die Gesellschaft Männerverhältnisse immer noch ablehnt. Deswegen sagen wir nichts. Aber es verändert sich jetzt einiges. Tobias ist sechsundzwanzig, ich bin sechsundvierzig und nicht mehr gesund. Anfangs war unser Verhältnis rein sexuell. Das ist jetzt anders. Ich muß mich damit abfinden, daß er es auch mit Frauen hat. Mit anderen Männern allerdings, wenn er rumzöge, das würde mich sehr kränken.«

Herbert ist im Heim aufgewachsen, mit Jungen, hatte nie eine Mutter, keine Eltern. Seine Heirat mit der älteren Ruth und seine Neigung zu Männern ist nachvollziehbar. Auch die Geheimhaltung. Und deswegen muß Tobias Piracetam essen und ich krank werden; *weil der Preis für eine nicht lebbare Liebe die Gesundheit ist.*

Tobias sieht in den Boden. Daß er auch mit solchen Zuständen zu kämpfen hat, beruhigt mich trotzdem. Wenigstens geht es mir nicht allein so. Die Aussprache mit den beiden hilft mir ein bißchen, nicht viel.

Ich bitte Tobias, meinen Sohn von der Abschlußfeier in der Schule abzuholen, weil mir davor graut, noch mal da hineinzumüssen, in diese zwanghafte Weihnachtsveranstaltung voller Nicht-Kommunikation. Tobias will auch nicht allein. Er kennt die Schule nicht und weiß auch nicht, wo das Klassenzimmer ist. Für Angreifer kein Problem, für Menschen mit Angst wohl.

»Dann fahren wir zusammen, Tobias, komm, zusammen haben wir keine Angst!«

Wir holen Beni, der verschwitzt und glücklich-müde vom Spielen schon auf mich wartet. Beim Heimfahren habe ich Ansätze der früheren Aggression.

Ich werde es euch zeigen! denke ich. *Den Blumenbinder werde ich zum Teufel jagen, weil ich seine Dummheit nicht ertragen kann. Und meine Einsamkeit werde ich lieben lernen; die Sekretärin wird gegen eine ausgetauscht, die nicht nervt – und die Kreativität wird sich entladen.*

Dann fahre ich in die Sauna. Während der Fahrt weiß ich, daß das falsch ist. Auch in der Sauna werde ich es nicht aushalten. Saunagänge kurz und gehetzt, keine Entspannung. Nirgends mehr Entspannung. Nur das Bett und die Nacht helfen mir noch. Eine halbe Limbatril, eine halbe Stunde lesen, östliche Weisheiten – *alles Krampf!* – müde, aus. Erster Tag der Endzeit.

Ich hielt in meiner Erzählung inne.

Ein Gefühl der Traurigkeit überkam mich ... Ich wußte plötzlich nicht mehr, warum ich Herrn Torak Namadov, seines Zeichens Clown, all das erzählen wollte. Er würde, wie alle anderen über die Jahre, weise Kommentare abgeben und nichts weiter. Wie hatte ich erwarten können, daß ausgerechnet er, ein wildfremder Mensch, mich da herausgeleiten könne?

»Sie zweifeln, Verehrte ...?«

Woher, zum Teufel, wußte dieser Zwerg immer, was ich dachte?! Er wurde mir unheimlich, erschien mir als ein Wesen aus einer Zwischenwelt. Möglich auch, daß er einfach ein sensibles Gespür für die Empfindungen seiner Mitmenschen hatte und in deren Mimik zu lesen verstand. Torak lächelte.

»Vermeiden Sie zwei Dinge: Dämonisieren Sie mich nicht, und diskriminieren Sie mich nicht. Nehmen Sie mich einfach, wie ich bin, meine Liebe, idealisieren Sie mich auch nicht, dann kann nichts passieren. Warum erzählen Sie nicht weiter?«

»Sie wollten mir etwas über Voltaire berichten. Es interessiert mich.«

»Ah ja, gerne!« Er kratzte sich am Kopf, sah nach oben und überlegte kurz.

»Voltaire war der scharfzüngigste Spötter, der je über Althergebrachtes hergefallen ist, der frischeste und meistbewunderte Intellektuelle seines Jahrhunderts. Aber das Pech der Philosophen ist, daß ihnen ihre überragende Weisheit nichts nützt. In eigener Sache verlieren auch die Unsterblichen die Distanz. Sein Liebesleben hat ihm mehr zugesetzt, als es der Brillanz seines Verstandes und dem nonchalanten Lebensstil seiner Zeit angemessen wäre. Das war 1750.«

Er schnippte eine Erdnuß in die Luft und fing sie mit dem Mund auf.

»Seine Geliebte und Lebensgefährtin Marquise du Chatelet hat ihn, nach Jahren des Zusammenseins, mit einem jungen Offizier, dem Marquis de Saint-Lambert, betrogen, von dem sie dann später auch noch ein Kind bekam. Voltaire reagierte unzeitgemäß eifersüchtig, erinnerte sich aber dann wieder an seinen guten Geschmack und bat sie nur darum, es nicht unbedingt vor seinen Augen zu treiben. Im Rokoko war Sex in der Ehe geschmacklos und in besseren Kreisen hatte jeder Mann eine Mätresse, jede Frau ihren Liebhaber. Man lebte freigeistig und frivol!«

Torak machte eine kleine Pause und sah mich liebevoll an. Dann fuhr er fort.

»Voltaire aber litt unsäglich; er litt unter den Hörnern, die ihm seine Geliebte aufsetzte, und er litt, weil ein aufgeklärter Kopf wie der seine in einer Zeit wie dieser die Hörner nicht mit der gebotenen Eleganz trug. Sein Liebesleben war vollkommen aus dem Lot, er empfand sein Dasein als beklemmend und erschütternd. Und obwohl er sich die Trauer über ihre Untreue aus dem Herzen zu spotten versuchte, war er ständig krank. Das Kind starb, und die Marquise du Chatelet starb auch. In seinem Schmerz über ihren Tod fiel er ohnmächtig um, und in der Portraitkapsel des Ringes, den er ihr geschenkt hatte, findet er das Bild des jungen Nebenbuhlers ...«

»Warum erzählen Sie mir das?«

Torak trank einen Schluck Tee und rieb sich die Hände.

»Nun ja, die Geschichte stellt aufs Trefflichste den altbekannten Widerspruch zwischen Verstand und Gefühl, zwischen Wollen und Können dar. Es lohnt sich, sie nachzulesen ... Man wollte beim Aufbruch in die Moderne der Liebe den Ernst nehmen und sie zu einem Zeitvertreib degradieren. Für Voltaire war dies eine Lebenstragödie. – Sie sehen, Verehrte, Sie sind da in bester intellektueller Gesellschaft, sogar in männlicher ...!«

Wir schwiegen einige Zeit, ich sann der Geschichte nach.

»Lassen Sie uns für heute schließen, meine Liebe. Es ist spät ... Ich werde heute hier auf der Couch ruhen. Sie gehen nach oben. Wir treffen uns um sechs Uhr bei Sonnenaufgang.«

»Aber um Himmels willen, wieso denn so früh!« rief ich aus. Ich war kein Morgenmuffel, aber sechs Uhr schien mir doch etwas ungewöhnlich.

»Aus Gründen der Biorhythmik«, sagte er, »ich erkläre es Ihnen ein andermal. Um sechs Uhr dann ... ja?«

Pünktlich um sechs Uhr saß er, fröhlich wie immer, vor einem Tee im Wohnzimmer. Ich hatte Mühe, meinen Kreislauf auf Erzählerniveau zu bringen. Torak warf mir einen aufmunternden Blick zu und neigte den Kopf.

»Wir beginnen im zweiten Jahr Dionysos, Gnädigste ...!«

Djin aus der Champagner-Flasche

Das zweite Jahr begann.

Ich hatte Schiß und begann, mich aufzulösen. Ich bekam mich nicht mehr in den Griff und meine Umwelt auch nicht. Entsetzen und Unfähigkeit übernahmen die Macht. Mein Leben brach zusammen, und ich mußte zusehen, wie es mit rasanten Schritten in den Abgrund ging. Im Morgengrauen schreckte ich voller Panik hoch, und das Heer des nicht zu Bewältigenden stürzte auf mich ein. Darunter fielen mit der Zeit auch banale Alltagsverrichtungen wie duschen, ankleiden, schminken.

Gott ließ nichts hören, ansonsten gaben alle Ratschläge, jeder einen anderen. Wenn ich in eine Klinik muß, ist dann mein Leben zu Ende?

Ich hielt mich kaum mehr aus und war den inneren Stürmen ausgeliefert.

Alle guten Psychotherapeuten saßen in Großstädten, das hätte eine zweimalige Fahrt nach München bedeutet, zweimal pro Woche zweihundertundfünfzig Kilometer, hin und zurück, zusätzlich zu aller Belastung. Mit den Therapiestunden würden das am Tag fünf bis sechs Stunden sein. Das traute ich mir nicht zu. Außerdem mußte ich meinen Bürobetrieb bewältigen, mit der Sekretärin arbeiten, mich um meinen Sohn kümmern, kurz, mein halbwegs organisiertes Leben weiterführen. Ich bezweifelte auch, daß ständiges Sprechen über meine schlechte Verfassung diese bessern könne. Außerdem empfand ich es als zynischen Witz: *Ich* sollte zur Therapie, obwohl der Mann offensichtlich den psychischen Defekt hatte! Die Ärzte verschrieben Valium oder Neuroleptika, sonst fiel ihnen nichts ein. Die machten so müde, daß ich sie absetzte. Eine Show mit diesen Teufelspillen durchzuziehen, wäre undenkbar gewesen.

Und so bohrte ich mich weiter in die Schwarzsicht.

Nach einem wiederholten verspielten Ultimatum am Anfang des Jahres (»Bin verzweifelt, aber es geht nicht«) ließ Simon dennoch nicht locker und machte mir immer wieder Hoffnung, täglich, unaufhörlich, und gab Zusagen für einen Zusammenzug. Und ich wollte das hören, brauchte diesen vermeintlichen Rettungsanker, diesen Strohhalm der Worte, an den ich mich verzweifelt klammerte, diesen verbalen Balsam der Seele, war süchtig nach seinen Versprechungen und seinen Liebeserklärungen.

Wieder ein *letztes Datum* ... Wie viele waren es ... zwanzig? Warum gab er es nicht endlich auf? Warum ließ er mich nicht in Ruhe?

Das Datum kam. Bis sechs Uhr abend bestand er auch nach meinem unermüdlichen Nachfragen unerschütterlich auf seiner gegebenen Zusage, dann kam er. »Ich kann nicht ...«

Seine Begründung, warum er seine Frau nicht verlassen und zu mir kommen konnte, war: »Dann bricht sie mir morgen im Geschäft zusammen.«

Ein Geschäftstag war wichtiger als eine ganze Lebensveränderung! *Schwächling! – Kleingeist! Warum, zur Hölle, hab ich mich so kleinficken lassen!?*

Ohne ihn war meine Welt inzwischen eisig wie ein nordisches Totenreich. Ich gab ihm eine heftige Ohrfeige, aber meine Verzweiflung überwältigte mich. Einer meiner handbemalten Bierkrüge flog in seine Richtung und zerbarst krachend an der Wand. Unzählige kleine Splitter in der ganzen Küche. Wie eine Tobsüchtige trat ich in die Tür, in der Absicht, meine Übererregung in die Materie abzuleiten – umsonst. Schwer atmend, zitternd stand ich vor ihm. Und er sah mich nur an. Dann strich er mir über die Haare, nahm seinen Corvetteschlüssel und fuhr. Verweigerung der Verantwortung für die Verzweiflung des Gegenübers. Keine Anteilnahme, keine Nachsorge – schlicht: Flucht.

»Ich kann das nicht, so wie du das mit dem Yanni gemacht hast, so einfach für immer weggehen ...!« sagte er einige Tage später als Entschuldigung.

Yanni hatte eine neue Frau kennengelernt, Theresa, eine große, blonde Reiseleiterin, die in München als Bedienung jobbte und sich gerade von ihrem Mann getrennt hatte. Eine patente, energische Person, aber noch etwas chaotisch damals und ungeformt. Aber viel standfester als ich in dieser Zeit. Laut verschiedener Fernsehberichte war ich *ganz oben*, innerlich ganz unten.

Simon teilte mir weiterhin treuherzig grausam seine Ängste mit. Der Psychologe, ein Freund von ihm, meinte, daß *Umsorgtsein* für ihn wahrscheinlich sehr wichtig sei. (Das betraf seine Frau.) Außerdem habe er Angst, er komme unter vierzehntausend monatlich nicht aus. Er komme auch mit meinem großen Haus nicht zurecht. Es sei zu weitläufig, fand er.

»Ich weiß«, sagte ich giftig, »du brauchst es kleinkariert.«

Und wenn er sein Geschäft nun ganz aufgäbe, fuhr er fort, fände er nach Jahren der Arbeit mit mir vielleicht nicht wieder in seine vormalige Geschäfts- und Berufsfähigkeit zurück. Der Gedanke war berechtigt, aber warum ließ er mich dann nicht in Ruhe? Wer nix wagt, gewinnt nix.

So schlecht es mir auch ging und so sehr mich Angst innerlich fast auflöste, so gut funktionierte die Sexualität. Sie flaute nie ab, im Gegenteil, sie kochte hoch. Oft sank ich als zitterndes Bündel in seine Arme, um Minuten später in sinnlicher Lust und Geilheit zu explodieren. Auch Simon empfand dies als sehr ungewöhnlich. Er kannte das nicht von Frauen und ich nicht von mir. Manchmal unterstellte ich ihm, daß ihn das anturne, die schwache, leidende Frau. Meine Mutter sagte: »Ja, klar, das lieben die, wenn man weinend und schreiend vor ihnen liegt. Das gefällt denen ...!«

Ich wollte es nicht glauben. Auch von der häufig unterstellten weiblichen Neigung zum Masochismus wollte ich nichts wissen; eher schon von einer unangemessenen Opferbereitschaft im Namen des Glaubens an die Liebe, die alles besiegt. Zum Schluß ist es aber umgekehrt: Die Liebe wird besiegt durch die Opferbereitschaft, die nichts bringt außer Verbitterung. Und Verbitterung macht die Liebe tot. Meistens handelt es sich bei dieser Liebe um eine Unterwerfung unter die Sperenzchen des Mannes, der in seiner aufgeblasenen Breitmache alles um sich plattwalzt, Argumente, Anfragen, Reflexionen – und der in seiner Pseudo-Wichtigkeit überall dreifache Flügeltüren braucht, damit er mit seinem aufgeblasenen Ego durchkommt.

Theoretisch war das sehr durchsichtig, praktisch vollkommen undurchsichtig. Der Sex jedenfalls litt in keiner Weise. Und das fand ich erstaunlich.

Und ab und zu trank ich nun auch wieder ein Gläschen Champagner, nach viereinhalb Jahren – und fand, daß mir das recht gut tat.

Hautlos

Ich erwarte Simon, wieder einmal, und seine endgültige Zusage – oder Absage. Wieder einmal.

Punkt drei Uhr höre ich sein Auto kommen. Es fährt anders als sonst vor. Und Punkt drei, das war für Simon ungewöhnlich. Die Wagentür schlug.

Ich hörte Schritte ... Diese kleinen Schritte, die ich so gut kannte; ich erkannte sie sofort am Tempo, und daran, wie die Absätze forsch und frech über die Pflastersteine klackerten, alle vier Schritte ein Schlurfer, wenn die Sandaletten von der Ferse glitten. Ich hätte sie aus hundert Gangarten erkannt, diese Schritte, und ich konnte mit meinen Ohren fühlen, in welcher Stimmung die Person war, wenn sie auf diese bestimmte Art und Weise über die Eingangsfliesen klackerte. – Es bedeutete nichts Gutes.

Klopfen an der Tür. Ich öffnete: Simons Frau. Mit meinem Koffer – ohne Inhalt.

»Hier is dein Koffer zurück. Simon will nicht kommen. Er hat gesagt, ich soll dir des sagen. Also, äh – einen schönen Gruß und – es is vorbei. Mir wolln es noch mal probiern miteinander. Und weil das jetzt so ist, braucht er ja da auch nicht mehr herfahren. Außerdem is des sowieso am besten ... weil ... ich bin nämlich schwanger.«

Ich starrte sie an, versuchte, Fassung zu bewahren ...

... schwanger. S-C-H-W-A-N-G-E-R!! ...

Ein paar Wochen zuvor hatte ich mir gedacht: *Jetzt fehlt nur noch, daß sie ein Kind kriegt!* War ich hellsichtig? Hatte womöglich ich sie, esoterisch gesehen, mit meinen Gedanken besamt?

Lena leer, Lena im Herzen, im Hirn leer ... Mund spricht irgend etwas:

»Aha. Das hat ja kommen müssen. Gut. Dann ist es wohl so das Beste.«

Plötzlich kroch die kalte Wut hoch.

»Und wieso kann dieses Arschloch nicht wenigstens selbst herkommen und mir das sagen!!?? – Da muß er seine Frau vorschicken, ja?!? – Was ist das für ein Feigling!?!«

»Er hat gemeint, daß es so besser wär ... Es is ja schließlich auch für ihn nicht so leicht. Übrigens weiß er noch nicht, daß ich in andre Umständ bin. Und ich will auch erst ganz sicher sein, bevor ich ihm des sag. Den Test hab ich gemacht, aber ich wart noch die Auskunft vom Arzt ab.«

Die Haustür fiel ins Schloß.

Bühnenhölle

Vorstellung in Dortmund.

Soundcheck. Inneres Zittern. Die Halle ist mein Feind und zu groß. Sie wird mich vernichten. Die Zuschauer sind gierige, hungrige Raubtiere, die mich und meine armseligen Worte und Töne verschlingen. Angst überfällt mich vor dicklichen Hausfrauen, die mit den Schuhen kreisen, denen ich bis in die Zellulitis-Schenkel in hautfarbenen, häßlichen Nylons unter ihre Röcke sehe, von der Bühne herunter. Ich habe nichts zu sagen, kann hinter nichts stehen, was ich von mir gebe. Außen sagt eine Frau Sätze, innen erfriert der Rest von Seele, der noch nicht verbrannt ist.

Was soll ich denen sagen, warum bin ich hier.

Gust sagt: »Was ist los mit dir? Du schaust schlecht aus ...«

»Nix.«

»Also, bis später, alles o. k. soweit.«

Herzjagen. Saufen geht nicht vor einer Show. Angst. Neunzehn Uhr. Schminken. Die Hand zittert. Das Gesicht im Spiegel ist eine tausendjährige Mumie. Die Schminke macht alles noch schlimmer. Augen haben einen gequälten Ausdruck. Irgendwer kommt und fragt, ob ich irgendwas brauche.

Ja – Liebe, Wärme, Treue, starke Arme, ein Bett, Tod, Ewigkeit, Sterben ...

»Danke, es ist alles in Ordnung.«

Nichts ist mehr in Ordnung, die Hölle ist los. Wie will ich jemals diese zwei Stunden überstehen, wie diesen totgeborenen Bürgerhaufen zum lachenden Leben erwecken? Ich bin nicht lustig. Ich heiße nur so. Ich bin gar nichts mehr, nur eine Schlottergestalt. Dreißig Minuten noch. Warum muß ich da hinaus? Mein Vater fällt mir ein. Der hat immer gesagt: »Da gehst jetzt einfach nauf, auf die Bühne, sagst dein' Schmarrn auf, nimmst dir dein Geld und gehst wieder heim!«

Ich kann nicht. Gott, hilf mir. Wo ist mein Kleid? Hineinquetschen, ich krieg keine Luft, kann nicht atmen. Ist der Körper ruiniert oder das Gemüt?

Oder beides.

»Frau Lustig, bitte zur Bühne. Die Vorstellung beginnt in fünf Minuten!«

Das Saallicht geht aus. Draußen hockt die dunkle, zahlende Masse. Ich weiß kein Wort mehr. Wie geht es los?

»Sehe ich nicht glänzend aus?« O.k. Und was kommt dann ...? Weiß nichts mehr, keinen einzigen Satz. Ich will um keinen Preis da hinaus. Nach fünf Minuten werde ich einfach abbrechen und sagen: *Es tut mir leid, meine Damen und Herren, aber ich bin am Ende, ich kann nicht mehr.* Kreislaufkollaps, asiatische Grippe, tödlicher Virus oder irgendwas. Ich kann unmöglich sprechen. Ich bringe keinen vollständigen Satz heraus. Mein vom marternden Denken geschundenes Hirnzentrum hat eine Sprechlähmung erzeugt. Fünfzig eng beschriebene Seiten Text, zehn Lieder, neunzig Minuten. Und Zugaben. Achthundert Menschen haben Karten gekauft und erwarten, daß ich sie ablachen lasse, ihnen etwas bewußt mache, sie irgendwohin führe, in ein neues, kritisch-humorvolles Bewußtsein. Wer führt mich? Ich hab den Weg verloren im Dunkel und irre durch mein zerstörtes Leben, bin vom Pfad der Erkenntnis abgekommen in die Hölle der Abhängigkeit. War zu schwach, viel zu schwach. Soll jetzt da draußen tun, als wär ich wer. Als wär ich stark, gescheit, lustig, Lustig, L-u-s-t-i-g ... Ich

fühle mich als Angeberin, als Verkäuferin von faulem Obst. Ich wollte den Frauen den Rücken stärken, und nun ist mein Rückgrat verbogen.

Applaus. Der erste Satz. Keiner lacht. Der zweite Satz. Etwas zu laut. Immer lacht noch keiner. Der dritte Satz, kein Versprecher bisher, aber auch kein Lacher. Simon, heute ist mein Geburtstag, warum hast du mich nicht angerufen den ganzen Tag? Doch er hat ja, eine Stunde vor Veranstaltungsbeginn. Warum hat er gewartet bis dahin, dieses kalte Monster? Vergißt er mich jetzt ganz? Sind Geburtstage so wichtig?

Der vierte Satz. Ein paar Leute lachen. Ich will zu dir heim, in deine Arme. Wo bist du jetzt? Was machst du gerade? Liegst du auf der Couch neben deiner Frau? Hat sie dir ein gutes Essen gekocht? Gestern bist du in meinen Armen gelegen, in meinem Bett. Ich hasse dich, du Menschenzerstörer, ich liebe dich, du Frauenbefriediger.

Der sechste Satz. Da, jetzt hat der ganze Saal gelacht! Aber noch zu lasch, zu matt. Das war noch nichts. Ich vibriere. Niemals kann ich das zwei Stunden durchhalten. Wo soll ich die Kraft hernehmen, wie die Töne halten? Wie mein Gesicht unter Kontrolle behalten? Nicht nur neutral soll es sein, sondern lustig, lustig, Lustig, L-u-s-t-i-g ...!!! Wann darf ich endlich öffentlich sagen, daß ich nicht lustig bin, daß es mir beschissen geht, daß sie mich alle am Arsch lecken können? Niemals. Und zu jeder Zeit. Aber dann ist es vorbei mit der Komikerin Lena Lustig. Die Raubtiermeute fällt über sie her und zerfleischt sie, bis nichts mehr übrig ist außer ein paar blutigen Knochen. Die Öffentlichkeit ist ein reißendes Tier.

Fünfzehn Minuten sind vorbei. – Jetzt haben sie schon lauter gelacht. Ich bin nicht gut, noch nicht, das Publikum auch nicht. Langweilige, arschlastige Ignorantenversammlung! Denkt ihr nicht, ihr tumbes Pack? Warum versteht ihr, verdammt, nicht, wovon ich rede? Könnt ihr nicht denken, nicht schalten, sitzt ihr auf der Leitung, ihr Saftsäcke? Ich arbeit mir einen ab hier oben, und ihr glaubt, ihr könnt wie achtzigjährige Greise sabbernd da unten sitzen und teilnahmslos glotzen? Ihr meint, weil ihr bezahlt habt, braucht ihr nur mehr wie vor dem Fernseher sitzen und Chips fressen?! Es steht hier ein lebendiger Mensch vor euch, zumindest äußerlich! – Wartet, euch zeig ich's ...!

Ich gehe die Stufen vor der Bühnenmitte hinunter und setz mich dem Dicksten auf den Schoß, der am blödesten schaut, und spreche ihm mitten in sein fassungsloses Gesicht hinein. Er geniert sich, ist verlegen, weil ich so nah bin. Ja, genier dich, du Mitläufer-Zombie! Wenn du nicht hören willst, mußt du mich fühlen, aus zwanzig Zentimeter Entfernung! Das Volk lacht.

Da könnt ihr lachen, ihr Deppen. Lacht über das Kompliziertere, Ihr Trottel, über so einen plumpen Joke kann jeder Hilfsschüler lachen! Wozu geht ihr in meine Veranstaltung, damit ich euere Vordenkerin bin? Könnt ihr nicht selbst denken? Wenigstens mitdenken?

Und wie geht ihr hinaus – genauso blöd wie ihr reingekommen seid?

Ich bin ungerecht. Die Wut gibt mir Kraft! Denkt gefälligst mit, wozu habt ihr graue Zellen. Und noch ein Satz. In die Mitte des Gesichts vom Nebenmann. In seine toten Augen hinein, seine leeren, verständnislosen. Da hast du mein Gift – friß oder stirb! Er lacht, was soll er sonst tun, bei dieser Nähe. Aha, jetzt lachen die anderen mit. Wenn mehrere lachen, muß es ja lustig sein! Allein lachen geht nicht. Alles in der Herde, immer. Gesammelte Neurosen sind gefährlicher als einzelne. Warum sind die Menschen so verdammt hirnlose Mitläufer? Volksmusik, Persil, Hitler, Coca-Cola, Benetton. Wenn alle sagen, es ist gut, ist es gut.

Pause. – Fuck! *Fuck the folks.* Ich hab es geschafft.

In der zweiten Hälfte Durchzug voll. Schlag auf Schlag die Attacken, ein Satz nach dem anderen. Hammer auf Hammer saust auf die Köpfe nieder. Wo kommen die Sätze her, ich hab sie doch alle vergessen? Wo waren sie vor einer Stunde – auf dem Abort? Lacher, Lacher, Lacher, Lacher. Aha, jetzt könnt ihr plötzlich lachen. Seid ihr immer so narkotisiert, bis man euch mit einem Hammer aufweckt aus eurem Koma? Seid ihr gehirntot in euren Reihenhausgräbern? Vegetiert ihr, oder lebt ihr übers restliche Jahr? Lest ihr außer der *Bild*-Zeitung und *Frau im Spiegel* auch irgendein Buch? So, wie ihr ausseht, nicht! Das Lachen kann viel schneller gehen, meine Lieben, das weiß ich aus Erfahrung!

So, Zugabe, zweite Zugabe – vorbei.

Und da ... was ist das ...? Sie stehen alle auf und fangen an zu singen ... bin ich verrückt ... oder die da unten ...?

Happy birthday to you, happy birthday to you ... Wer hat es ihnen gesagt ...? Tränen fangen an zu laufen ... *Happy birthday, dear Lena* ...

Mein Gott, bin ich undankbar ...! *Happy birthday to you!*

Das Geburtstagslied wärmt meine Seele noch. Leere Garderobe. Einpacken, aufräumen.

Sie waren hervorragend, Frau Lustig! Blumenstrauß. *Vielen Dank. Alles Gute zum Geburtstag!* Gage abrechnen. *Jawohl, selbstverständlich nächstes Jahr wieder, neues Programm.* Neues Programm ... was ist das?

Will nur einen warmen Körper und schlafen ... und nie wieder auftreten, nur Liebe ... aber da war sie ja gerade ... von den Menschen ... umsonst, nein doch nicht umsonst. – Weiß nichts mehr.

Torak runzelte die Stirn und sah mich an: »Wie oft sind Sie aufgetreten in diesem Jahr ...?«

»Diesen Jahren ...«, antwortete ich, »ungefähr hundert Mal pro Jahr, bis hundertundfünfzig Mal.«

Er nickte anerkennend. »Sie erinnern mich sehr an einen Boxer, meine Liebe. Aber Sie sind nicht k. o. gegangen ... Sie befürchteten es nur!«

Er machte eine kleine Pause. Dann sagte er: »Sie sagten, Ihre Sinnlichkeit hat nicht gelitten ... Ist das nicht sehr interessant? Erinnern Sie sich, was ich Ihnen von Dionyos erzählte? Er befreit, indem er zerstört. Er sprengte die sexuelle Energie frei, die Sie sich sehnten zu spüren, und riß Ihren seelischen Kokon auf. Sie hatten keine schützende Hülle mehr. Er zerstörte auch den Schutz, den Ihnen Ihr Mann aufgebaut hatte – Sie waren nackt. Er forderte Ihre ganze Kraft heraus ...!«

»Wo war die ordnende Kraft von Apollon in dieser Zeit ...?« fragte ich.

»In Ihrer Disziplin, mit der Sie die Abende auf der Bühne durchstanden.«

»Ah … stimmt.«

Ich schwieg und dachte zurück. Gewachsen war ich nur durch Anstrengung und Herausforderung. *Belastbarkeit ist trainierbar*. Wer nicht gefordert wird, bleibt schwach. Was nicht trainiert wird, liegt brach.

»Als Wahrheitssucherin ekeln mich Lügen an, verstehen Sie? Auch wenn das Lügen im alten Griechenland noch so sehr eine Kunst war. Ich will mutig sein und neue Lebensformen wagen, nicht verlogene alte Strukturen mit Lügen erhalten!«

Er lächelte. »Wohl wahr … und dennoch konventionell …«

»Wieso?!«

»Daß etwas in Ihnen bei solch theatralischen Beziehungsdramen dekadente Lust empfinden könne, darauf kamen Sie nie …?«

»Nein. Zu dieser Zeit wurde gelitten. Und die Spaltung zwischen innerer Einstellung und äußerer Handlung immer unhaltbarer. Ich sah in Simon einen menschlichen Versager, einen Kranken. Mir graute vor seiner Heuchelei und seinen billigen Tricks, seinem Theaterzauber …«

»Aha …!« Torak lachte, »da haben wir ihn, den Theaterzauber, na bitte …!«

»Hau ab! schrie ich ihn an, du behinderst mein Leben und meine Freiheit! Irgendwann habe ich aufgehört zu explodieren und bin nurmehr implodiert. Das Lächerliche an solchen Haßeruptionen ist, daß sie zu nichts führen. Sie sind ein großer, dramatischer Auftritt, bei dem man Dampf abläßt.«

»Aber sind sie nicht wunderbar?«

Torak beugte sich vor und sah mich durchdringend und fragend an, mit hochgezogenen Augenbrauen. Seine schwarzen Augen glitzerten. »Der Deutsche in seiner speichelleckenden Fischigkeit, warum muß er die Italiener so dümmlich verehren? Weil er selber nichts aus sich heraus produziert als Zahlen, Anstandsregeln und Besenreinheit! Weil ein Gefühlsausbruch ihn fast so schreckt wie Aids.«

Nun lachte ich. Dem stimmte ich zu und sagte: »Richtig. Lieber sagt er zwanzig Jahre lang nichts und rottet dann eines Sonntag nachmittags die ganze Familie aus. Oder stirbt höflicherweise vorher an Herzinfarkt. Oder Suff. Oder verwest im Nichtgelebten.«

Wir mußten beide lachen, und es schien, daß uns doch etwas verband. Dann sagte er:

»Die Basis von Liebe ist gegenseitige Achtung, sagten Sie. Wie wahr! Jeder würde, ohne zu zögern, zustimmen, aber ... ist das nicht auch ein bißchen blutleer, diese ganze Achtung ...?«

»Ah, Sie meinen, daß die Dominanz- und Unterwerfungsrituale und -kämpfe viel leidenschaftlicher sind?«

»Ja.«

»Und wer nicht siegt, unterliegt?«

»Das meine ich. Verachtung, Erniedrigung, Beherrschung, all das heizt das Feuer der Lust an ...«

»Aber ich hatte ja keinen Respekt mehr vor ihm. Jemandem, der so feig ist, kann ich keine Achtung entgegenbringen!«

»Eben, meine Liebe, eben, das will ich ja sagen ... Ist das nicht eine demütigende Äußerung?«

»Wieso denn??«

Er beugte sich vor, stützte die Ellenbogen auf seine Knie, legte seinen Kopf auf die Hände und sah mich verschmitzt an: »Hat nicht jeder das Recht auf seine persönliche Feigheit? Und was, verzeihen Sie, was ging Sie das an? Sie konnten ja gehen, wenn Sie wollten, nicht wahr. Aber Sie gingen nicht.«

»Ich war ja auch kein Yogi, sondern ein Centaur.«

Torak lachte wieder auf.

»Und dieser Centaur«, fuhr ich fort, »wollte seine persönliche Freiheit behalten. Und nur aufgeben für jemand, der zuverlässig ist und Format hat!«

Ich setzte mich gerade, um meiner Aussage Nachdruck zu verleihen. Und ich fand, daß Torak zu oft lachte. Das gefiel mir nicht.

»Aber warum haben Sie dann nicht den Vorstand von der Deutschen Landesbank genommen, Gnädigste ...?«

»Wieso??«

»Sie brauchten Ihre Freiheit doch gar nicht aufzugeben, meine Liebe ...! Sie hatten nur Schiß, daß ER dann wegläuft, wenn Sie sich Ihre Freiheiten nähmen. Und bitte, wer war denn da nun feig ...?«

Nun war ich verärgert.

»Wissen Sie was, Torak? Sie sind ein großer Menschenlehrer! Lesen Sie von mir aus mein Tagebuch, machen Sie Ihre Randkorrekturen, und geben Sie mir anschließend eine Note. Ich fahre zum Trainieren und komme in zwei Stunden wieder!«

»Ja!« lachte Torak und ließ sich nicht ins Bockshorn jagen.

»Das wird Ihnen gut tun und Ihre Energie kanalisieren. Ich kann leider nicht mitturnen. Sind Sie doch so nett und bringen mir einige Chicken McNuggets mit, ja?«

Ich drückte ihm meine Tagebücher in die Hand. Torak ließ sich wohlig in die Couch fallen und blätterte die erste Seite auf. Und ich ging. Sollte er sich von mir aus mit den Büchern unterhalten und seine dauernden Weisheiten dort schriftlich absondern!

Bilder eines Sommers

*Wenn zwei Frösche sich küssen,
was passiert dann ...?*

Wir teilen uns den Mann

Im Juni desselben Jahres, im dritten Schwangerschaftsmonat seiner Frau, zog Simon endgültig zu mir. Alle Versuche, unsere Liebe zu beenden, scheiterten.

»Wenn wir es jetzt nicht packen, dann nie«, sagte er. Ich denke das auch. Er schreibt mir einen Zettel: *Unsere Beziehung soll mein Lebenswerk sein.* Ich rahme den Zettel ein und hänge ihn über mein Bett.

Der Goldregen blüht, unsere Frösche im Teich quaken, die Ähren der Kornfelder wiegen sich leise im Wind, die niederbayrische weite Landschaft liegt ruhig im Sommersonnenschein, und von unserer Holzbank aus sieht man bis zum kleinen Wiesenbach hinunter, an dem entlang eine Schafherde durch das kleine Tal zieht. Rehe und Hasen hüpfen am Garten vorbei, die Katzen dösen vor dem Haus.

Sehr schöne Stunden, vor allem die erotischen; der Rest Probleme, Seelenarbeit, Nacherziehung. Oft schau ich ihn an ... so ein großer, wilder, schöner Mann! Eine mentale Dynamik wie ein Traktor – aber seine Erotik ein Sprengsatz. *Too sexy for my brain.*

Ich hätte mir andere Begleiter suchen können, zur gegenseitigen Förderung, aber immer habe ich mich Menschen angeschlossen, die einfacher dachten als ich. Ohne Abitur, ohne Pferd. Weil sie mir die Bodenhaftung garantierten, die *Menschen aus dem Volk*. Unter Künstlern ist das Abheben leicht, auch das Versumpfen – oder das Untergehen, wenn sich herausstellt, daß man für das ständige Ausflippen zu bürgerlich ist.

Jedenfalls ging es mit Simon trotz allem ganz gut. Er fing an, aufzublühen. Die Tage, die er zu seiner Frau fuhr, wurden weniger, und wir begannen vorsichtig ineinander einzuwurzeln. Ich freute mich auf die gemeinsamen vierzehn Tage Urlaub, die wir geplant hatten, und wollte es mit ihm richtig anpacken, wie ich es mit Yanni gewohnt war.

Da kam wieder eine der unzähligen Hiobsbotschaften.

»Meine Frau besteht darauf, daß ich mit ihr in Urlaub fahre. Was vorher war und nachher kommt, sagt sie, ist ihr egal, aber sie will in schwangerem Zustand nicht alleine fahren, und ich hab ihr irgendwann letztes Jahr einen gemeinsamen Urlaub versprochen. Außerdem droht sie damit, mich fertigzumachen und sich oder irgend jemand anderen etwas anzutun, wenn ich ihr diesen Wunsch nicht erfülle.«

Ihre Bedingung für meinen Urlaub mit Simon war ihr Urlaub mit Simon. Wenn ich meine verbliebenen sieben Tage mit ihm retten wollte, mußte ich den letzten Rest meiner Großzügigkeit hervorholen und das Zugeständnis machen. Er saß da und vermied es, mich anzusehen, mit seinen schönen, bernsteinfarbenen Augen. Die Haare fielen ihm zauslig in die Stirn und auf die breiten Schultern, seine starken Arme lagen gekreuzt auf dem Tisch, als gehörten sie nicht zu ihm. Wild und hilflos. Kaspar Hauser. Mein Herz flog ihm zu, prallte an eine Mauer, stürzte ab.

Sie fuhren an den Gardasee; die fünf Tage waren mein Fegefeuer.

Ich hatte mich mit dieser erzwungenen Großzügigkeit übernommen. Nun vegetierte ich vor mich hin, hing apathisch herum, schleppte mich zum Baden oder zum Spaziergang, wie unter Narkose, arbeitsunfähig. Mein Kopf war besetzt mit Bildern von Britta und Simon, während ich versuchte, mich abzulenken. Am ersten Tag unternahm ich mit den Kindern, Benedikt und Sandra, Resas achtjähriger Tochter, einen Radausflug nach Altötting und leistete bei der schwarzen Madonna meine Fürbitte, ausgerechnet ich! Seit fünfzehn Jahren nicht mehr Kirchenmitglied, sondern eine ihrer vehementesten Kritikerinnen. Ich fuhr mit den Kindern ins überfüllte Schwimmbad, besuchte Yanni und Resa und baute die Spannungen der letzten Wochen ab und das Verhältnis wieder neu auf, ich las den *Spiegel* und die *Zeit* und versuchte, mich über Husseins Einfall in Kuweit zu erregen. Alles mit beschämend geringem Erfolg. Mein Geliebter war in meinem Kopf, meinem Bauch, in meinen Gedärmen, meiner Seele, meinem Gemüt.

Er rief jeden Tag ein bis zwei Mal vom Gardasee an: »Die Fahrt war ein Albtraum. Wir haben kein Wort gesprochen. Ich vermisse dich so. Alles ist so anders, so ungewohnt. An ihr ist alles so klein. Ich hab das Gefühl, als geh ich mit meiner Tochter spazieren. Und die Gespräche ...! Wenn überhaupt, geht es nur um dich. Sonst um nichts. Man kennt halt jetzt den Unterschied.«

Nachts um 23 Uhr rief er wieder an: »Sie ist schon oben und schläft. Ich hab so Sehnsucht nach dir. Der Gardasee ist furchtbar. Lauter Touristen und nur Strand, Espresso, Strand, Essen, Strand, Baden.«

Als er am nächsten Tag erst nachts um viertel nach elf anrief – die Stunden bis dahin verliefen in träge dahintröpfelnden Minuten – schrie ich ins Telefon: »Ich sitze hier herum den ganzen Tag, muß aushalten, daß ihr da unten seid, und habe nur die paar lächerlichen Minuten mit dir am Telefon! Und nicht einmal die gibst du mir!«

Ich machte mir an die fünf Minuten Luft; er hörte geduldig zu.

»Wir waren bereits um halb neun beim Baden«, sagte er dann. »Bis dahin waren es fünf Kilometer zu Fuß. Ich bin erst vorhin ins Hotel zurückgekommen und hab gerade deinen Zettel gefunden.«

»Wenn ich jemand liebe und bin mit jemand fort, den ich angeblich nicht mehr so liebe, dann ruf ich dreimal am Tag an. Du lebst bei mir – hast du das vergessen???«

»Wir haben doch gesagt, ich ruf dich sicher am Abend an. Lenzlein, was soll denn das? Es ist nicht so toll alles, wie du denkst. Ich kann deinen Zustand verstehen, aber du siehst das übertrieben. Wir baden und gehen Essen und Kaffee trinken. Und das jeden Tag. Und viel andres passiert nicht.«

Schweigen.

»Nein, auch das nicht. Wir liegen zusammen im Bett, aber ich hab dir doch gesagt, ich rühr sie nicht mehr an, seit sie schwanger ist. Ich kann das nicht, ich hab dir's doch gesagt.«

Es gibt kein richtiges Leben im falschen.

Schon der Gedanke an das gemeinsame Hotelzimmer verhinderte jeden Ansatz von Großmut. Er blieb hartnäckig dabei, es laufe nichts.

Sonntag früh werde er zurück sein.

Ich hatte dauernd das Gefühl, daß er log, manchmal größere Lügen, manchmal kleinere, manchmal bedeutungsvollere, manchmal unbedeutende. Aber er war nicht willens, wahre Auskünfte zu geben.

Der Montag verlief irgendwie; mittags fuhr er wieder zu seiner Frau. Ich packte die Koffer, in Vorfreude auf unsere bevorstehende Abreise. Montag abend eröffnete er mir, in seinem zweiten Geschäft in Rosenau sei Personalnotstand und er müsse Dienstag aushelfen. Es werde wohl vier bis halb fünf werden.

»Im Dienstleistungsgewerbe ist das nicht so einfach«, sagte er. »Wenn die Kunden keinen guten Service kriegen, bleiben sie gleich weg. Aber im nächsten Jahr übergibt mir mein Vater das Geschäft, da teil ich das so ein, daß ich nurmehr halbtags drinstehen muß. Dann kann ich mehr für dich dasein!«

Ich versuchte zu trainieren, mit mäßigem Erfolg, dann fuhr ich ins Schwimmbad, las »Geistheilung durch sich selbst« – mentales Training. Um fünf Uhr fuhr ich nach Haus, in der Hoffnung, er möge diesmal vor mir da sein. Er war nicht da. Um viertel nach fünf rief er an, in einer halben Stunde sei er da. Um viertel nach sechs kam er endlich.

Ich befand mich in einem Zustand der absoluten Handlungsunfähigkeit. Blockiert im Kopf, unter narkotischem Zorn brütete ich, nach einer Lösung suchend. Ich wußte, schreien hat keinen Sinn, weinen bringt nichts, drohen hat keinen Effekt. Die einzige Lösung war: *Beenden oder ertragen.*

Er stand in der Küchentür und sah zum Fenster hinaus, mit dem linken Arm nach oben an den Türrahmen gestützt. Rauchend und schweigend hörte er sich meine Vorwürfe an, warf hilflos argumentierend ein, er könne keine Kunden heimschicken. Ich wurde immer wütender, verzweifelter. Gleichzeitig stand ich auf ihn, liebte seinen Geruch, diese explosive Mischung aus immer wohlriechender Frische mit einer Spur Duftwasser und erdiger Männlichkeit. Ich stand auf seine laszive, langsame Art sich zu bewegen, die trotz seiner Bulligkeit Eleganz hatte, auf seine langen Haare, seine Wolfsaugen, sein breites Kreuz und nicht zuletzt, verdammt, auf diesen geilen Arsch, der mich jedesmal, wenn ich ihn ansah, den Verstand kostete. Ich kenne keinen vergleichbaren. Sie sind zu flach, zu groß, zu fett, zu breit, hängen oder sind teigig.

Darf man einem Arsch seine Gesundheit opfern?

»Du stiehlst mir Lebenszeit!« rief ich. »Seit ich dich kenne, besteht mein Leben aus Warten auf Simon Schütz.

Und dazu habe ich keine Lust. Ich will mein Leben nicht mehr vertrödeln!«
Er sah mich an.

»Ich stehle dir deine Zeit?«
»Ja!« rief ich. »Seit einem Jahr. Ununterbrochen!«
Er schwieg. Wie fast immer. Plötzlich stand er auf und ging in die Küche.
Er macht sich wohl einen Kaffe, dachte ich. Dann hörte ich das Auto wegfahren. Zuerst begriff ich es nicht. Ich suchte ihn im ganzen Haus, bis ich durch das Fenster zum Garten sah, daß der Gärtner und sein Gehilfe beide noch anwesend waren. Es konnte also nur Simon gewesen sein, der ohne Erklärung abgefahren war. Ich war außer mir. War das das Ende? Ging er so, aus Schwäche? Oder war er nach Hause gefahren, um seine Kleider für den Urlaub zu holen? Kaum.
Ich stieg ins Auto, raste nach Bruckmühl. Mit hundertsechzig Stundenkilometer donnerte ich die Bundesstraße entlang, lebensgefährliche Überholmanöver riskierend. Ich war zu allem bereit. Ich wollte ihn vor seiner Frau anschreien, notfalls ohrfeigen. Sein Wagen war nicht da. Nur der seiner Frau und ein Münchner Auto. Es gab keine Klingel. Ich betrat leise den Hausflur. Vom Garten her hörte ich laute, fröhliche Stimmen. Es waren Gäste da. Plötzlich stand seine Frau im Hausgang. Wir sahen uns schweigend an.
»Ich möchte mit dir sprechen«, sagte ich, die Gelegenheit nutzend.
Sie sah mich feindselig an. Dann ging sie zur Tür, hielt sie weit auf und sagte in breitem Niederbayrisch:
»Des ist mei Haus. Und i muaß di net reinlassen. Bitte verlaß also des Haus!« Mit weit ausgestrecktem Arm deutete sie ins Freie.
Ho-ho, Blumenfrau Schütz! ... ist Frau Lustig ein Hündchen? So nicht, meine Liebe! Da werd ich stehenden Fußes zur Zecke.
»Komm schon«, sagte ich frostig, »mach keinen auf Dallas. Das bringt nichts. Ich will keinen kalten Krieg – deshalb will ich reden. Die Situation ist wirklich ernst genug.«
Sie zögerte kurz.
»Na guat. Komm rauf.«

Wir gingen ins Wohnzimmer, wieder einmal. Beim letzten Mal waren wir zu dritt gewesen, Britta, Simon und ich. Simon war schlaff in der Polstergarnitur gehangen und hatte uns Frauen verhandeln lassen, ohne Stellung zu beziehen.

»Was soll des bringen, des Reden?« sagte sie.

Ihre Stimme und ihre Hände zitterten, aber sie versuchte, Haltung zu bewahren. Ihre Stimme war kühl, schneidend und aufreizend. »Du weißt doch, daß des nichts bringt! Du kannst ihn net rausschmeißen, und ich versuch es auch umsonst. Wir sind ihm beide verfallen. Und solange sich des nicht ändert, bringen Gespräche nichts.«

Wir beide, ihm verfallen. Mußte ich mir sagen lassen.

»Doch, ich glaub schon ...«, versuchte ich einzulenken und meine widersprüchlichen Empfindungen in Worte zu bändigen. »Ich will die unerträgliche Spannung mildern. Ich will, daß du nicht auflegen mußt, wenn du bei mir anrufst und deinen Mann sprechen willst. Ich will auch bei euch anrufen können, wenn es sein muß. Vor allem will ich dir sagen, daß ich kein ehezerstörendes Monster bin.«

»Des hab ich nie behauptet«, sagte sie. »Oder hab ich des? Ich weiß, was Simon alles erzählt, wenn er was haben will, und daß es nix nutzt, wenn man ihn zurückweist.«

»Nein, aber du glaubst, ich müßte mich nur zurückziehen, dann wäre alles in Ordnung«.

»Ja«, sagte sie und sah mich feindselig an. »Des denk ich auch. Was willst du überhaupt?« brach es plötzlich auftrumpfend aus ihr heraus. »Schon allein vom Alter her kannst du doch überhaupt net gegn mich an! Des sind zehn, nein, fast zwölf Jahre! Warum mußt du dir überhaupt an jüngern Mann nehmen? Brauchst du des? Warum die ganzen blöden Zeitungsberichte? Mußt du dir beweisen, daß du des kannst?«

Der Hieb saß – fast. Ich wußte, es war kein wirkliches Argument, sondern eine oberflächliche, konventionelle Sicht und eine bewußte Gemeinheit.

Du kannst deinem Herrgott danken, wenn du in zwölf Jahren noch so gut ausschaust! – dachte ich. Ich sagte es nicht, Freunde, denn ich war der Aggressor, der Eindringling in ihrem Haus, in ihrer Ehe, und ich wollte nicht Kampf und Konfrontation, sondern Annäherung, soweit möglich.

»Tu nicht so rückständig ...«, sagte ich sanft, »die Zeiten sind doch vorbei. Es gibt fünfzigjährige Männer, die zwanzigjährige Frauen haben.«

Sie blickte mich giftig an. Ich wußte, was sie sagen würde, was jeder konservative Mensch sagen würde, der nicht denkt. Und sie sagte es. »Bei de Männer is des ja wohl doch noch a bissl was anders!«

Es gab keine Annäherung. Vielleicht hätten wir nach wochenlangen Gesprächen, nein, monatelangen, eine Art Verständnis füreinander aufbringen können, aber wozu diese Missionsarbeit, wenn es außer Widerständen keine Ausgangsbasis gab?

Das Telefon klingelte. Es war Simon. Wenn er Streit mit mir hat, dachte ich, ruft er also gleich die Frau an! Einer von uns beiden kann er immer den Kopf auf die Brust legen. Eine ist ihm meist gut.

Um mich zu provozieren, sprach sie mit ihm in mildem, vertrautem Ton, wohl wissend, daß mich das verletzen würde. Sie sagte ihm, auf meinen Einwurf hin, daß ich da sei, daß das Gespräch ihrer Ansicht nach aber kaum fruchtbar sein könne.

»Kommst dann noch vorbei? Ja? Alles klar, bis gleich.«

Sie legte auf und blickte mich zufrieden an. Der zweite Hieb war ihr gelungen, fand sie offensichtlich. Abgesehen von der Schilderung unserer beiderseitigen inneren Misere und der äußeren Umstände kamen wir, da behielt sie ebenfalls recht, wirklich nicht weiter.

Ich sah Simons Frau an. Mir ging es durch den Kopf, daß er vielleicht genau diese, ihre Art brauchte. Sie wirkte einerseits zart und schutzbedürftig, weckte also seinen Beschützerinstinkt und gab ihm die Möglichkeit, sich groß zu fühlen – zu sein; aber andererseits forderte sie durch ihre kindliche Trotzigkeit, Sturheit und patzige, konservative Bockigkeit seine im Übermaß vorhandene sexuelle Kraft permanent heraus. Sie war das typische Weibchen, das man niederficken will. Und die das auch will. Der man es zeigen will. Sie kleinvögeln will, daß sie weich wird und sich hingibt und ihr freches Maul hält. Mann bleibt Mann, und Frau bleibt Frau.

Simons Wankelmut und schwacher Charakter, seine Verführbarkeit und Unentschlossenheit in Liebesdingen, seine Unmoral und Triebhaftigkeit brauchten vielleicht dieses kleine, kleingeistige, Grenzen steckende, in Grenzen denkende, in bescheidenen Maßen ausreichend gerissene Stahlweibchen, diese Spinne, die ihn, wie er sagte, einsperren wolle. Gegen die er in Form von Untreue rebellieren konnte.

Ich war mir sicher, er brauchte all das, aber er wußte es nicht. Allenfalls ahnte er es vage, undeutlich, daß hier, trotz all seinem Unwohlsein, sein Platz sein mußte.

Ich war indiskret, wollte wissen, ob noch was lief zwischen den beiden. Sie gab nur ausweichende Antworten, daß ein Kind sich ja wohl nicht von selbst machen könne.

»Er hat mir Stein und Bein geschworen, daß er nichts mehr mit dir macht«, sagte ich, »ich will wissen, ob er wieder lügt. Irgendwann ist auch für mich die Schmerzgrenze der Verletzungen erreicht.«

Ich sah sie forschend und bohrend an. Sie lächelte sphinxhaft vor sich hin. Weder war ihr zu entlocken, ob die ehelichen Beziehungen noch stattfanden, noch war sie bereit zu akzeptieren, daß er vielleicht für immer gegangen sein könnte.

»Er kümmert sich um mich wie nie zuvor«, sagte sie wieder trotzig und sah vor sich hin, »er ruft täglich zwei bis drei Mal an, und er freut sich genauso auf das Kind wie ich! Mein Mann laßt mich nicht im Stich, das weiß ich! Und alles andere verdräng ich! Ich will mich nicht aufregen und dem Kind schaden. Aber du wirst wohl net erwarten, daß ich mir meinen Mann nehmen laß und kampflos zuschau!«

Ich sagte ihr, warum er von ihr fort wollte, schon vor einem Jahr. Außer Fernsehen und Schlafen sei nicht mehr viel gewesen. Die Gemeinschaft sei ihm leer und stagnierend erschienen; sie habe sich totgelaufen. Er hatte sie als nicht mehr entwicklungsfähig angesehen.

»Bei uns war es nie langweilig!« sagte sie trotzig, mindestens dreimal.

»Wir haben viel gemeinsam gemacht, Sport getrieben. Es war immer was los!«

Sie machte eine Pause. Dann sagte sie leise: »Aber wenn dieses Gefühl schon in einer so jungen Ehe da ist, dann hat ja alles keinen Sinn ...«

Als ich ging, standen Onkel und Tante im Gang und begrüßten mich herzlich. »Na, wie geht's immer so?« Der Besuch aus München, ein Bekannter von Onkel und Tante, sah mich an und sagte:

»Ah, jetzt ist ja die Chefin da!« Dann bemerkte er seinen Irrtum. Die Situation war peinlich. Und unerträglich. Der Mann stutzte.

»Sie kenn ich doch vom Bildschirm!«

Ich fuhr. Ich raste wie von Furien angetrieben durch die öde Kleinstadt.

Zuerst suchte ich Simon bei mir zu Hause. Dann beim Italiener, dann beim Griechen. Dann beim Fitness-Center. Dann wieder zu Hause, hinterließ einen Zettel, er dürfe keinesfalls wieder fahren, wenn er käme, ich sei gleich wieder da. Dann rief ich bei seiner Frau an, keiner nahm ab. Dann fuhr ich zu ihr. Sie gingen wohl nicht ans Telefon, feierten Versöhnung, schlossen mich endgültig aus. Niemand mehr da.

Ich raste zurück. Da sah ich ihn in der Telefonzelle an der Post stehen. Als er mich auf sich zukommen sah, schien er die Tür zuhalten zu wollen. Ich riß die Zelle auf. Ich schrie ihn an, ich schlug ihn, ich trat ihm in die Eier, ich prügelte auf ihn ein und ohrfeigte ihn. Er versuchte, mich festzuhalten. In seinen Augen sah ich Feigheit flackern. Stets war der gute Ruf wichtig, vor allem anderen.

»Beruhige dich doch!« rief er immer wieder.

Es war ihm peinlich, in seinem Heimatort, auf der Straße. Ich wußte, am liebsten hätte er zurückgeschlagen, um mich zur Raison zu bringen. Aber die Grenze wollte er nicht überschreiten. Ich drosch und schimpfte weiter.

»Warum bist du weggefahren?« schrie ich. »In einer so wichtigen Unterredung?? Warum hast du sofort bei deiner Frau angerufen? Wo warst du? Ich habe dich überall gesucht!«

»Ich bin ins Golfhotel gefahren und hab dich nach zehn Minuten angerufen. Da warst du schon weg. Ich hab gewußt, daß du zu Britta gefahren bist. Drum hab ich drüben angerufen. Ich hab gedacht, vielleicht könnt ihr wirklich gleich miteinander reden!«

Es hatte zu regnen begonnen. Das Wasser lief uns in die Augen, die Haare hingen ins Gesicht.

Wie im Film, dachte ich. Ich verachtete ihn und ich liebte ihn.

»Komm, wir fahren zu dir«, sagte er.

»Ich habe Hunger, ich will essen! Ich hab den ganzen Tag nichts runtergebracht.«

»Ich auch nicht«, sagte er.

Wir gingen zum Essen.

»Weißt du, warum ich gefahren bin?«

»Nein.«

»Ich bin gefahren, weil du recht hast. Du mußt wirklich immer auf mich warten. Und das mit dem Urlaub ist schlimm.«

Er schwieg.

»Es kommt noch was Schlimmeres; deshalb bin ich gefahren ... Ich kann überhaupt nicht weg! Wir haben kein Personal in Rosenau. Und seit mein Vater über uns beide informiert ist, weigert er sich, auszuhelfen. Sonst hätte er es vielleicht getan. Aber so nicht. Und am Sonntag muß ich im Kirchberger Geschäft sein, weil der Maler dann fertig ist. Da muß ich alles saubermachen.«

Man soll nie ein Zugeständnis machen, das einen überfordert.

Mein Opfer, Simon mit seiner Frau wegfahren zu lassen, um fünf Tage Urlaub sicherzustellen, war umsonst gewesen. Alles war wichtiger als ich. Er setzte unsere ganze Beziehung, die sein *Lebenswerk* werden sollte, aufs Spiel für ein paar Kunden, die aufgrund einiger personalschwacher Tage danach unwahrscheinlicherweise ganz wegbleiben könnten. Alles war unerträglich, entwürdigend, unbegreiflich. Warum ertrug ich diese grotesken Unvereinbarkeiten unserer Lebensstile, unserer Einstellungen, Wertigkeiten, Maßstäbe? Wir waren zwei Welten, und ich durfte nicht damit rechnen, daß sich das änderte. Vermutlich lag genau in dieser Unterschiedlichkeit der große Reiz. Um halb zwölf rief seine Frau an, kurzer Wortwechsel. Aufhängen.

»Entschuldige, daß ich dich angerufen habe, hat sie gesagt.«

Er sah vor sich hin. Es überforderte ihn alles. Und er versuchte, die Unhaltbarkeit der Situation mit Lügen zu vertuschen. Der Personalnotstand, dämmerte es mir, war auch eine Lüge gewesen. Er wollte nicht zugeben, daß er Britta zuliebe nicht mit mir wegfuhr.

»Warum lügst du immer?« fragte ich. »Warum hast du nie den Mut, die Wahrheit zu sagen?«

»Ich bin es nicht gewohnt«, sagte er. »Wenn man seit Jahren bei den kleinsten Dingen lügen muß, um nicht fortwährend Ehedramen zu haben, dann kann man sich nicht von heute auf morgen ändern. Es geht nicht. Vielleicht ganz langsam.«

Wir fielen erschöpft ins Bett. Ich hatte wieder drei Zigaretten geraucht. Nach fünf Jahren hatte ich angefangen zu rauchen, weil meine Nerven nicht mehr mitspielten.

Sowohl die Aussicht, das nächste Jahr mit diesem Mann durchzustehen, als auch ihn zu verlieren, schien mir gleichermaßen lebensbedrohlich. Ich traute mir weder das eine, noch das andere zu.

Yanni wollte mir kaum mehr als notwendig zur Verfügung stehen, weder beruflich, noch privat. Innerlich stand ich vor dem Ruin, von außen kamen dauernd Angebote. Die Presse wollte Interviews, das Fernsehen Talkshows, fortwährend riefen Journalisten und Redakteure an und wollten Projekte machen, hatten Pläne mit mir. Alles wartete auf meinen Einsatz – und der kam nicht. Meine gesamte Energie floß in die private Affaire; alles, was ich mir in den letzten Jahren aufgebaut hatte, stand auf dem Spiel.

Am nächsten Tag rief Simons Mutter an. Auch sie wußte nun Bescheid.

Und auch bei ihr spürte ich Unverständnis und Feindseligkeit. Sie bezeichnete die Situation als Katastrophe und appellierte an mich als reife und verantwortungsbewußte Frau, der Sache ein Ende zu machen. Ausführlich schilderte sie mir Brittas Not und Sensibilität, und daß man fast den Arzt habe holen müssen in der Nacht, nach meinem Besuch gestern.

»Warum sind Sie zu Britta gefahren??« fragte sie mindestens dreimal mit ihrem hohen, wehleidigen Ton.

»Ich bin so erzogen, daß man miteinander redet, wenn etwas anliegt«, sagte ich.

»Was wollen Sie denn von ihr??« hakte sie unerbittlich nach, und ihr Tonfall sagte: Lassen Sie unsere Familie doch endlich in Ruhe!

»Ich bin in meinem Leben noch nicht so belogen worden«, sagte ich.

»Und Sie müssen entschuldigen, daß ich die Aussagen von Ihrem Sohn für die Wahrheit hielt.«

»Wir können nichts dafür!« rief sie aufgebracht. »Mein Mann und ich haben unser Lebzeit nicht gelogen! Und wir haben auch unseren Sohn nicht zum Lügen erzogen!!«

Immer wieder beschwor sie mich, Schluß zu machen.

»Ich kann Ihnen das leider nicht versprechen, Frau Schütz«.

Ende des Gesprächs.

Telefonat mit Simon.

Er versucht, Aushilfen für Rosenau zu bekommen. Sagt er. Und eine Putzfrau für Sonntag. Sagt er.

Abends Radeln – sein Vorschlag, ein Fortschritt! – zum Stausee. Gespräch über Karma, Reinkarnation, Berufung, über Chancen im Leben, und daß man sie vielleicht nur ein- bis zweimal bekommt.

Simon wollte Biologie und Chemie studieren. Sein Vater hat ihn in das Blumengeschäft geprügelt. Die Autorität und die Tradition haben gesiegt.

Simon quält sich zwischen Pflicht, Verantwortung und Mitleid für Britta, Mitleid, das vielleicht doch innere Bindung und Liebe ist; und zwischen Aufbruch in das andere gewünschte Leben, in die Illusion von der Weite der Welt vielleicht, einer anderen Welt, für die er nicht gemacht ist – und für die ihm alle Voraussetzungen fehlen.

Er will es auch mit diesem Kind besser machen, sagt er, als mit dem ersten, dessen Mutter er während der Schwangerschaft verlassen hat, und bei dem sich die Fürsorge in Alimentenzahlungen und regelmäßigen Pflichtbesuchen erschöpfte.

Auch hat er Angst, sagt er, daß ich nicht durchhalte, daß meine Verfassung immer schlechter wird, daß ich die seelischen Anstrengungen, die alle auf uns noch zukommen, nicht mehr werde ertragen können. Und daß ich dann doch gehen muß, oder daß er geht – und daß in einem Jahr alles noch viel schlimmer wird für uns beide. Oder schon im Januar, wenn das Kind da ist.

»Ich bin dann viel besser dran, verstehst du?« sagt er. »Weil so ein Kind, das gibt einem ja doch auch einen Halt ...«

Er merkt nicht, wie weh er mir tut.

Weil er nicht merkt, wie sein Verhalten und seine Aussagen die Macht verraten, mit der der Sog der Konvention ihn zurückzieht in den Schutz der Familie, der Tradition, der bürgerlichen Ordnung.

Sie haben ja so recht, diese stahlharten Pragmatiker! Und ich schwor bei Gott, in Zukunft jeden einzelnen Finger zu lassen von den Bürgern mit ihrem Eisenspieß aus Law und Order und den mit dem Schild bewehrten Sehnsüchten. Ihre Seele steckt im gepanzerten Harnisch von Konvention und Sitte, in dem jedes leidenschaftliche Gefühl verreckt, jede tiefere Frage in der Bedeutungslosigkeit von warmen Mahlzeiten versinkt.

Ich werde einen tiefen Graben ziehen zwischen meine Wahrheitssuche und die Anbiederungen von Kleingeistern ohne Güte und offenes Herz. Und wenn sie den Hals noch so sehr verrenken nach dem Abglanz des Glorienscheins! Der Ausverkauf von Erkenntnissen hat ein Ende.

Es ist so klassisch alles: Die Schwangerschaft, das Verhalten und die Aussagen der Frau, sein Verhalten, seine Aussagen. All das habe ich in Filmen gesehen, in Geschichten gehört und gelesen, bin bewußtes Opfer, dem sein Bewußtsein nichts nützt. Theorie und Praxis sind zwei Paar Schuhe.

Heißt das, daß meine ganze Predigt von Toleranz und Freigeist nun in sich zusammenfällt, nachdem ihr durch diese Affaire die intellektuelle, theoretische Luft abgelassen wurde?

Im Frühsommer hatte ich angefangen, ihm nachzufahren an alle möglichen Orte, x-mal in der Dunkelheit schlich ich zu seinem abgelegenen Haus, um mich zu vergewissern, daß er die Wahrheit sagte – oder um ihn der Lüge überführen zu können. Ich tat das, um den Boden der Wirklichkeit wiederzugewinnen. Ich hatte das Gefühl für meine Intuition verloren. Mich ärgerte meine Machtlosigkeit, meine Ohnmacht. Ich rauchte und trank, richtete Aggressionen gegen mich selbst. *Ich muß die Spielregeln durchbrechen*, dachte ich. Um halb zwei in der Nacht nahm er ab.

»Ich hab das Telefon nicht gehört ...«, sagte er.

Seine Lügen machten mich verrückt. In dieser Zeit begann ich verstärkt, ihm überallhin nachzuspionieren, telefonisch und persönlich. Mein Kontrollzwang nahm zu. Ich steigerte mich in einen Wahrheitswahn hinein, und meine Toleranzschwelle wurde immer niedriger, als Gegenreaktion.

Yanni hatte einmal gesagt: »Ich kenne keine Frau, die mir soviel Freiheit gelassen hat wie du, Lena!«

So ändern sich die Zeiten. Das Verhalten eines Menschen hängt sehr stark von dem des Partners ab. Ich machte Kontrollanrufe, versteckte mich hinter Büschen, lauerte ihm hinter Hausecken auf, spielte Mrs. Sherlock Holmes und fand das mitunter sogar abenteuerlich, wenn auch kindisch. Räuber und Schandi mit Ende Dreißig.

Das eine Mal erwischte ich ihn, wie er zu seiner Frau fuhr und gesagt hatte, er müsse zum Arzt – ein anderes Mal ertappte ich ihn, völlig normal aus der Eisdiele gehend, wo er noch morgens eine Knöchelverstauchung vorgeschoben hatte, um nicht mit in die Berge fahren zu müssen.

»Es hat sich eben stark gebessert bis zum Abend«, sagte er dann. Vor meinen Augen hatte er sich dramatisch zusammenfallen lassen und eine filmreife Show abgezogen mit Wehklagen, Einreibungen und Verband. Eine fast komödiantische Aktion statt eines einfachen *Nein.* Offenbar gab ihm die Lügerei so etwas wie Ichstärke. Er schuf damit einen obskuren Intimraum um sich, machte sich ungreifbar wie ein Tintenfisch und versteckte sich hinter seinen erfundenen Geschichten wie ein Einsiedlerkrebs in der Muschel. Und er beharrte auch bei zigmaligem Nachhaken auf seinen Stories, selbst wenn sie haarsträubend waren und so billig, daß ich sie nicht nur als demütigend für meine Ehre als Mensch und Frau empfand, sondern als schiere Beleidigung für meinen Intellekt. Wenn ich ihn in die Enge trieb, leugnete er die Wahrheit und meine (richtige) Version so lange, bis er tatsächlich mit dem Rücken zur Wand stand. Erst dann, wenn ich die Wahrheit wußte und beweisen konnte, gab er sich beschämt und hatte wiederum eine Erklärung für die Notwendigkeit der Lüge parat. Ich kam mir vor wie in einem Psycho-Labyrinth. Ich zweifelte an meinem Verstand und an der Realität und schaffte es nicht, sein Versteckspiel mit humorvoller Distanz zu sehen.

Er schwindelte ständig und stritt alles ab, was ich ihm auf den Kopf zusagte, außer ich ertappte ihn auf frischer Tat; dann murmelte er kleinlaut, er sei eben ein feiger Schwächling. Für einen kurzen Augenblick fühlte ich mich als mütterlich-strafende Siegerin, die absolut im Recht ist und den Täter überführt hat. Aber es brachte nicht wirklich etwas, außer kurzfristige Klarheit und Bestätigung meiner Vermutung. Immerhin.

»Wird ein Mensch nicht uninteressant, wenn er völlig durchschaubar ist ...?« fragte er mich einmal ganz ernst. Benedikts lakonischer Kommentar, als ich es ihm erzählte: »Eigentlich ein blödes Ziel, unerforscht zu bleiben ...«, sagte er, etwas ratlos. Er verstand es nicht, wieso ein erwachsener Mann so etwas nötig hatte. Und ich verstand es auch nicht. Ich empfand es als Steckenbleiben in der Pubertät.

Sommernachts-Albtraum

Reglos lag ich in der Ackerfurche. Es war Nacht. Nur der Mond schien bleich über die Felder.

Das Keuchen des Hundes schien aus allen Richtungen zu kommen. Gejagt hatte er mich, durch sumpfige Wiesen auf den verschlammten Acker. Ein Husky, nicht sehr groß, aber sehr aggressiv.

Ich, die berühmte Lena, in die Flucht geschlagen von einem kleinen Hund. Zu allen verfügbaren Göttern beten, daß er mich nicht entdeckt, ging mir durch den Kopf. Zu Rama, zu Vishnu, zu Jahwe, zu Allah und wie sie alle heißen. Normalerweise mochte ich keine Götter, katholische schon gar nicht, aber jetzt schienen sie mir doch ganz brauchbar. Visionen von Wölfen stiegen in mir hoch. Von zerfleischten Kehlen. Kampfhunden. Blut. Zerbissenen Gliedern. Ich wagte nicht, mich zu bewegen, vielleicht würde der Hund das Interesse an mir verlieren.

Totstellen. Im Schlamm. Niederbayrischer Schlamm.

Dreckiger niederbayrischer Ackerfurchenschlamm. Gestern noch im Doppelbett in einer Suite des Kölner Maritim Hotels. Sechshundert Mark für eine Übernachtung. Und jetzt voller Angst im Boden vergraben, ich, Lena Lustig, Sängerin, Schauspielerin, Komikerin. Sehr komisch.

»Als ich vor der Wahl stand, Terroristin oder Kapitalistin zu werden, weil die Humanistin mitsamt der Idealistin in mir eingegangen ist, bin ich Kabarettistin geblieben und habe mir einen Nerz gekauft …«

Wild gejubelt hatten sie, die neunhundert zahlenden Gäste, denen ich gestern noch diese Zeilen aus meinem Programm *Mammon für Mama* vorgetragen hatte. *Nerz.* Der würde mir jetzt gut stehen, im Schlamm.

Ich hab doch nur nachspionieren wollen, was er treibt bei seiner Frau! Und dann stürzt dieser Köter auf mich zu, kläfft in die niederbayrische Wiesenstille hinein und jagt mich vom Haus weg, als sei ich eine Mörderin.

Das Lechzen des Hundes schien wieder näherzukommen, er gab die Suche nicht so schnell auf. Wie gut sehen Hunde im Dunkeln? So gut wie Katzen? Ich hatte keine Ahnung.

Lena Lustig, ich, Lena Lustig, die Frau aus dem Fernsehen, verkriecht sich vor einem Hund. Vor einem lausigen niederbayrischen Hund.

Ich, *die Trendsetterin der Neunziger.*

Ich, *Queen.*

Ich, *das qualifizierteste Lästermaul deutscher Zunge.*

Ich, *der bayrische Show-Orkan.*

Einen Hund beeindruckt so etwas nicht. Er kümmert sich nicht um Ironie oder sprachliche Spitzfindigkeiten. Er läßt sich nicht mit einem Autogramm abspeisen. Die Ahnen dieses Hundes waren Wölfe. Raubtiere. Blutdurstig.

Umjubelt, prominent, hofiert, wohlhabend.

Landgut, Stadtwohnung, BMW, Solarium.

Und jetzt?

Auf den Hund gekommen.

Auf den Hund eines niederbayrischen Blumenbinders.

Bierkampf

Es war abend. Ich war wieder einmal allein zu Hause.

Ich hatte einige Biere getrunken und ließ mich in den dumpfseligen Leck-mich-am-Arsch-Humor fallen, dem achtzig Prozent der Bayern ihre wohlige Grundstimmung verdanken. Ich stand in der Küche und sah mich in der Glasscheibe. Was soll's, mit dieser Frau im Fenster kann ich ja auch sprechen. Ich frage: Was bleibt, wenn man den Bayern das Bier nimmt? Was entsteht statt des Bierhumors?

Bier ist die Mentalitäts-Grundlage der Bayern. Die Mentalität der Bevölkerung ist tatsächlich immer auch drogenabhängig. Jede Droge formt sich mit der Zeit ihre speziellen Charaktere. Die Opiumraucher in Indien sind anders drauf als die Koksschnupfer in Schwabing, bayrisch hin – indisch her. Was, wenn man einen Schwabinger Betriebswirt unter Opium setzt und den indischen Obstverkäufer auf Koks? Da verändert sich das gesamte Sozialverhalten. Ganze Gesellschaftsstrukturen basieren auf Drogen. Das wissen die Regierungen auch und nutzen es. Marihuana ist mit den Gesetzen der freien Marktwirtschaft nicht vereinbar. Leistungsstreben und Lachen, Ellenbogenverhalten und Träumertum sind nicht kompatibel.

Ich fühlte mich wohl mit meinen – waren es sechs? – Bieren. Die Tragik verschwindet langsam aus meinen Gedanken, und ich werde mit jedem Bier versöhnlicher. Das Hadern mit meinem Schicksal läßt nach. Ich finde alles nicht mehr soo schlimm und was schlimm ist, wird auch wieder vergehen, und im Prinzip ist es doch wurscht, was gerade abläuft im Leben. Irgendwie läuft ja immer irgendwas ab und später eben was anderes. Ob Leid oder Freud, auf jeden Fall geht es doch immer wieder weiter ... Hopfen und Malz, Gott erhalt's!

Diese tantrische Lebenssicht war aber nüchtern leider nicht aufrechtzuerhalten. Gelassenheit ohne Bier ist mir immer schon unmöglich gewesen. Drogenlos regt mich das Leben und seine wechselnden Umstände maßlos auf. Und ich erkläre das wechselweise mit der überhöhten Sensibilität aller Künstler, dann wieder mit Schwäche – durch die jeweiligen Umstände bedingt – oder mit Kindheitsschäden aufgrund von diversen Zuwendungs-Defiziten, die langfristig im Charakter verankert sind. Ich hab das Gefühl, ich bin mit einer Haut zu wenig auf die Welt gekommen.

Mit diesen Gedanken hing ich herum, als Simon klingelte. Ich war nicht betrunken, aber auch nicht mehr nüchtern. Jedenfalls wurde ich patzig, pöbelte ihn an, riß platte Sprüche und forderte ihn heraus. Ich provozierte ihn auch sexuell, körperlich, drückte beim Bücken nach der Zigarette das Gesäß heraus, reckte ihm die Brust entgegen, flegelte mich in die Couch, rauchte ununterbrochen und sah ihn verächtlich an.

Manche haben eben was drauf, andere nicht. Es gibt Sieger und Versager. Das war die Botschaft an ihn, und er hat sie verstanden.

Wie immer kam es zu einer körperlichen Auflösung der Spannung. Er bemerkte, daß ich alkoholisiert war und wurde ungehalten. Er konnte angetrunkene Menschen nicht ausstehen. Meine Unangreifbarkeit weckte seinen Zorn. Er hatte über eine Frau in diesem Zustand keinerlei Macht. Keiner hat Macht über eine betrunkene Frau, weil sie geschützt durch den Alkohol ist. Man kann eine betrunkene Frau vögeln, aber man erreicht ihr Inneres nicht. Sie ist in sich, und da, wo sie ist, kommt kein Mann hin, er kann tun, was er will. Das ist der Grund, warum Männer betrunkene Frauen so hassen.

Wir standen in der Küche, ich mit meiner Flasche Bier.

»Stell das Bier weg«, sagte er, »das langt doch jetzt, oder?«

»Vielleicht«, grinste ich, »viee-lleicht? Vielleicht aber auch nicht …? Das kann ich jetzt so noch nicht sagen. Mal sehen. Das geht dich doch eigentlich gar nix an, oder? Findest du nicht? Findest du nicht, daß du in meinen Lebensgewohnheiten nix zu suchen hast, wenn du nicht zuständig sein willst? Du bist doch nicht hier, bei mir? Also. – Prost!«

Er nahm mir die Flasche aus der Hand, schubste mich in den Gang, drückte mich gegen die Eingangstür, packte mich an den Haaren, so daß ich mich nicht bewegen konnte, riß mir den Bademantel herunter und drang von hinten in mich ein. Wenn ich mich bewegen wollte, zog er fester an den Haaren und stieß meinen nach unten gedrückten Kopf gegen die Eingangstür, nicht gewalttätig, aber fest genug, daß ich nicht auskonnte. Und er stieß in mich hinein und hinein und hinein, immer wieder. Dann zog er sich aus mir raus und schob mich zur Treppe: »Los, geh nach oben! Los, geh!« Ich stieg tranig hinauf.

»Der ghert's doch net anders! Der Matz, der verreckten!« ging es mir durch den Kopf. Bajuwarisch-virile Kotzbrockensätze, trotzdem stimmig, jetzt grade.

Wir landeten auf dem großen, roten Orientteppich im Arbeitszimmer. Ich lachte, lachte ihm ins Gesicht, lachte ihn an und aus, fand nichts mehr unfaßbar, sondern war selbst unfaßbar für jeden, für schlechte Gedanken – eigene und fremde – unfaßbar für ihn, und selbst die Sexualität hatte nur die Macht, die ich ihr in diesem Moment gab.

Er sah mich an wie Jack Nicholson in seinen besten Momenten. Ich setzte mich auf. Er gab mir einen Stoß, so daß ich nach hinten fiel. Ich stöhnte und öffnete meine Schenkel. Er nahm mein Handgelenk und drückte meinen Arm über meinen Kopf auf den Teppich. Mit der anderen Hand befriedigte er mich. Dann spürte ich den ersten kleinen Klaps. Eine fast nicht spürbare Aufforderung.

Es war, als hätte man mir einen elektrischen Stromschlag versetzt.

Ich schau ihn an aus halbgeschlossenen Lidern, wie er groß wie King Kong vor mir kniet und erschaudere vor dieser Mächtigkeit. Ich will seine Kraft spüren, alle Gewalt, die er in sich trägt, ich will mich ihm hingeben, und ich will verdammt nicht, daß er entscheidungsschwach und unentschlossen dahinvegetiert, ich will den *Mann* Simon spüren und sehen, und wenn es im Leben nicht geht, dann wenigstens in unserer erotisch geschwängerten Zwischenwelt.

»Fester!« hör ich mich rufen. »Fester.« Er zögerte. »Mach, los, schlag mich, fest, ... ich will deine Kraft spüren ... deine Gewalt ... los, schlag!«

Simon zögert. Was darf er mir zumuten, und wie schafft er es, nicht zu entgleisen? Seine eigenen Untiefen lauern.

Da, ein Schlag! Und noch einer! Ins Gesicht, links – Pause – rechts – Pause – links – rechts – mehr, mehr ... Und dann kommen die Schläge härter und fester. Das Bier macht unempfindlich. Meine Haut wird rot, meine Brüste spannen, mein Bauch zieht sich zusammen, mein Leib wird lebendig. Ich stöhne, schreie ... mehr, fester, schlag mich, die Hiebe prasseln auf mich nieder, haarscharf an der Grenze zwischen Lust und Schmerz. Er hat ein vollkommenes Gefühl für subtile Gratwanderungen und perfide langsame Steigerung. Wie zwei Raubtiere krallen wir uns jetzt fest und verbeißen uns ineinander, und auf einmal rinnen mir die Tränen aus den Augen, so viel wie ewig nicht mehr. Er nimmt mich in seine Arme und vergräbt mich in seine Brust und murmelt mit tiefer, weicher Stimme beruhigende Worte.

»Ich liebe dich«, sagt er, »ich liebe dich, Lena, wie nichts auf der Welt ...«

Berlin

Die deutsche Vereinigung ist vollzogen. Ich habe sie in Berlin erlebt. Menschenmassen auf den Straßen, davon die Hälfte DDRler und Polen.

Die Stimmung nach dem Mauerfall ist, trotz aller vordergründiger Euphorie, niedergeschlagen und unzufrieden. Berlin war überlaufen, überfremdet, der Verkehr fast am Zusammenbrechen, die Luft voller Abgase, die Berliner sauer. Nichts war mehr wie vorher, nichts würde wieder wie früher werden.

Wir waren zur Aufzeichnung unserer Rockshow gefahren.

Mit dem Regisseur hatten wir von Anfang an Ärger. Er hatte sich nicht vorbereitet, wollte sich nichts sagen lassen, war als Organisator der Abläufe nicht vorhanden. Yanni setzte seine Ansichten durch, und wir konnten trotz aller Widrigkeiten ein recht gutes Ergebnis erzielen. Das Licht war schön, und man setzte mich gut ins Bild. Ich sah wunderbar aus, man merkte mir den privaten Unbill nicht an. Anschließend hatte ich sechs Tage Soloprogramm vor mir, in einem großen Spiegelzelt aus Holland. Am Abschlußabend der Aufzeichnung saßen wir alle zusammen, die Redakteure und die Musiker, beim Essen, der Regisseur blieb fern, was uns allen ganz recht war. Yanni witzelte exzessiv und unterhielt die ganze bunte Gesellschaft bis zur allseitigen Erschöpfung.

»Gott sei Dank muß ich nicht mit mir leben!« sagte er dann noch.

»Stimmt!« lachte ich. »Du warst immer wie ein Rock'n'Roller auf Urlaub, mit deiner schwarzen Lederhose!«

Die Haushaltsdebatte über Mithilfe, Abspülen und Tischabräumen hatte sich bei uns über acht Jahre erstreckt. Fruchtlos.

Yanni lehnte sich zurück, verschränkte die Arme und sah zufrieden in die Runde. »In der Früh sag ich zur Resa als erstes immer OIMAK ...!«

Ratloses Schweigen ...

»OIMAK, das ist doch ein alter, bekannter Spruch, kennt ihr den nicht?«

»Und der heißt?«

»Oide, mach an Kaffee ...!«

Für diese Chauvi-Witze hätte ich ihm eine reinhauen können. Trotzdem hatte seine Anwesenheit bei mir stets einen Kickdown-Effekt.

»Tut er noch immer nix in der Küche?« fragte ich Resa.

Yanni konterte: »Bin ich Rockmusiker oder Tellerwäscher??« Yanni bleibt Yanni. Weiter: »Ich leide in der Früh immer unter diesen schrecklichen Ohnmachtsanfällen«, klagte er nun wie eine Tunte, und zu den Männern: »Ihr nicht ...?«

»Nein, wieso?«

»Weil das Hirn so blutleer ist ...«

»Wieso?«

»Weil das ganze, viele Blut nach unten muß ...!«

Alle Männer lachten. Resa auch. Weiter ging es mit Krankheitsdiagnosen. Yanni dozierte, es gäbe Männergrippen und Frauengrippen. Und die typische Männergrippe sei in Schwere und Ausmaß mit der Frauengrippe überhaupt nicht vergleichbar, das würde doch jedesmal deutlich, wenn der Mann krank sei.

Mit den Jahren merkte ich, daß er es durchaus vertrug, wenn man parierte und konterte, solang die Gegenrede nicht larmoyant, verkniffen und von feministischer Zickigkeit war, wenn möglich, besser als sein Gag, was nicht einfach war, auf jeden Fall aber witzig und schlagfertig. Andernfalls verlor man todsicher gegen seine gnadenlosen Verbal-Attacken.

Lieber einen Freund verloren, als eine Pointe verschenkt!

Der Satz traf auf Yanni zu. Aber er verlor keine Freunde, im Gegenteil. Die Menschen spürten, daß hinter dem Macho-Gehabe ein großes Herz für andere saß. Ich auch. Zwischen Yanni und mir hat es immer eine geheime Verbindung gegeben, über die man nicht viel reden muß, weil jeder weiß, daß sie da ist. Obwohl wir wahnsinnig viel geredet haben und gestritten wie zwei Teppichhändler in einem türkischen Bazar, stundenlang, ohne Ergebnis, außer dem, daß der Blutdruck gestiegen und das Gehirn in Bewegung gekommen ist durch unseren mentalen Overdrive. Vielleicht war das der Sinn. Später hab ich immer einen niedrigen Blutdruck gehabt und war blöd im Kopf. Wir haben uns lebendig geredet. Und diese innere Einigkeit hab ich beim ersten Grüßgottsagen gefühlt, dadurch, daß ich gar nix gedacht hab.

Und wenn ich das Denken aufhör, macht meistens der Liebe Gott was Wichtiges.

Ich rief Simon wie verabredet an und erreichte ihn nicht. Die ganze Nacht erreichte ich ihn nicht. Am nächsten Tag in der Früh rief er an.

»Meiner Frau ist es sehr schlecht gegangen. Ich mußte zu ihr rüber und wollte dir das nicht sagen.«

Möglich, daß es stimmte, vielleicht auch nicht. Am Abend rief er wieder an. »Ihr Muttermund hat sich zu öffnen begonnen, viel zu früh, wahrscheinlich durch die ganzen Aufregungen, und sie muß möglichst viel liegen, vielleicht sogar ins Krankenhaus ...« Damit war unser geplanter, gemeinsamer Bali-Urlaub dahin. Wieder einmal.

Und er kam auch nicht nach Berlin.

»Sie haben dein Ticket nicht auf meinen Namen übertragen wollen – und einen Scheck hab ich nicht dabeigehabt.«

Am Vereinigungstag war ich sturzbetrunken und laberte um fünf Uhr in der Früh mit einem Schauspieler aus Köln an der Bar herum, nach einem Gang durch verschiedene Kneipen mit Frieder, dem Abteilungsleiter eines Chemiekonzerns. In einer Sexkneipe dritter Kategorie hatte ich einem schwulen Transsexuellen gesagt, daß Wesen wie er unsere Welt bereichern, daß wir so schräge Vögel brauchen. Der Abteilungsleiter war beleidigt geflüchtet und holte mich nach einer halben Stunde ab, um mich auf dem Gang zum Hotel zu stützen. Zweimal fiel ich auf die Schnauze. Ich war aggressiv und griff den Mann an. Er sei kleingeistig, spießig und katholisch. Immerhin hatte er mich in dieser Kneipe allein sitzen lassen. Er hatte sich wohl Chancen ausgerechnet und den Gegensatz seines romantisch-weinerlichen Gesülzes zu dieser Rotlicht-Niederung nicht ertragen.

Die Veranstaltungen absolvierte ich erstklassig und zuverlässig und erfolgreich.

Als ich heimkam, versuchte ich, mich mit Simon auf verbindliche Zusagen zu einigen. Er redete sich auf meine Tagebucheinträge hinaus, die er gelesen hatte, und darauf, daß ich wohl schon zu gespalten sei, um überhaupt noch mit ihm weitermachen zu können.

Wieso lesen alle mein Tagebuch?

»Eine Beziehung dynamisiert sich durch Taten!« sagt Yanni. Ohne Erfolge verliert man Glauben, Hoffnung und Mut.

Von Simon kam kaum Resonanz.

Und doch, er war in den Jahren relativ pünktlich geworden. Immerhin, ein Erfolg ...

Meine innere und äußere Einsamkeit nahm zu. Hotelzimmer, Suff, ab und zu, Zigaretten. Gastspiel in Bamberg, ab dreiundzwanzig Uhr alles tot. Mein Tourfahrer versuchte, Männer anzuschleppen, brachte einen Steuerkanzlei-Angestellten. Alle sterbenslangweilig, samt der Veranstalterin. Keiner hatte was zu sagen, keiner reagierte auf Vorgaben. Versuche in Kneipen, überall fünf Leute. Trostlos. – Was gibt es noch, nach Yanni, diesem eulenspiegelnden Despoten?

Simons Frau mußte ins Krankenhaus.

Vorzeitige Wehen machten Medikamentengabe und Liegen erforderlich. Die paar Tage – obschon auf ihre Kosten – waren Balsam für meine Seele. Zum ersten Mal konnte ich das Gefühl erfahren, in relativer Entspannung zu leben. Nur ein paar kurze Tage.

Der Geburtstermin sollte Mitte Dezember sein.

Zwei Monate nach Simons Einzug bekamen unsere Gespräche so etwas wie Substanz. Sie verliefen zuweilen recht angriffslustig, aber produktiv. Unsere Beziehung würde jetzt wachsen, tiefer werden können, auf eine höhere Ebene steigen können, sagte ich mir. Die erste Hürde wäre geschafft, nach knapp zwei Jahren. *Wäre, könnte, würde.*

Dann kam seine Frau aus dem Krankenhaus nach Hause. Die Ärzte hatten ihm Druck gemacht, ihm ins Gewissen geredet, zu ihr zurückzugehen.

»Wenn etwas passiert«, sagte der Chefarzt, »tragen Sie die volle Verantwortung, Herr Schütz. Die Zustände Ihrer Frau sind rein seelischer Natur.«

Vermutlich hatte die Familie darauf hingewirkt. Simon schwankte wieder, stand vor der Lebens und Gewissensentscheidung: *Verantwortung oder Gefühl.* Ist Liebe Verantwortung, oder ist Liebe Gefühl? – Beides natürlich, aber wenn die Entscheidung ansteht, was soll ausschlaggebend sein? Seine Frau lehnte jede Art anderweitiger Fürsorge von Bruder, Schwester oder Mutter rigoros ab – natürlich. Sie kämpfte, nach wie vor. Und er schwankte.

Der Abflug nach Bali stand bevor. Simon mußte wegen des schlechten Zustandes seiner Frau bei ihr bleiben – und wohnen. Natürlich. Was sonst. Alle waren auf seiner Seite. Keiner auf meiner.

Zuvor hatte ich noch drei Tage Theaterhaus Stuttgart zu absolvieren, Soloprogramm. Es war ein großer Erfolg, alle drei Tage waren ausverkauft. Die Schwaben, sonst oft saturiert und schwerfällig, gingen gut mit. Vor dem Urlaub eine erfolgreiche, kleine Tour.

Am vierten November würde ich also nach Bali fliegen, sechzehn Tage, allein. Ich nahm mir vor, dies auszunützen.

Den vorletzten und letzten Tag vor dem Abflug lag ich mit Simon im Bett. Es war schön wie immer, wir versanken in unserer Lust, krochen ineinander, hielten aneinander fest, waren andächtig und zart, als befände sich die Welt um uns im Krieg, und wir nützten den Waffenstillstand zur heiligen Feier. Und er versicherte mir nach wie vor, er wolle nicht mehr mit Britta leben, unter keinen Umständen, sondern mit mir. Und kein Argument der Welt konnte ihn davon abbringen.

»Aber sie kriegt doch ein Kind von dir??«

»Ein Kind«, sagte er, »ist kein Grund, daß man bei einer Frau bleibt; bleiben muß, meine ich, lebenslänglich ...«

Er gab nicht auf.

»Nun gut«, sagte ich, »wir wollen noch abwarten, bis das Kind da ist. Dann werden wir sehen. Auf jeden Fall will ich, das ist mein Hauptanliegen, beruflich wieder voll auf Trab kommen!«

Torak lachte und schüttelte den Kopf. »Je nun, Ihr Durchhaltevermögen ist, wie bei fast allen Frauen, ungewöhnlich, Gnädigste ...«

»Ja, in der Langstreckenzähigkeit sind wir unübertrefflich. Warum hab ich das so lange ausgehalten?« Ich sah ihn ratlos an.

»Es muß Ihnen irgendwie gefallen haben, Verehrte. Man kann sich auch im Leid häuslich einrichten ... in der Depression etablieren. Die nämlich enthebt einen von der Pflicht, selbständig zu handeln. Es ist ein Schutzgehäuse, und außerhalb lauert Arbeit. Wenn man nichts tut, kann man auch nichts falsch machen! Vielleicht wollten Sie einfach nur Zuschauerin sein und nicht Akteurin, diesmal?«

»Sie meinen, weil ich im Beruf sehr aktiv bin, verhalte ich mich im Liebesleben eher passiv. Ist das nicht etwas einfach?«

»Durchaus nicht. Und mit dem entsprechenden Partner auch kein Problem.«

»Sie meinen, als Künstler braucht man auch ein gewisses aufnahmebereites Gewahrsein?«

»Sie erleben Ihr Leben als Mysterienspiel, als Theateraufführung. Deshalb gingen Sie auch nicht aus dieser Beziehung. Sie wollten wissen, wie das Drama ausgeht. Sonst wären Sie unzufrieden gewesen. Jedes Ereignis hat seine ureigene Dramaturgie. Und Sie wollten keinen banalen Schluß.«

»Ja. Ich finde, dieses Drama hat keinen solchen verdient.«

»Wir sind ja noch nicht am Schluß. Aber ich ahne, wir kommen zu einer Art ... lassen Sie mich raten ... Kulminationspunkt?«

»So könnte man das nennen ...«, lachte ich. »In der Tat. ... Möchten Sie noch etwas Tee? Ich brühe uns noch eine Kanne auf. Und ... lieber Torak, mir wäre es angenehm, wenn ich das nächste Kapitel nicht erzählen müßte. Ersparen Sie es mir ... Erlauben Sie bitte, daß ich Ihnen hier wieder meine Tagebücher überlasse.«

Er sprang auf und zog mich mit dieser übermenschlichen Kraft, die ich beim Treffen in München gespürt hatte, auf die Couch zurück und funkelte mich böse und listig an: »Oh nein, meine Teuerste, diesmal werden Sie bleiben! Und zwar hier, nahe bei mir. Und Sie werden mir ins Gesicht erzählen, was Sie mir zu erzählen haben! In meine Augen hinein. Lernen Sie, verdammt nochmal, endlich, zu Ihren Taten zu stehen, und spielen Sie nicht mit Anfang Vierzig die Klosterfrau!«

Bali

Keine Angst vor Abgründen;
wenn etwas durchlebt ist,
fällt es ab.

LENA

Freiheit, Geilheit, Liederlichkeit

Simon brachte mich zum Flughafen. Der Abschied war ausgiebig, mit vielen Versprechungen. Zehn Uhr morgens der Flug nach Amsterdam. Vierzehn Uhr erst der Weiterflug nach Bali. Ich hätte gern eine Stadtrundfahrt gemacht, fand aber alleine keinen Aufschwung. Zu fremd alles, also nur ein Essen im Flughafenrestaurant. Alleinreisen war nicht schön! Ich aß nur, weil ich nicht wußte, was ich sonst hätte tun sollen. Flughäfen waren alle gleich. Neben mir ein Tisch voller Durchschnittsbayern. Ödende Gespräche drangen an mein Ohr, und ich fand, daß neunzig Prozent der Menschen uninteressant waren.

Als ich ankam, hatte ich nur Angst. Sechsundzwanzig Reisestunden, davon zweiundzwanzig Stunden in der Luft. Die Temperatur beim Aussteigen aus dem Flugzeug erschlug mich fast. Es mußten mindestens dreißig Grad, mit einer für Europäer fast unerträglich hohen Luftfeuchtigkeit, gewesen sein.

Ich war todmüde, fand alles furchtbar, fühlte mich allein. Der Club erschien mir wie das Parkhotel in Griesbach, nur balinesisch, mit Holzstatuen und Zimbeln.

Bei der Ankunft spielen einige Clubbalinesen zwei Minuten amerikanische Happymusic. Kaum sind wir drin, hört die Musik auf. Das Programm wird abgespult für neue Gäste, dauert zwei Minuten, ein Drink, alles wird kurz erklärt, dreißig Minuten später eine Informationsrunde, dann ist man sich selbst überlassen. Es gibt ein Restaurant, einen Pool, eine Disco und ein Theater. Ausflüge können gebucht werden, der Service ist total, aber unpersönlich, man bekommt bezahlte Freundlichkeit. Es gibt GO's und GM's. *Gentil Organizers*, die für die Animation und Organisation sorgen, und *Gentil Members*, die Gäste.

Meine Erschöpfung hatte mich verunsichert. Furchtsam hocke ich mit fremdem Gefühl zwischen einer Unzahl von Schlitzaugen und Australiern. Zum Abendessen weist man mir einen großen Tisch für acht Personen zu, wo ich allein sitze. Eine alte schmuckbehängte Fregatte steuert in meine Richtung. Wie sich herausstellt, war es eine millionenschwere Lady namens Ann. Sie ist an diesem Tag gestürzt und setzt sich nun, (englisch!) jammernd an meinen Tisch. Hidiho. Ich bessere Fremdsprachenkenntnisse auf – passiv. Lady Ann ist nicht zum Zuhören geboren. Ich denke, das fängt ja gut an; jetzt sitzt du zwei Wochen mit der alten Schachtel als Tischnachbarin da. Ein Mädchen vom Club kommt hinzu, um gute Laune zu verbreiten. Lady Ann und ich leisten erfolgreichen Widerstand. Im Verlauf der folgenden Stunde werden die restlichen Tischplätze von Japanern besetzt. Meine Japanischkenntnisse sind beschränkt, die Englischkenntnisse der Japaner sind so groß wie meine japanischen. Die Konversation ist etwas mühsam.

Ich luge zum Nebentisch. Dort sitzen fünf Australier, Singles, Mitte Dreißig, angetrunken, mit einer Flasche Sambuca. Sie lugen auch. Nach dem Essen verschwindet die schnatternde Japanerherde im Pulk, und die Australier zwingen uns an ihren Tisch.

Lady Ann muß auch mit. Der Tischwein, den ich vor Aufregung in mich hineinschütte, steht unglücklicherweise kostenlos in unbegrenzter Menge zur Verfügung. Nach einer Viertelstunde habe ich einen in der Krone, rauche mit den Australiern um die Wette, reiße freche Zoten, die ich daheim nicht mal gedacht hätte, und schieße am Tisch den Vogel ab. Der Vogel heißt Kon, ist Psychologe und achtunddreißig. Wir sehen uns die Club-Show an und hocken um den Pool herum, die Männerrunde spendiert einen Rotwein nach dem anderen.

»Haben Sie das nicht bemerkt?« fragte mich später ein Engländer. »Die Ganoven haben Ihnen Asche in den Rotwein geschnippt, das ist ein uralter Playboytrick. Es macht happy – und wahnsinnig scharf.«

»Quatsch!« rief ich aus.

»Es muß eine chemische Reaktion stattfinden, die je nach Alkoholart auf das Gehirn wirkt.«

Irgend etwas wirkte in der Tat, und wenn es der Champagner war, mit dem mich Kon köderte; jedenfalls lande ich mit diesem halbitalienischen Psychologen, der mich am wenigsten interessiert und den ich am dreistesten fand, im Bett.

Ich trinke mit ihm die Flasche Champagner, und Kon

zieht die *dirty-fuck*-Nummer ab, *you dirty little german girl*; erklärt mir, ich sei ein *german whole* und behandelt mich am nächsten Tag wie seine Schlampe. Das war die schmutzigste Nummer meines Lebens! denke ich und flüchte in der Früh bleich aus seinem Zimmer, nicht ohne die Bereitschaft, alles humorvoll zu sehen. Beim Abendessen nennt mich Kon *chicken* und sagt am Tisch zu den anderen, nachdem ich nicht mehr mit ihm ins Bett will, laut: *She loves to suck my cock!*

Trotzdem suche ich in den nächsten Tagen die Gesellschaft dieser Känguruhs mit ihren hohlen Macho-Jokes. Sie sind die Heimat in der Fremde, bieten Schutz und Pseudo-Wärme. So muß es Nutten mit Luden gehen. Sie bewahren mich vor dem Absturz in die Einsamkeit. Die alte Lady Ann ist auch immer dabei; sie schleppen sie mit in die Disco und nennen sie *Mamsi*, was mir noch als eine gewisse Art der Fürsorge erscheint. Alle haben zu Hause ihre Ehefrauen sitzen und wollen im Urlaub nichts weiter als Weiber wechseln wie die Unterhosen – sonst nichts. Nicht einmal, obschon Akademiker alle fünf, an einem witzigen Gespräch. Darauf angesprochen, klappen sie eine Wand herunter. Kon sagt, wir Frauen verstünden nicht, daß sie nur Spaß wollten. Mehr ist aus ihnen nicht herauszubringen.

Was du Wichser kannst, kann ich schon lang, denk ich mir.

Nummer zwei ist Rick, Finanzberater, Australier. Abtanzen in der Disco. Rick ist eher zurückhaltend. Er lügt mir vor, er habe kein Zimmer im Club Med durch eine unglückselige Verwechslung, nun wisse er nicht, wo er schlafen solle. Der Arme. Ich nehme ihn mit auf mein Zimmer und spiel ihm was auf der Gitarre vor. Er ist bereit, im zweiten Zimmer meines Appartements zu schlafen, bietet aber zuvor eine Massage an. Kostenlose Massage ist immer gut, sag ich mir. Die Massage ist so gut, daß sie zum Verkehr führt. Da aber ist er frauenfreundlich, spult sein Programm ab, schläft auf meine Bitte gottlob im Nebenzimmer. In der Früh geht er cool.

So. Wer noch? *Holiday on Bali.* Wo sind die wirklich schönen Männer, die ich will? Die GO's, jawohl, die Animateure, nomen est omen – brasilianisch, indonesisch, mauritianisch.

Nummer drei Oswaldo. Ein Name wie Musik ...

Hauptorganisator des Entertainments, eitler Pfau, wunderschöner Macho. Leiht mir eine Musiccassette für die Nightshow, in der ich als einer der Gäste mitwirken soll. Ich mache mit ihm ab, sie ihm um halb sieben aufs Zimmer zu bringen, nicht wissend, daß so eine Abmachung im Club Med die Zusage für einen Vorabendessenfick bedeutet. Aufs Zimmer kommen bedeutet im Club Med, es wird eine Nummer geschoben.

Er öffnet, naß von der Dusche, mit einem weißen Handtuch um die Hüften, behaarte Brust, Goldkettchen, wirre dunkle Locken, Bilderbuch-Macho.

»Ich komme gerade vom Training ...«, sage ich.

»*Do you want to take a shower*?« sagte er und macht eine einladende Geste.

»*Oh ... too fast*«, I said, »so schnell bin ich nicht.«

Er blickt mich ausdruckslos an und zuckt die Schultern. Heute abend? Gut, heute abend, abgemacht, nach der Disco-Midnight-Show. Oswaldo entertaint, cool, souverän, professionell, muß dann noch zu einer Probe mit den anderen GO's im Theater. Ich warte eine Stunde und frage nach, was wir nun machen. Eine Viertelstunde noch, sagt er, dann holt er mich ab. Eine Stunde später schließt die Disco, ich will aufs Zimmer gehen. Da biegt er um die Ecke und kommt an die Tanzfläche.

»Wir haben bis jetzt geprobt«

»Und nun, willst du schlafen?«

»*No, we go to my room!*«

Cool. O.k., *we go.* Im Zimmer Musik an, der Leiter der Unterhaltungsabteilung geht zur Toilette und kommt mit professionellem Halbständer zurück, echt gekonnt. Hose aus, nasser Kuss, Griff an die Muschi, auf geht's, Kurzprogramm. Er steckt mir sofort den Finger rein. Dann legt er sich aufs Bett, ich soll ihm einen blasen. Das läßt er mich tun, dann Kurzfuck, alle Seiten, vorne, ohne Vorwarnung brutal hinten, ich schreie, werde heiß, seine Augen blitzen auf, wieder *shortfuck* von vorn, halb von der Seite, etwa zwei Minuten, dann kommt es ihm. Dann sagt er: »*Now use your power*!« und läßt es mich selber machen. Als ich laut stöhne, sagt er fortwährend »Pschscht!!«. Seine Freunde, die nebenan wohnen, sollen nichts über sein Privatleben wissen. Machowitz: Was ist ein Macho? Einer, der sich einen blasen läßt und dann fragt: War ich gut?

Auf meine Frage, ob das alles war, fragt er: »*Do you wanna be my girlfriend or what?* Und daß es viel, viel mehr bräuchte, bevor er auch nur einen kleinen Teil seines Gefühls hergäbe. So so. Ich versuche, hinter seine Macho-Show zu dringen, mache ein paar Ansätze. Null! Er bleibt eine sadistische Statue, gähnt und sieht durch mich hindurch. Er hat nun genug, und ich soll gehen.

In meinen wildesten Zeiten, als ich auf jeder Party einen Mann abzog, habe ich sowas nicht erlebt. Ich ziehe mich an und gehe. Er bleibt nackt auf dem Bett liegen, bringt mich nicht einmal zur Tür.

Ich bin Simons fürsorgliche Zärtlichkeit gewohnt, aber der ist jetzt nicht da. Solche Oswaldos kannte ich nur aus Geschichten. Ergo: Wenn man mit Männern sofort ins Bett geht, behandeln sie einen schlecht. Schneller Sex ist für Männer o. k., Frauen sind dann Nutten. Wie gehabt. Keine Gleichberechtigung. Ich vergaß, wir sind nicht in Deutschland. Die deutschen Männer haben viel dazugelernt in den letzten zwanzig Jahren.

Der nächste Tag war noch ärger. Pfui-Pfau Oswaldo sah mich nicht, ich war für ihn nicht vorhanden; er brachte nicht einmal einen Gruß heraus, das spätpubertäre Ungeheuer. Übrigens die ganzen nächsten Tage nicht mehr. Irgendwer muß ihm gesagt haben, daß Frauenverachtung männlich macht. Ich lernte meine Heimischen wieder schätzen.

Der, der machen läßt, bleibt Verlierer; der, der tut, siegt.

Kon war wieder dran. Ausflug nachmittags in den Tanalot Tempel. Sonnenuntergangs-Hinweis für Touristen und Rundgang im *Monkey forest* mit Dutzenden von Affen, die uns ansprangen wie Hunde, Besuch im Club-Med-Bali-

Theater und anschließend Disco. Gegen zwei Uhr leerte sich der Raum, die Australier-Gang verschwand, Kon kam wieder.

»We go to my room?«

So what. We go. Er erzählt mir die Geschichte von einer Frau, die ihm in der Ecke der Disco einen geblasen und dann erzählt hat, daß sie so eine enge Pussy hat. Vermutlich ist das als verbales Vorspiel zu sehen.

Wir gehen. Ich ahne, daß ich nicht will und nicht kann. Beides stimmt. Versuche zu küssen scheitern. Er kann es nicht mit Herz, nicht einmal mit Gefühl. Beides bleibt stumm. Rick kommt rein, geht in sein Nebenzimmer (er hat also doch eines), sieht uns beide und sagt: *»Take it easy, you 're on your hollidays!«*

Kon will wieder *dirty fuck* machen. *Dirty german whole. Tell me, what did you do to your cousin? Did you lick her pussy? Did you like to fuck with your mother (or father?)* And so on. Ich antworte brav und erfindungsreich, denke mir, so ficken also Psychologen, und muß das Lachen unterdrücken. Dann biete ich ihm eine Massage an; sofort angenommen. Kopfmassage also, wie von Simon gelernt. Der Mann schläft, gottlob, selig ein. Noch nie erlebt hat er das. Er sagt: *»That was the best fuck I ever had!«* und ich kann unbehelligt gehen. So geht es also auch.

Will lernen, frei zu tun und zu wissen, was ich will. *That's it. Bali life – high life.* Der vierte Mann in der vierten Nacht. Alle schnell, *dirty, cool, heartless.* Und wenn man sie massiert, brechen sie zusammen, werden weich und schmiegsam wie Fräuleins.

Ich hole viel nach, und es tut mir gut. Bali nimmt mich gefangen, kein Deutscher, keiner kennt mich. Disco, Ausflüge, Bar, *small talk, free love, quick love*, englische Konversation, abgehobenes *feeling*. Ich weiß jetzt, was Machos sind: verklemmte Jungfrauen. Sie können nicht raus aus sich, nichts geben; nicht, weil sie nicht wollen; sie wissen nicht, wie es geht. Keiner hat es ihnen gezeigt.

»Immer, wenn ich grenzenlos bin, bin ich ich selbst«, schreibe ich an Yanni.

»Ob *Hard working woman* oder *Queen*. Wenn Grenzen gesprengt werden, wird es gut. Neunzig Prozent der Menschen leben in Grenzen, schauen nie darüber hinaus. Wenn ich einmal sterbe, will ich alle meine Grenzen gesprengt haben. Und wenn genau das mein Tod ist.«

Ich möchte am Ende nicht sagen müssen: Mein Leben hat allen gefallen, nur mir selbst nicht.

Am fünften Tag treffe ich an der Discobar Eric, einen äußerst charmanten Menschen französischer Herkunft mit schwarzen Augen, dunkler Haut und blau-schwarzem Haar, der mir auf meine Frage, was seine Profession sei, sagt: *Love* ... Es gäbe verschiedene Grade in der Liebe, doziert er, und er sei der *Master of Love. Short Love* hasse er und bei ihm dauere es mindestens zwei Stunden. Er ist sehr schön und sehr gut gebaut. Er sagt, er wird bis zwei Uhr fünfzehn warten, dann geht er schlafen. Ich könne inzwischen die Augen schließen und entscheiden. Und wenn ich es wünsche, öffne er auch gerne mit einem weißen Handtuch, wie Oswaldo.

Es dauert eine geraume Weile, bis ich sein Zimmer finde. Er liegt auf dem Bett und ist eingenickt. Und es läuft wieder darauf hinaus, daß ich den *Master of Love* bedienen soll. Machos sind faule Weiber. Vielleicht auch Lustknaben, die Shows abziehen. Jede Show ist recht, Hauptsache, die Alte ist in der Falle. Es findet oraler Sex statt, vorwärts, rückwärts, kein Verkehr, und nachdem es ihm gekommen ist, schläft er innerhalb von dreißig Sekunden ein.

Am nächsten Tag sitzt er mit anderen Leuten am Tisch und bringt immerhin ein kurzes *»Hello«* mit Augenzwinkern heraus. Als ich später mit ihm reden will, ist er frostig wie Eis.

»Ich tu sowas grundsätzlich nicht«, sagt Anthony, der schwule Tänzer, »weil ich weiß, worauf das hinausläuft. Und das akzeptier ich nicht.«

»Wahrscheinlich hast du recht«, stimme ich zu.

»Ich bin ein Mensch«, antwortet er, »der nach Sex auch Gefühl entwickelt – und ich kann so etwas auf den Tod nicht leiden, wie die Leute hier miteinander umgehen.«

Wohl wahr, Anthony, aber nicht mein Thema in diesen Tagen. Was sagt Eric dazu?

»What do you want ...? No problem. No problem!« – er fühlt sich bedrängt und schaut abweisend drein. Seine

Augen sind tot, sein Charme ausgeknipst. Versuche, hinter die Wand aus Primitivität und Dominanz zu dringen, aus Angst vielleicht auch, sind, siehe Oswaldo, verlorene Liebesmüh.

Ich war nicht auf der Höhe der Szene. Es gibt ein Gesetz im Club Med:

Du kannst mit jedem ins Bett gehen, mit ihm Liebe machen, aber du darfst ihn nachher nicht mehr kennen. Du hast keinerlei Ansprüche zu stellen, die auf Fortsetzung des *One-night-stands* hinauslaufen. Er steht dir nur diese dreißig bis hundertundzwanzig Minuten zur Verfügung, danach ist er ungreifbar. Wie ein Gespräch an der Bar, unverbindlich, belanglos, dann geht jeder seiner Wege. Mag sein, zwei bis drei Nächte, aber *that's it*! Ich war schockiert und aus der Übung. Der Lebensstil faszinierte mich, aber so hatte ich seit Jahren nicht mehr gelebt. Ich war Simons wärmend-liebende Erotik gewohnt.

Der kostenlose Tischwein in Bali, glaube ich, war mein Verhängnis. Ich hatte ganztags einen Spiegel. In der Früh sah ich weiß und verquollen aus, war unfähig zu tun, was ich mir vorgenommen hatte, und wußte nicht mehr, wer ich war, vielmehr wußte ich es, konnte es aber nicht durchsetzen. Ich suchte körperliche Nähe, jede Nacht, jeden Tag – aber ich suchte auch Auseinandersetzung, Beieinandersein, Einanderzugewendetsein und wollte die Oberflächlichkeit nicht ertragen. Man sollte solchen Macho-Arschlöchern eine Bierflasche auf ihrem dummen Kopf zerschlagen und sagen: *You 're nothing like a piece of shit, nothing else but a cock*, du bist ein Schwanz, weiter nichts, du hast mich zu bedienen und dann *fuck off*!

Nicht die Männer sollten sich einen Harem halten – die Frauen! Solange sich die Typen verhalten wie Primaten, sind sie gut für die Arbeit und für den Sex – Drohnen: Benutzen und auf ihren Platz verweisen!

Liebe machen heißt immer noch, sich am nächsten Tag zu kennen, sich in die Arme nehmen, sich zu sagen: *I enjoyed it*, es war eine Freude mit dir, und die Nacht wunderschön. Ein bißchen Stil zeigen geht auch nach unverbindlichen Nächten. Alles andere ist nur schlechtes Benehmen und kein Sieg.

Frauenverachtung macht nicht männlich, sondern unmenschlich. Was soll Sex, der sinnlos ist wie das Rauchen, und nur die Körpersäfte entsorgt? Man hat das Gefühl hinterher, man hätte es ebensogut lassen können!

Widersprüche, free style und fehlende Tiefe

Rastlos, ruhelos, getrieben – zwischen Reception, Zimmer, Pool, Theater, Restaurant – finde ich keinen Ansatzpunkt, keine Tiefe, keinen Frieden. Nichts befriedigt mich. Das gemeinsame Essen unter fünfhundert Menschen wird mir zur Qual, keiner, den ich anspreche, versteht die Empfindung der Leere.

Wo ist das, was tiefer geht, weiter reicht, an das Innere der Seele stößt? Bin ich überall fehl am Platz in meinem Leben? Die ferngesteuerte Fröhlichkeit der Gäste nervt, die professionelle Happiness der GO's ist zweitklassig. Die schnelle Liebe in der Nacht hinterläßt so hohl, wie sie ist. Wenn einer kommt, gehe ich mit, Pseudo-Glück für ein bis zwei Stunden. Überall sitze ich unbequem, bin Außenseiter, mag mich selbst nicht mehr.

Balinesisches Tanztheater wird vorgeführt, aufgeputzt, pompös; graziöse, kunstvolle Handbewegungen, verfeinerte, kultivierte Gesten, ausdrucksvolle Mimik. Dann Live-Songs, GO's singen zu Playback, zwischen jeder Nummer kurzer Disco-Sound. Alles mittelmäßig. Jeder fühlt sich als Star und ist weit entfernt davon. Meine Toleranz gegenüber schlechter Unterhaltung ist gering. Auch im Bett.

Ich spüre mich nicht mehr, halte meine Lebenserfahrungen für dummes Zeug. Sind die meisten Menschen oberflächlich? Oder fehlt mir was? Nein, Lena, du bist im falschen Rudel, weiter nichts.

Black ist beautiful

Dann, es war am siebten Tage unter den Herren, das erste Mal ein wirklich guter *One-night-stand* mit einem Neger, der erste Farbige in meinem Leben, ein schwarzer Mann aus Mauritius, zuständig für Licht und Technik bei der Show. Michael ist so, wie ich es mir vorgestellt habe. Zuerst redet man ein bißchen an der Bar, ein gutes Gespräch, man geht ins Zimmer, ins Bett, dann noch eine halbe Stunde reden, dann Sex. Dann nochmal sprechen, rauchen, dann nochmal Sex und dann, so wie es sich gehört, streicheln, lieb und zärtlich sein, zum Zimmer zurückbringen und noch ein bißchen reden und das Gefühl, daß man auch morgen noch eine Verbindung hat. So muß es sein, denke ich; wenigstens hat es so Stil und Qualität.

Ich verbringe jede Nacht bis zwei Uhr in der Disco. Die Zeitverschiebung ist mein Komplize. Die flackernden Lichter und die heiße Musik versetzen mich in einen Trance-Zustand. Ich rauche wie besessen und trinke zuviel Alkohol, kann aber immer mehr vertragen. Mir tut jeder Beinmuskel vom Tanzen weh, aber ich fühle mich ungeheuer gut. Der Rhythmus geht mir langsam ins Blut, nimmt meinen Körper gefangen, und ich bewege mich jeden Abend besser. Die indonesischen GO's tanzen wie die Teufel, sind Motivation und Vorbild, bringen die Disco zum Sieden und die Stimmung der Menschen jeden Abend auf den Höhepunkt. Schwer genug bei saturierten Upperclass-Neureichen. Irgendwann um halb zwei in der Nacht packt mich ein javanischer Lambadatänzer, drückt mich an sich und reibt sein Becken an meinem, daß mir heiß wird. Wir bewegen uns im gleichen Rhythmus; so eine Lambada-Erfahrung habe ich noch nie gemacht. Mir verschwimmt der Raum vor den Augen, und ich fühle nur mehr den Einklang der Bewegung unserer Körper. Ich bin gierig nach Joro, einem dunkelhäutigen GO, dessen Tanzen Michael-Jackson-Format hat. Er ist größer als die anderen Männer und sehr muskulös. Und er scheint sich nicht für mich zu interessieren, was mein Verlangen zwanghaft werden läßt.

Er zieht kleine Japanerinnen auf die Tanzfläche, und es macht ihm Freude, sie mit seiner vitalen Kraft auf dem

Tanzboden durcheinanderzubringen und zu erschrecken. Sie kichern und kreischen und haben ihre Freude daran. Vielleicht soll ich aktiver werden? Ich wende mich an Ricardo, den kleinen, komödiantischen Superstar der GO-Truppe. Er glänzt jeden Abend mit charismatischen Travestie-Nummern und unterhält tagsüber die Gäste am Pool mit seinen Späßen.

»Ricardo«, sag ich, »geh zu Joro und sag ihm, daß ich auf ihn stehe!«

Er tut so, als wolle er das ausführen und antwortet: »O. k. – sag der Lady hinter dir, daß ich auf sie stehe. Frag sie, ob ihr Mann da ist, und sag ihr, daß ich mit ihr ins Bett will!«

Ich komme meiner Aufgabe nach, aber die australische Lady lacht nur und hat kein Interesse an ihm. Er ist ihr wohl auch zu schwarz, zu kindlich, zu klein.

»Ricardo«, sage ich, »was ist? Will Joro oder will er nicht? Sag!«

Ich bekomme keine Antwort. Statt dessen drückt er seine dicken schwarzen Lippen auf meinem Hals und fängt an, mich zu küssen und mir an der Haut zu saugen. Er streichelt meinen Hintern und greift mir zwischen die Backen und weicht mir nicht mehr von der Seite. Er ist zierlich und drahtig, nichts als Haut und Muskeln, und er ist so dreist und aufdringlich, daß er mich dazu bringt, mit ihm aufs Zimmer zu gehen. Ich habe das Gefühl, er könne mein Kind sein, mein Sohn. Ein dünner, schneller Körper mit einer vollen Ladung komödiantischem Selbstbewußtsein und Sicherheit.

Inzwischen war ich mutiger geworden; ich mußte mich nur ein bißchen einarbeiten. Die Neugier und das Erstauntsein über die Dinge, die Bewunderung und Begeisterung bringen das Feuer in die Seele.

Eigentlich wollte ich schlafen und am nächsten Tag mein Trekking durch die Reisfelder frisch angehen. Um zwei Uhr klopft Ricardo an der Türe, zweimal, dreimal. Ich verhalte mich still. Dann fünf Minuten Pause. Dann wieder, diesmal hämmert er dagegen, drängend, nicht nachlassend. Sollen nicht alle Umlieger wach werden, gibt es keine andere Möglichkeit, als zu öffnen. Er will, daß ihm geöffnet wird, und es muß geöffnet werden – und natürlich öffne ich. Es dauert ja nicht lang, denke ich, es dauert eine dreiviertel Stunde.

»Come to my room, we have a Whisky there and some music!«

Wir standen im dunklen Zimmer. Ich nackt. Er griff mir zwischen die Beine und sog die Luft zwischen den Zähnen ein. »Ssssss ... uuuuuhhhh!« Er schloß die Augen halb. *»Come! Come!«* In seinem Zimmer, kaum hatten wir Zigaretten und Drinks in der Hand, war er schon nackt und stand mit schlagartig hochaufgerecktem Schwanz vor mir. Ich saß auf dem Bett. Er hielt ihn mir vors Gesicht. *»Suck! Suck!«* Ich nahm ihn in den Mund und tat, wie befohlen. *»I am small, but I am a strong character!«* sagte er mit festem Blick. Wir legten uns aufs Bett. Er steckte seinen Finger in meine Möse und rieb hart meine Schamlippen, an der Grenze zum Schmerz. Er biß mich in die Brustwarzen, riß mich an den Haaren, drückte meinen Kopf wieder auf seinen Schwanz und befahl: *»Suck! Suck my cock!«* Sie wissen nicht, wie man Frauen befriedigt, aber sie wissen, wie man befiehlt. Dann drehte er mich auf den Bauch, auf alle viere. Er kroch hinter mich, befeuchtete meinen Anus kurz mit Speichel und steckte mir seinen Schwanz in den Arsch. Ein kurzes Vordringen, dann volle Länge. Ich japste. Er ließ nicht nach. Es ging nur mit Loslassen, Aufgeben, Weichmachen.

»I fuck your ass! I fuck your ass!« stieß er immer wieder halblaut hervor.

Dann zog er mich hoch. *»Come! Come!«* – ins Bad vor den Spiegel. Wieder den Schwanz in den Arsch. *»Look in the mirror«*, sagte er. Ich sah uns – ich wie die Bienenkönigin, groß, blond, mit Muskeln, er schwarz und drahtig in mir.

»Look!« sagte er. *»Like a scorpio!«*

Ein gutes Bild. Wie ein Scorpion hing er in mir und bohrte mir seinen Stachel in mein schmerzendes Fleisch.

Er drückte mich nach unten, bis ich die Handflächen flach auf dem Boden hatte, Beine gerade, Knie durchgedrückt. Gottlob sehr beweglich. Wann er kam, weiß ich nicht. All diese Männer auf Bali, wie auch viele Deutsche, geben keinen Mucks von sich, wenn sie ihren Samen ablassen. Sie stöhnen nicht, sie sagen nichts – nichts. Er zog sein Glied heraus, drehte den Wasserhahn auf und wusch sich sorgfältig ab, parfümierte sich ein. Ich dachte immer wieder an Aids, aber ich wußte, ich würde gesund wie ein Tier bleiben, weil es richtig war, was ich tat.

Zurück im Zimmer, zwang ich ihn dann genauso, mich zu lecken, seine kleine rosa Zunge kreisen zu lassen – und mich dann mit der Hand zu befriedigen. Ich sagte ihm, er solle nicht so grob sein und führte seine Finger. Er schien Sanftheit zu lernen und ich das Befehlen.

Simply the best

Ich kannte das Gefühl nicht, daß mich mein Freund, mein Liebhaber so befriedigen kann, daß alle anderen neben ihm abfallen und schwächer sind, entweder zu grob oder zu schnell sind, zu uneinfühlsam oder einfach zu stümperhaft; daß der Mann zu Hause einfach der Beste ist. Das ist in meinem Leben neu. Alle meine Partner waren keine guten Bettpartner, nur das erste halbe Jahr, dann hat mich die Sexualität mit ihnen aufgehört zu interessieren. Dieses Mal ist es anders. Ich tue hier, was ich will, und bin völlig frei. Und trotzdem sehne ich mich nach Simon, nach seinen Händen, seinem Körper, seiner Geduld, seiner Weichheit, seiner Leidenschaft, seiner Zärtlichkeit, seiner Wildheit. Er ist einfach wirklich gut.

Noch mal: Machos

Es passierte etwas Seltsames mit mir.

Je freier ich lebte, je sexuell ausufernder, desto wohler fühlte ich mich. Ich fühlte mich unabhängig, frei, stark – obwohl ich zu Handlungen gedrängt wurde, die ich oft nicht wollte, fühle ich mich besser als in der Fixierung auf *einen* Mann. Ich fühle mich am schlechtesten, wenn ich treu bin. Dann werde ich anhänglich und stelle mich auf die

Stimmung und die Lebensweise des Mannes ein. Und das bekommt mir nicht gut.

Fucking around is the way to get women free. I'am very sorry. Treue und Freiheit – es muß beides möglich sein.

All die Männer hier, brasilianische, französische, australische und mauritianische waren oft grob, macho-like. Sie reißen an den Haaren, sie fordern und sind ungerecht – aber das allein ist nichts Schlechtes. Dieses Gefühl kenne ich von Yanni – nicht sexuell, sondern in der Umgangsform. Wenn dich ein Mensch fordert, ein bißchen grausam und ein wenig grob ist, wirst du auch ein wenig grausam und ein wenig grob und aggressiv. Das tut Frauen gut – wenn sie sich herausfordern lassen. Für mich ist es eine Herausforderung, auf die ich reagiere wie ein Mann. Ich neige dazu, im Leben und in der Liebe zu sanft und zu weich zu sein, anschmiegsam und passiv – und nun fange ich an, diese Eigenschaften zu absorbieren, aufzunehmen. Ich packe wieder mehr zu. Das Gesetz der Anpassung. Sanfte bauchen Harte. Ich lasse die Dinge nicht mehr geschehen, sondern reiße sie an mich. Machos sind nichts Schlechtes, nicht die langweiligen, arroganten Machos wie Oswaldo, sondern vitale Burschen; die sind nichts Schlechtes, solange man sich ihnen nicht unterwirft und sie bewundernd anstarrt, sondern den Kampf mit ihnen und ihrer Art in sich aufnimmt und lernt, auch aggressiv und fordernd zu sein und sich die Dinge im Leben zu nehmen, die man will. Und derjenige ist der Sieger im Leben, der sich die Dinge nimmt, die er will, und das tut, was er will und entscheidet, was er tun will. Und diejenige auch. Ohne Herausforderung, ohne Katalysator war ich oft nicht in der Lage, zu *tun*. Ich brauche jemand, der vitaler ist, gröber, stärker, lebensfähiger, der mich mitreißt – und ich habe die Fähigkeit, mich mitreißen zu lassen! Dann wachen alle meine Begabungen auf, und ich fang an, gut zu werden. Ein Weib halt, ein männliches.

Was kommt aus dieser verrückten Zeit heraus?

Ob jemand im Zimmer war oder nicht, wurde nach ein paar Tagen unwichtig. Sie waren alle gleich schlecht und cool, bis auf wenige Ausnahmen. Übersättigung stellte sich ein. Ich hatte genug, den Rand voll. Ob ich trank oder nicht wurde auch unwichtig. Aber in Bali konnte ich nur besoffen schlafen.

Wo waren die Zeiten, in denen ich nach zwei Minuten einen Orgasmus bekam? Sie würden wiederkommen, wenn ich fit und wach wäre, das wußte ich.

Ein einziges Mal ging ich ohne Disco-Besuch ins Bett. Ich war körperlich am Ende und brauchte dringend Erholung. Simon schickte täglich ein Fax, in dem er ausführlich seine Sehnsucht schilderte. Meine war unterschiedlich stark. Ich traute ihm generell nicht mehr über den Weg, daß heißt, seiner Fähigkeit, den Worten Taten folgen zu lassen.

Zwei Tage liegen noch vor mir, dann erwartet mich der Horrorflug nach Deutschland, und mir graut davor. Zu Ausflügen habe ich in der Hitze keine Lust mehr, zum Vögeln auch nicht mehr, zum Sport nicht mehr. Ich mache Yoga mit, Wasser-Aerobic und nehme Massagen, aber ich will heim. Das zu Erlebende ist vollbracht, der Kulminationspunkt der letzten zwei Jahre überschritten, ich bin abgefüllt, gesättigt.

Dachte ich. Doch die folgenden drei Tage inclusive Flug bringen einen fulminanten Abschluß.

Am letzten Tag bin ich so fertig, daß ich in der Disco einschlafe. Ich lege mich auf die Polster und bin weg. Niemanden stört das. Zuvor habe ich den dritten Platz im Rock n' Roll-Wettbewerb erreicht, mit einem zwei Minuten vor Beginn optimal gewählten Partner. Ich schlafe eine Stunde in der Disco, dann stehe ich auf und will ins Bett. Mein Plastikschlüssel ist gebrochen, und ich bitte an der Reception um eine Begleitung, die mir aufsperren soll. Ein balinesischer Sicherheitsbeamter mit weißem Hemd und Dienstmütze wird mir zum Aufschließen zugeteilt. Auf dem Weg fragt er mich, fertig und verkatert, wie ich bin: *»Do you wanna make love with me ...?*

Auf einen mehr oder weniger kommt es jetzt auch nicht mehr an, denke ich, nimmst du ihn eben mit.

»O. k., come with me.«

Und das unverschämte Gefühl der völligen Freiheit stieg in mir auf. Er schließt auf, zieht sich aus, schwarzer Körper, nasse Küsse. Er kriegt ihn nicht hoch. Nach einer Weile sagt er:

»Wait here. I call my friend. You wait. My friend will come here and help to finish the work«.

Weder weiß ich die Namen der beiden, noch kann ich mich an ihre Gesichter erinnern, noch daran, ob der zweite o. k. war. Aber sie waren braun und dünn und das Gefühl der Unverschämtheit geil. Ich bin neununddreißig, sagte ich mir, kann Männer als Lustobjekte benutzen zu meiner Befriedigung und jede Nacht entscheiden, ob ich das will. Ein konservativer Mensch mag vielleicht mutmaßen, man benutzte mich, aber dazu gehören zwei. Ich brauche nicht auszusenden, daß ich will, wenn ich nicht will. Und wenn ich nicht will, kommt kein Schwein an mich hin, nicht mal der Ehemann. Mit Willenlosigkeit hat das nichts zu tun. Mit Triebhaftigkeit nur bedingt was. Aber mit Unabhängigkeit von männlichen Moralvorstellungen für Frauen viel. Die Erziehung und die Konventionen setzen überall Grenzen.

Mut, Mut, Mut! Was du auch tust oder tun willst, die Feigheit blockiert alles. Die Ängstlichkeit, die gute Erziehung, Angst vor der Meinung anderer, ihrem lächerlichem Urteil, das keine fünf Pfennig wert ist! Was muß ich mich beurteilen lassen von einer dicklichen, langweiligen Oberschicht-Frau oder einem Angestellten, der nichts erlebt hat? Ich muß nicht.

Ich kann sie aufschreiend, die Hände über dem Kopf zusammenschlagend, kreischend hinter mir lassen, fassungslos. Und nichts wird mir fehlen, nichts geschehen! Ich kann so geil leben, wie ich will, ich bin in Gottes Hand.

Bali People

Der Zauber von Bali ...

Gibt es ihn noch oder ist er verschwunden?

Meine Sehnsucht nach Entrückung, Trance, neuen Dimensionen, Eintauchen in fremde Religionen hat sich nicht erfüllt. Natürlich nicht. Ich bin fremd hier. Sie haben ihre Religion noch, die Bali People, aber sie haben sie innerhalb ihrer Familien, ihrer internen Landesbräuche, den Rest verkaufen sie für Geld an Touristen. Bali verkauft seine Seele. Ich habe die meine hier nur verliehen. Alle armen Länder beginnen, ihre Seele zu verkaufen, weil sie Geld brauchen. Für ein paar Rupiahs kriegst du ihre Kunst, ihre Tänze, ihren Sex. Der Touristen-Vandalismus hält auf der ganzen Welt Einzug.

Abends Kechak-Dance, Vorführung in der Hauptstadt Denpasar, vom Club Med organisiert, dreiundzwanzig Mark. Neben mir schreiende Babies, überall blitzlichternde Japaner. Die Flashlights sind greller als die Fackeln der Tänzer. Vielleicht sind die Tänzer in Trance, wie es im Buch beschrieben wird, vielleicht führen sie auch nur Trance für Geld vor.

Am vorletzten Tag raffte ich mich zu einem Besuch in Kuta auf. Taxi achtzehn Mark, hin und zurück inclusive eine Stunde Warten. Ein Shop neben dem anderen, kaum steigst du aus, wollen sie dir alles verkaufen, Uhren, Ledertaschen, Silberarmbänder, Ringe, Holzfiguren. Ich flüchtete in ein Lederwarengeschäft und kaufte aus Verwirrung ein Lederkostüm für zweihundertunddreißig Mark, das in Deutschland wohl achthundert gekostet hätte. Während sie die Nieten an den Verschluß machten, ging ich wieder hinaus und ließ mich auf einen Ringverkäufer ein. Sofort hatte ich drei, vier, fünf, sechs Straßenverkäufer um mich stehen. Wie Moskitos waren sie da, aus dem Nichts. Ich versuchte zu handeln, was das Zeug hielt, erstand drei Ringe für zwanzig Mark, ein Packen Lederarmbänder für acht Mark, fünfzehn Silberarmbänder für achtzehn Mark. Sie sind arme Teufel alle und schreien um die Wette.

Gewiefte Touristen gehen an ihnen vorbei und würdigen sie keines Blickes. Wenn Simon da wäre, dachte ich, er würde ihnen die Seele abhandeln für zwanzig Mark. Einem kleinen schwarzen Mädchen, das auch Lena hieß, schenkte ich zehn Mark. Daraufhin wich sie mir nicht mehr von der Seite, wollte Zöpfe flechten, Ohrringe verkaufen, Kuta zeigen. Ich flüchtete wieder, diesmal in ein Restaurant, trank eine Portion Kaffee und einen Ananassaft für zwei Mark. Im Club Med hätte das glatte zehn gekostet. Danach wieder zurück zum Club, *Pool, Sun, Singapore Sling*, eine Mixtur aus Wodka, Brandy, Rum, Gin, Saft und ein paar exotischen

Essenzen. Mein vorletzter Tag. Meine Depressionen lösten sich auf, langsam. Das undisziplinierte Chaos im Kopf auch. Ich wurde dumm und sonnenfaul.

Keine Angst vorm Fliegen – Finale furioso

Der Heimflug war eine Quälerei, schlimmer als der Hinflug, da ich nun nichts mehr zu erwarten hatte als kaltes Novemberwetter, tumbe, nicht an differenzierter Kommunikation interessierte Niederbayern und Arbeit, Arbeit. Allerdings spendierte mir das Schicksal für die erste Hälfte von Denpasar-Singapur-Karachi eine satte Flugzeitverkürzung. In Singapur, das wir nach zweieinhalb Stunden erreichten, stieg Sandro zu, ein, wie sich später herausstellte, dreißigjähriger Italiener aus Genua, einsfünfundachtzig groß, schwarze, lange Locken, schwarze Schlafaugen, braun, dünn, Mechaniker bei Motorradrennen. Er hatte eine Sonnenbrille mitgebracht, die wechselseitig Lichter funkte und unterhielt die Passagiere damit. Vor drei Wochen hätte ich ihn sehnsüchtig beobachtet und nur gedacht, daß ich auf so was stehe.

Aber Übung ist alles. Ich startete eine massive Angrabung und kam mit ihm ins Gespräch über Italien, Familien, Machos (er gab zu, einer zu sein) und unsere Berufe. Bis Karachi waren viele Sitze im hinteren Teil der Maschine frei. Mein Traum war es immer gewesen, es in der Flugzeugtoilette zu treiben. So weit wollte ich gar nicht denken, aber ein bißchen schmusen oder küssen, dachte ich mir, sollte nach Einbruch der Dunkelheit schon drin sein. Er stieg sofort auf meine Anmache ein, und zwei Stunden später lagen wir, auf vier Sitze verteilt, umschlungen ineinander und machten unsere Spiele unter der Decke, die uns die Stewardeß gegeben hatte für die Nacht. Sandro schwatzte das Blaue vom Himmel herunter: »Ich will dich in Deutschland besuchen – Lena! Im April! Da sind wir in Hockenheim, da muß ich dich sehen! *I come to your house. I stay a few days with you* ... ich will ... ich muß ... ich werde das ganz gewiß tun!« – und: »*You are so beau-*

tiful, so schön! Jeder Mann muß dich lieben, mit deinen blonden Haaren und deinen blauen Augen!« – Und so fort.

Er blickte mir mit seinen dunklen, riesigen Pupillen tief in die meinen, wie die Schlange Ka aus dem Dschungelbuch, und ich war völlig kirre. Es hätte die Sprüche gar nicht gebraucht, ich hätte mich auch so zu ihm gelegt. Aber so sind sie eben, die Italiener, wie im Bilderbuch und im Klischee. Nach einer geraumen Weile kam, was kommen mußte:

»*I wanna make love to you* – ich will dich lieben ...!«

»... ?«

Der einzige Raum im Flieger ist das Klo.

Erstaunlich, wieviel geht, wenn man sich traut. Mut ist alles. Mut, Ladies, Mut. Ihr könnt die verrücktesten Dinge tun, nur eins dürft ihr nie denken oder sagen: UNMÖGLICH. Das Wort muß aus euerem Repertoire gestrichen werden. Ab heute – für immer. Keine Angst vorm Fliegen!

Wir schlichen uns hinein, nach einer Viertelstunde hinaus, keiner hatte etwas bemerkt. Schnell und geil. Als Erlebnis unwiederbringlich.

Ab Karachi war die Maschine voll. Sandro hatte sich auf seinen Platz verzogen. Ich auf den meinen, konnte mich nicht bewegen, nicht ausstrecken, nicht schlafen. Ich legte mich vor die Toilette auf den Boden und schlief dort drei Stunden, obwohl mich die Stewardeß zweimal vertrieb. Beim dritten Mal gab sie es auf, und ich konnte wenigstens über eine Weile dösen.

Als ich in Amsterdam das Flugzeug verließ, war Sandro kurz vor mir ausgestiegen, mit müden Augen, ohne Abschied. Und als ich mich in der großen Halle nach ihm umsah, war er verschwunden, zum Flug nach Genua, ohne Gruß, ohne Adresse. Ich war traurig. Wahrscheinlich hätte ich mich doch in ihn verliebt.

Ich wankte zum Geldwechsel, bekam fünfunddreißig Gulden für mein letztes Geld und suchte die Bar, zitternd am ganzen Leib, meine Beine drohten, den Dienst zu versagen. Ich hatte zweiundzwanzig Stunden im Flugzeug gesessen. Ich bestellte mir einen Champagner für dreißig Gulden (!) und wechselte mühsam einige Sätze mit zwei deutschen Geschäftsleuten. Anschlußflug in einer Stunde. Nach dem Drink zitterte ich immer noch.

Ich schleppte mich zum Gate 62, Abflug nach München.

Plötzlich um mich bayrische Stimmen, bodenständige Menschen, Leute, die mich erkannten, mit mir sprachen, Autogramme wollten.

»Gell, Sie sind's doch?! Wir haben's uns gleich gedacht!«. Eine sagte: »Eine Verwandte von Ihnen hab ich vor zwei Jahren entbunden. Hieß auch Lustig.«

Zwei ältere Damen, um die fünfundsechzig, die aus Thailand kamen, hatten die Reise glänzend überstanden.

»Wissen Sie«, sagte die eine, »wir waren eine Clique von gleichaltrigen Frauen und haben eine Thailandrundreise gemacht. Jeden Tag Ausflüge und zum Schluß sechs Tage Badeurlaub. Es war herrlich! Der Flug? Nein, der macht mir gar nichts aus. Da setz ich mich hinein und schlaf zehn Stunden!«

Glückliches Naturell, dachte ich, und sah sie mit rotunterlaufenen Augen, am Rande der völligen Erschöpfung, staunend an. Vielleicht hatte mich das Saufen so ruiniert und das Rauchen, irgendwer hatte noch vor zwei Stunden zu mir gesagt: »Im Flugzeug dürfen Sie keinen Alkohol trinken, das hat eine verheerende Wirkung!«

Aber ohne Betäubung hätte ich diese Qual gar nicht ausgehalten!

Wie übersteh ich diese sechzig Minuten noch nach München? – war alles, was ich im Kopf hatte. Aber die Unterhaltung mit all den Bayern brachte mich durch bis zur Landung. Ich machte sogar Witze, unterhielt die Passagiere. Wer würde mich in München abholen? Mein Schwiegervater? Yanni? Oder vielleicht doch Simon?

Nonni stand am Ausgang, die Verläßlichste aller Verläßlichen, mit einem kleinen Blumenstrauß. Ich hatte immer noch die bunte Hose und das kleine, ärmellose, gelbe, bauchfreie Hemdchen an. Die Sonne Balis trug ich in mir, all die sechsundzwanzig Reisestunden, ohne Jacke, ohne Frieren, bis nach Niederbayern.

Auf der Fahrt sprachen wir über Yanni. Ich sagte, daß ich mich immer wieder nach ihm sehne, daß ich oft die Idee in mir trüge, wir würden eines Tages doch noch zusammenkommen. Aber es gäbe zuviel, was ich ihm nicht verzeihen könne.

»Wenn du nicht verzeihen kannst«, sagte sie, »dann gibt es auch keine Zukunft, keine Basis.«

»Aber Nonni«, sagte ich, »es gibt Dinge, die muß man sich nicht sagen lassen, nicht antun lassen – die ließen sich nur gutmachen, wenn der Partner eine Entwicklung macht, wenn er reift, wenn er Einsicht zeigt in die Verletzungen, die er dem anderen zugefügt hat – Reue!«

Sie schwieg.

»Ich habe meine Lehre absolviert, ich habe alles durchleben müssen, spiegelverkehrt, was ich ihm angetan habe, und ich habe ihm das auch gesagt! Von ihm kommt keine Entschuldigung, kein Verständnis, nur Härte. Er ist wohl immer noch voller Wut, weil ich ihn verlassen habe. Er kann nichts einsehen, nichts zugeben, und deshalb kann es auch nicht gut werden. Du nimmst ihn fortwährend in Schutz, weil er dein Sohn ist.«

»Nein«, sagte sie, »das ist nicht wahr. Ich verurteile sein Verhalten ebenso, aber es bleibt dabei – wenn du es nicht verzeihen kannst – und vor allem vergessen, gibt es keine Liebe mehr.«

Ich dachte mir im stillen: Bei aller Liebe, bei aller Unterstützung, aber ich muß mir von einem exzentrischen Besserwisser nicht täglich die Welt erklären lassen, bis ich kleingequasselt bin. Wahrscheinlich war ich ungerecht, aber ich sah es so. *Der eine lügt mich nieder, der andere doziert mich nieder*. Vom hellsichtigen Schandmaul zum undurchsichtigen Schlitzohr. Es ist ein harter, langer Weg zum Alpha-Tier im Rudel. Und es bleibt ein täglicher Kampf um diesen Platz. Kapitäne sind einsam. Und ich weiß nicht, wie Kapitänin sein geht. Erfolg macht auch einsam. Weit oben wird die Luft dünn.

Home, sweet home – wieder dahoam

Zu Hause angekommen, irrte ich verloren im viel zu großen Haus umher. Ich versprach Nonni, mich abends bei ihr zu melden, wußte, daß ich es nicht tun würde, und wartete auf Simon. Ich zog den für fünfzehn Dollar zollfrei erstandenen Southern Comfort heraus und begann zu trinken. Ich war todmüde und trank Whisky wie Wein. In einer Stunde war die halbe Flasche leer. Pur, ohne Cola. Erst jetzt begann der Zauber von Bali zu wirken. Mir wurde klar, welch schönen und zu verkraftenden Wahnsinn ich dort erlebt hatte, und daß ich verarbeiten würde müssen, eine ganze Zeitlang. Ich war im November, in Niederbayern, Kälte, Einsamkeit, Stumpfsinn.

Dann kam Simon. Umarmung, Begrüßung, Wiederfindung, trotzdem Abstand. Ich wußte, ich werde es ihm sagen. Ich hatte mir die Heimzahlung vorgenommen, und ich würde sie genießen. Zuviel hatte er mir angetan – auch wenn er nicht anders konnte.

»Ich war dir nicht treu« – sagte ich nach einem kurzen Wortwechsel.

»Ich sehe es dir an.«

»Ist das deine ganze Reaktion??«

Er blickte zu Boden, rauchend, wie immer.

Ich rastete aus, stand auf, ging auf und ab wie ein Tiger.

»Ist das alles, was du an Gefühl zeigen kannst??« rief ich aufgebracht.

»Bist du frigide, kalt im Herzen oder was? Es war nicht einer –« Ich baute mich vor ihm auf. »Weißt du, wie viele es waren? Neun waren es!«

Ich war nicht ganz sicher, ob ich mich verzählt hatte. »Und der letzte auf der Toilette im Flugzeug!«

Das wirkte. Ich merkte, er verlor den Boden unter den Füßen.

Ich war betrunken und grausam. Dann redeten wir und redeten. Wir kamen in die Tiefe. Er brach auf. Es ging über Rache nehmen, Selbstwertgefühl, darüber, daß er nicht aggressiv werden könne, weil er empfände, ich sei im Recht, nach diesen zwei Jahren. Ich merkte, er drehte nach innen durch, und daß das erst der Anfang sein würde von einem größeren Einbruch. Und ich wurde immer betrunkener. Er zog mich ins Bett, und ich war aggressiv wie ein Triebtäter und zwang ihn, sich hinzugeben. Er war weich wie eine Frau.

»Was ist mit dir?« murmelte er. »Du bist nicht mehr du!«

»Das macht nichts«, sagte ich, »ich bin eben anders jetzt, und jetzt will ich es dir besorgen!«

Wir trieben es hart und geil. Er verzweifelt und geil, ich aggressiv und kalt. Beide aneinander hängend, miteinander verbunden, einander liebend.

Als er mich verließ, wußte ich, ich hatte alle meine Punkte wieder zurückgewonnen; wir standen wieder gleich.

Nach weiteren zwei Stunden rief ich Jake an. Ich wollte reden mit jemand, der meine Sprache verstand, mit dem ich übers Ficken reden konnte.

Mit Yanni hatte ich telefoniert, den interessierten weder Bali-Erlebnisse, noch mein Zurückkommen. Er hatte Streitigkeiten im Studio und Schwierigkeiten mit seiner Plattenaufnahme gehabt.

»Jake«, sagte ich, »du mußt kommen, sofort. Nimm ein Taxi. Vierzig Kilometer. Das muß doch gehen!«

»Wo soll ich abends in dem Kaff ein Taxi herkriegen? Ich weiß nicht mal die Telefonnummer.«

»Stell dich nicht so an und komm jetzt sofort. Ich muß reden, ich muß jemand hierhaben, dem ich meinen Wahnsinn berichten kann, sonst drehe ich durch!«

»Ich schau, was sich machen laßt. Ich ruf zurück.«

Eine dreiviertel Stunde später stand er vor meiner Tür. Betrunken, wie ich war, hatte ich ihn vergessen und gar nicht mehr mit ihm gerechnet. Ich war glückselig, daß er da war. Inzwischen hatte ich fast die ganze Literflasche Southern Comfort geleert. Er trank den Rest, ein halbes Glas. Dann machten wir mit Bier weiter. Ich berichtete exhibitionistisch von meinen Erlebnissen. Irgendwann fiel ich in mein Lieblingsbild, auf dem der Schutzengel zwei Kinder über einen Steg führt. Das Glas zersplitterte.

Horrortrip und wie Simon das Sprechen lernt

In der Nacht begann der Horror.

Ich schreckte jede Stunde hoch, wußte in der Dunkelheit nicht, wo ich war, ob in Bali, im Flugzeug, zu Hause, in der Hölle. Ich fiel gegen Blumentöpfe, torkelte auf die Toilette, fand endlich das Licht, sah Jake im Bett

»Du ... bist ... hier??«

Ich begriff nichts mehr. Ich war auf dem Weg in eine satte Alkoholvergiftung im Verbund mit restloser Erschöpfung plus psychischer Kapitulation. Am nächsten Mittag oder Vormittag ließ sich Jake von einem Freund heimfahren. Aufgabe erfüllt. Beni war bei Freunden zu Besuch. Ich war mir selbst überlassen. Die folgenden zwei Tage verbrachte ich zitternd im Bett.

Simon kam jeden Tag für ein bis zwei Stunden. Am zweiten Tag hatte ich mich nachmittags aufgerafft, um Stoff zu holen, im Weinlokal. Ich blieb mit fünf Niederbayern bei zwei Glas Wein hängen, die mich zwei Stunden vor weiterem inneren Horror schützten. Ich ließ Simon zu Hause warten. Er war mir egal. Als ich nach Hause kam, lag mein Bali-Tagebuch aufgeschlagen im Flur, daneben eine Notiz: *Bin am Wasserfall, wenn du mich sehen willst.*

O je, dachte ich, wenn er diese Aufzeichnungen gesehen hat, das könnte das Ende sein. Ich sah mich um. Seine Turnschuhe lagen in der Ecke. Also mußte er da sein. Ich ging ins Schlafzimmer. Er lag auf dem Bett. Ein Gefühl der Liebe und der Wärme durchflutete mich. Ich weckte ihn auf.

»Du bist ja noch da?«

»Wo warst du?« Er sah mich verzweifelt an.

»Im Weinlokal.«

»Bitte trink nichts mehr. Bitte, bitte trink nichts mehr!«

»Ja«, sagte ich. »Ich weiß. Aber ich muß langsam runterkommen.«

Wieder redeten wir. Wieder redeten wir gut. Wir redeten philosophisch, weise, tief. Wir liebten uns auch gut. Dann weinte er. Eine halbe Stunde weinte er in meinen Armen. Endlich, endlich, endlich eine Reaktion! Ich hielt ihn, drückte ihn, streichelte ihn, war glücklich.

»So wie du hat mich noch keiner gesehen, keiner, keiner! Es ist mir nicht recht. Es ist mir peinlich.«

»Nein«, sagte ich, »es ist gut. Es ist sehr gut. Endlich kommst du raus aus dir.«

Die folgenden zwei Tage veränderte er sich zusehends. Er sagte, so eine Lehre habe er noch nie bekommen, es sei seine härteste Prüfung gewesen. Genau in dem Augenblick, als er beschlossen hatte, bedingungsloses Vertrauen in mich, in uns zu setzen, sei dieser Nackenschlag gekommen. Er habe gehen wollen, sagte er, gleich nach meiner Eröffnung. Nur der Satz von mir habe ihn gehalten: »Ja, ja, jetzt gehst du wohl. Wenn man es mit euch Männern auch so macht, seid ihr beleidigt und geht!«

Er habe sich zwar vorstellen können, sagte er, daß er mir weh getan habe, und er habe auch selbst äußerst ungute Zustände erlebt, aber all das sei in keiner Weise vergleichbar mit dem, was er jetzt durchmache. Seine Vorstellung sei immer gewesen, daß Sex bei Frauen doch irgendwie etwas mit Gefühl zu tun haben müsse, nie aber, daß es so kalt abgehen könne.

Gut, dachte ich mir immer wieder, gut. Manchmal braucht es brachiale Handlungen.

Auferstehung

Am vierten Tag war die Hölle durchwandert. Abends holte ich meinen Sohn, machte mit Simon einen Spaziergang und konnte wieder ohne Schlaftabletten schlafen. Dann rief mich Yanni an, wollte geschäftliche Dinge besprechen. Montag, sagte ich, jetzt noch nicht. Dann die Eröffnung.

»Du sagtest vorgestern am Telefon, wir werden wieder zusammenkommen, irgendwann. Das wird nicht gehen. – Resa bekommt ein Kind.«

Ich glaubte, Genugtuung aus seinen Worten zu hören. Der Satz hatte eine Hammerwirkung. Schlimmer konnte es eigentlich jetzt nicht mehr werden. Trotz allem – ich spürte Erlösung. Die gemeinsame Biographie war zu Ende. Es war entschieden. Ich würde mich nicht mehr sehnen müssen und nichts mehr zu entscheiden haben, das Schicksal hatte gesprochen. Oder Resa, mit Absicht. Keiner weiß es.

Am Totensonntag wurde unsere Liebe lebendig

»Am Sonntag will ich ganz lange mit dir zusammen sein. Und wir werden alles bereden, alle Fragen für die Zukunft klären.«

Um halb eins rief Simon an. Er wolle gleich kommen, so schnell wie möglich. Wie ein Reh spurtete ich die Treppen hinauf, hinunter, machte mir eine Riesenschüssel Salat und eine Hafersuppe und schaufelte in mich hinein, legte Simon einen Zittel an den Eingang *Ich liebe dich*. Dann sah ich meine Notizen durch und entwarf ein Konzept für eine neue LP.

Als er kam, kauerten wir uns kurz zusammen, schoben uns ineinander und waren selig. Dann ging er, um ein Buch zu lesen, und ich, um meine Titelvorschläge für die LP zu sammeln. Den restlichen Nachmittag verbrachten wir im Bett. Zum ersten Mal wieder als die, die wir vor meiner Reise gewesen waren. Einfühlsam, zärtlich, hocherregt und mit viel Genuß und Zeit. Mein großes Wohnzimmer, das hatte ich erst vormittags festgestellt, war seit dem Einbau der neuen Heizung und verschiedenen Raumtemperaturfühlern zum ersten Mal seit den fast drei Jahren, die ich hier wohnte, wohlig warm. Wir machten uns ein Tablett voller Essen und einen starken Kaffee und setzen uns im warmen, großen Zimmer mit dem beschützenden Gewölbe zusammen und redeten und redeten. Die Harmonie der Schwingungen verband uns immer mehr, der Glaube an unsere Liebe und unser gemeinsames Leben verstärkte sich. Wie so oft in den letzten Tagen hatte ich das Gefühl, es ist zu schaffen, es geht, es kann etwas Großes, Aufbauendes, Zusammenwirkendes entstehen aus dieser Liebe. Das Warten hat sich gelohnt, das Leiden hat sich gelohnt, der Zusammenbruch und die fast tödliche Krise haben sich gelohnt.

Die Liebe siegt immer. Aber sie will erlitten werden, und bevor sie einen reich beschenkt, stellt sie die härtesten Prüfungen. Ich habe zwei Jahre auf den Mann gewartet, den ich liebe, ich habe ihn verdammt und niedergemacht, mein Kopf wollte ihn verlassen, so viele Male, aber mein Herz und meine Intuition waren stärker.

Und plötzlich geht die Saat auf, und Simon spricht, Simon versteht, Simon wird weiser als ich, Simon reift, holt nach. Wie die Keime aus der Erde hervorbrechen, so war der Mann da. Und Bali war die Sprengung, die den Keim aus dem Boden geschoben hat. Meine völlige Freiheit hat das Zueinanderfinden gebracht.

Tue, was du willst – und du wirst frei sein.

Mut heißt das Schlüsselwort – *Mut* und *Zuversicht*. Das Leben geht immer weiter und zeigt dir den Weg, auch wenn du ihn oft nicht verstehen kannst. Ich liebe Simon abgöttisch. Ich werde ihn alt lieben, mit Falten, ich werde ihn mit Muskeln bepackt lieben und ohne, ich werde ihn lieben als meinen Ehemann, meine Zwillingsseele, bis zum Tode. Denn er hat mich zu mir gebracht, zur Liebe.

»In Ewigkeit, Amen! Und wenn sie nicht gestorben sind, dann leben sie noch heute ...!«

Torak verschränkte seine kleinen Arme und sah mich mit seinem schalkhaften Lächeln belustigt an. »Ich gehe davon aus, Verehrte, daß es nicht bei diesem segensreichen Zustand blieb?«

»Nein, natürlich nicht«, sagte ich knapp und etwas reserviert.

»Das war zu erwarten ...«

Er lehnte sich in der Couch zurück, nickte und lachte vor sich hin.

»Da haben Sie sich ein schönes Stück Frauen-Freiheit genehmigt, in Bali ...!«

Er sah mich forschend an. »Aber ist es nicht tatsächlich so, daß Sie sich nach wie vor gefangen fühlten in Ihrem Körper? Daß er, auch wenn er sich jede sogenannte Freiheit nahm, Ihnen doch zu eng blieb, zu begrenzt, weil es letztlich nicht die Freiheit war, die Sie suchten?«

Dem mußte ich zustimmen. »In der Tat. Ich habe mich,

auch früher schon, mit vielen Gegenübern vereinigt, besser: bekörpert, aber es bleibt ja doch jeder für sich alleine. Man kann sich nicht vor einem ungelösten Problem davonvögeln.«

»Nicht mit Alkohol ... Maßstab ist, wie Sie sich fühlen mit sich. Nehmen Sie sich diese Freiheit ohne Alkohol, dann ist es gut.«

Torak hob seine Teetasse und nippte vorsichtig. Dann lehnte er sich wieder entspannt zurück und sah mich aufmerksam an.

»Sie haben alle kein Niveau, diese Männer«, sagte ich. »Auch in Deutschland nicht. Sobald sie mit mir im Bett waren, meinen sie, sie wären nun etwas Besonderes und ich nicht mehr. Sie spüren ihre Begrenzungen nicht mehr und werden größenwahnsinnig.«

Torak wiegte nachdenklich den Kopf. »Ja, Gnädigste, Sie müssen sorgfältig auswählen ... In Bali haben Sie sich einen kurzfristigen Befreiungsschlag geleistet, der nicht von längerer Dauer war; denn kaum sind Sie dem Bali-Wahnsinn entronnen, geht die alte Leier wieder los ...«

»Aber Torak, was sollte ich denn tun?«

»Lernen, Ihren Wahrnehmungen zu vertrauen und zu ihnen zu stehen. Sie traten lang auf der Stelle, Verehrte. Offenbar muß Ihnen diese Stelle gefallen haben, oder Sie hatten den Mut nicht, sie zu verlassen und in neue Gefilde zu wandern. Lernen Sie, nüchtern zu genießen! Steigern Sie sich zur Ekstase hin.

Nehmen Sie sich das Leben ...«

»Wie bitte ...??«

»Nehmen Sie sich das Leben, wie ein Mann sich eine Frau nimmt. Bekennen Sie sich zu Ihrer nüchternen Kraft. Haben Sie Selbstvertrauen, Gnädigste, Selbstvertrauen ...!«

Ich sah mißmutig vor mich hin und erinnerte mich an ein Ereignis vor Jahren, wo ich mich auch vor der Konfrontation davongestohlen beziehungsweise -getrunken hatte. Weil ich mich in eine Unmöglichkeit hineingeleichtsinnt hatte, die sich mir erst in der Intimität des Hotelzimmers als solche offenbarte. Ich nahm einen jungen Mann mit auf eine Reise, mit dem ich nicht intim werden wollte. Unter Alkohol kam es dann doch dazu. Der Junge wähnte sich als guter

Liebhaber und hatte entsetzliche Schweißfüße. Ich erzählte es Torak. Er lachte.

»Sie haben sich diese höfliche Offenheit so angewöhnt, daß Sie nicht wissen, wie man Grenzen setzt, sich abgrenzt. Das aber gehört zur Persönlichkeitsbildung ... Freundliche Distanz lernen geht nicht mit Alkohol. Das ständige Nähe-Suchen, Verehrte, ist eine absolute Sackgasse.«

Ich fand das ungerecht. »Aber warum verlieren Männer den Respekt, wenn man sich ihnen hingibt? Vertragen sie Hingabe nicht?«

Er schüttelte den Kopf.

»Das ist nicht spezifisch männlich. Jeder Mensch reagiert auf eine ihm offerierte Unterwürfigkeit ähnlich, mit Abstufungen selbstverständlich. Wie verhalten Sie sich, wenn sich jemand Ihnen gegenüber so verhält? Sie riechen sofort, daß Sie die Stärkere sind, und versuchen, die Beziehung und die Kommunikation zu steuern, und das fließt zunehmend in alle Unternehmungen und Diskussionen.«

Torak machte eine kleine Pause. Dann sagte er: »Und das ist Gesetz: Mit Alkohol können Sie niemals die Stärkere sein!

Die Menschen verlieren den Respekt und Sie werden schwach; Sie sind nie auf der Höhe Ihrer eigentlichen Intellektualität und Ihrer körperlichen Spannkraft. Sie verlieren Seelensubstanz und müssen sie über lange Monate mühsam wieder aufbauen. So lustig es im Moment auch sein mag.«

Wir sagten eine Weile nichts.

»Aber die Erlebnisse in Bali hätte ich mich ohne Alkohol niemals zu erleben getraut!«

»Was Sie nüchtern nicht können, zählt nicht. Es bringt Ihnen nur eine Pseudo-Freiheit und geliehene Kraft. Irgendwann steht die Frage an: Was traust du dich nüchtern, ohne den Rausch?«

»Sie unterschätzen die entfesselnde, amoralische Sprengkraft des Alkohols! – Ich bin oft zu weich und anhänglich.«

»Das macht nichts, jedoch muß diese Weichheit bewußt und aktiv sein, nicht reaktiv, passiv zerfließend, und sich im Strom der Ereignisse treiben lassend. Darin liegt eine große Gefahr.«

»Mit Simon habe ich mich treiben lassen, vollkommen nüchtern, bis ich aufgegeben habe und …«

Torak unterbrach mich: »Ja – aber da sind wir beim Punkt: Gerade, wenn Sie zum Aufgeben neigen, müssen Sie durch das Nadelöhr der Weiterentwicklung gehen! Sie können sich nicht davonsaufen und – wie Sie so treffend bemerkten – davonvögeln auch nicht, Verehrte.«

»Doch, manchmal schon!« warf ich ein. »Das geht so:

Das erste Glas: *Das Denken wird müde, verschwimmt.*

Das zweite Glas: *Es ist alles nicht mehr so wichtig.*

Das dritte Glas: *Mama Vino nimmt mich in ihre großen, weichen Arme, beruhigt mich und hüllt mich ein. Ich bin geborgen.*«

Torak zog die Augenbrauen hoch. »Für einige Stunden ja. Die bezahlen Sie mit dem ganzen nächsten Tag, vielleicht noch mit dem folgenden, bis Sie wieder ganz obenauf sind. Das Verhältnis steht somit eins zu sieben, mindestens. Ein Siebtel Wohlgefühl und der Rest Mißbehagen. Wenn Sie den Preis zahlen wollen …?«

»Das vierte Glas: *Ich nehme die Umwelt verschwommen wahr, sie wird unwichtig, rückt weiter weg und berührt mich nicht mehr so.*«

»Sie lassen sich nicht mehr so berühren, meine Liebe, können nicht mehr direkt erreicht werden. Bis zum nächsten Morgen. Da kommt alles mit doppelter, dreifacher Wucht auf Sie zurück. Gott Dionysos fordert seinen Tribut.«

»Ich weiß – und trotzdem tue ich es …!«

»Der Mensch hat die fatale Eigenschaft, ziemlich unbelehrbar zu sein. Deswegen lernt er nur durch das Leid. Sie können wählen.«

»Ich habe keine Wahl. Ich bin labil, und es treibt mich.«

»Dann machen Sie weiter. Das Leid wird größer und größer, bis es Sie zwingt, zu erkennen – und das Erkennen in Handeln umzusetzen. Entweder Sie trainieren sich freiwillig oder Sie werden gezwungen. Das Schicksal will immer Ihr Bestes … – aber wahrhaftig zu sich selbst stehen können Sie nur vollkommen nüchtern!«

Anfang Dezember kam Simons Kind zur Welt – ein Sohn. Ich erfuhr das Ereignis per Telefon. Er versuchte, es mir gegenüber zu verharmlosen und runterzuspielen.

»Wie war es?«

»Na ja, wie es halt ist. Ich war ja schon mal dabei bei einer Geburt. Gott sei Dank ist alles in Ordnung.«

Mehr erfuhr ich nicht.

Der Rest spielte sich in wilden Turbulenzen in meinem Kopf ab. Alle Bilder von Benis Geburt stiegen in mir hoch, ich sah Yanni vor mir, wie er geweint hatte vor Glück und den Arzt abküßte, was diesem zuvor noch nie widerfahren war. Ich sah, wie er meine Hand hielt, wie er vor Stolz fast platzte, als er seinen nackten Sproß in den Händen hielt, ich sah seine Rührung, das ganze überwältigende Ausmaß dieses elementaren Ereignisses im Geiste vor mir, dieses Ereignisses, das Mann und Frau auf ewig zusammenschmiedet – und klammerte mich dabei an den Telefonhörer und an jedes Wort von Simon, der versuchte, meinen Bildern Farbe und Kraft zu nehmen. Warum ausgerechnet ein Sohn? Warum, um Himmels Willen, Gott, der Gerechte, warum auch das noch? Auf einen Sohn würde er seine ganze, nicht erhaltene Liebe projizieren, mit diesem Sohn alle Abwertung kompensieren, die ihm vom Vater widerfahren war.

Er wiegelte ab, tat, als sei trotz all dem nichts endgültig, um mich nicht zu verlieren – und ich blieb. Ich drängte ihn unaufhörlich, sich endlich zu bekennen zu seiner neuen Familie. Er blieb stur. Er müsse ihr jetzt beistehen, sagte er, aber in absehbarer Zeit sei er wieder bei mir. – Und also bestand ich darauf, daß das aber dann umgehend sein müsse.

»Wenn du dich an dein Kind gewöhnt hast, wenn du es zu lieben beginnst, ist es vorbei.«

»Ich weiß«, sagte er.

Wir arbeiteten wie ein perfekt funktionierender Reißverschluß, um den Fortgang des Dramas zu sichern – wie eine Illusionsnummer, er der Magier und ich seine Assistentin. Tatsächlich kam er drei Wochen nach der Geburt zu mir!

Und blieb.

Er blieb mehrere Monate ... *Fünf lange gemeinsame Monate* ... Bis Mai.

Und als wir gemeinsam nach Korfu fliegen wollten, mit Beni, um unsere neue, erstmalige Gemeinsamkeit zu stabilisieren, flog er nicht mit. Der dritte gemeinsame Urlaub, der nicht stattfand.

Ich saß im Flugzeug allein mit meinem Sohn.

Und als ich zurückkam, hatte er all seine Sachen gepackt und war wieder ausgezogen. Er holte mich vom Flughafen und setzte mich zu Hause ab. Dann fuhr er.

»Ich komme in einer Stunde wieder ...«, sagte er – und blieb weg.

Und als ich in sein Zimmer ging, gähnte mir der leere Schrank entgegen, kleiderlos und hämisch.

Torak lächelte.

»Es ist spät geworden. Und ich glaube, es ist genug für heute. Lassen Sie uns schlafen gehen ...«

»Wollen Sie keinen Wein mehr?«

»Vielen Dank, das ist sehr freundlich von Ihnen; morgen abend vielleicht. Ich werde tagsüber einige Arbeit erledigen, die ich mir mitgebracht habe; ich denke, daß Sie auch Ihren Tagesgeschäften nachgehen wollen. Ich schlage vor, wir treffen uns gegen fünf Uhr nachmittags. Das ist eine gute englische Zeit, nicht wahr.«

Ich zeigte Torak das Gästezimmer und wünschte ihm eine gute Nacht.

»Denken Sie heute nichts mehr, wenn es geht. Lassen Sie Träume kommen und gehen ... Dann haben Sie morgen einen frischen Kopf. Gute Nacht, meine Liebe. Schlafen Sie gut!«

Er küßte mich auf die Wange und ging in sein Zimmer.

Ich trug noch das Teegeschirr in die Küche und spülte die Teller ab, dann ging ich auch zu Bett. Ich konnte nicht genau sagen, was sich verändert hatte, aber ich fühlte mich *aufgeräumter*, in exakt diesem Sinne des Wortes.

Den nächsten Tag verbrachte ich im Büro, beantwortete Briefe, ging mit der Sekretärin die Post durch und führte verschiedene Telefonate. Allerdings fiel es mir schwer, mich auf die Arbeit zu konzentrieren. Torak bekam ich den ganzen Tag nicht zu Gesicht. Morgens lag ein kleiner Zettel in der

Küche: ›*Bin spazieren gegangen. Guten Morgen, Verehrte. Haben Sie gut geschlafen?*‹

Mittags lag eine kleine Blume am Eßtisch, auch diesmal mit einer kurzen Notiz, er sei zum Mittagessen gefahren. Womit? Nachmittags wieder eine Nachricht. ›*Ich arbeite. Wir sehen uns um siebzehn Uhr. Bis dann ...*‹

Durch die Hölle

Nicht, weil es schwer ist,
wagen wir etwas nicht.
Sondern weil wir es nicht wagen,
ist es schwer.

Seneca

Simon zog ein, aus, ein, aus. Wie ein Bienenschlag war mein Daheim.

Simon wußte immer weniger, wohin er gehören wollte oder sollte und fühlte sich darüber immer zerrissener und heimatloser. Seine Frau verdichtete ihre Liebe auf das Baby und versuchte zu verdrängen – und ich stand ohnmächtig vor dem Durcheinander. Im Sommer hab ich dann zum Yanni gesagt: »Ich kann nicht mehr. Bitte kommt zu mir.«

Und weil der Yanni ein Mann der Tat ist und nicht lang fragt, sondern *Nein* oder *Ja* sagt und dann postwendend und verbindlich handelt, war er innerhalb von zwei Wochen mit der hochschwangeren Teresa, deren Tochter aus erster Ehe und seinem gesamten Hausstand da: Sie richteten sich häuslich und auf lange Sicht ein, samt ordentlichem Mietvertrag, und ich versuchte, es auszuhalten. Im Juli kam das Baby auf die Welt, und natürlich trat ein, was vorauszusehen war: Wir hatten uns alle übernommen! Alte Beziehungsmuster zwischen Yanni und mir kamen hoch, ich hatte Sehnsucht nach Simon und dabei dauernd die neue heilige Familie von Yanni vor Augen, der glaubte, für zwei Frauen zuständig sein zu müssen, und versuchte, die Verantwortung als Leitwolf zu übernehmen, und Resa war überempfindlich und baby-labil. Es war ein einziges Durcheinander.

Und als dann irgendwann mein Wohnzimmer voll mit Resas Freunden war, brannte mir die Sicherung durch, und ich bat sie am nächsten Morgen weinend, mir zu verzeihen, aber bitte wieder in ihr eigenes Haus zu gehen, das wär das Beste für sie und mich. Inzwischen hatte mich auch Simon wieder mit seinem Gesülze weichgekocht. Woher wir immer wieder von neuem den festen Glauben an eine Lebensgemeinschaft nahmen – beide! –, weiß ich nicht.

»Wenn wir jetzt gehen, bist du dann da?!« Yanni sah Simon bestimmt und fest in die Augen.

»Wir gehen hier nur weg, wenn du diese Aufgabe übernimmst, wie versprochen. Die Lena ist zu angeschlagen, als daß sie jetzt selbst auf die Beine kommt! Wenn dir die Schuhe zu groß sind, dann mußt du das halt sagen!«

Simon rastete aus. Schuhe zu groß ...?! Er fühlte sich beleidigt ... und herausgefordert.

»Red doch nicht so eine Scheiße ...!« rief er laut und hohl. Natürlich hatte Yanni recht.

Am nächsten Tag waren sie weg. Ebenfalls weinend. Und ich habe mich wie ein Schwein gefühlt. Ein orientierungsloses, dummes.

Simon kam wirklich zum Da-Sein. Er saß mir gegenüber und ich sagte: »Wenn du hierbleiben willst, dann rufst du jetzt und hier deine Frau an und sagst ihr das. Du fährst jetzt nicht weg, sondern du sagst ihr das sofort – von hier aus!«

Und dieser dumme Bub, der noch naiver ist als ich, wählt die Telefonnummer und sagt wortwörtlich: »Hier ist Simon. Ich bin jetzt bei der Lena. Und ich bleib hier, weil ich sie liebe.«

So, wie wenn einer sagt: ›Die zehn Ehejahre waren schön, aber ich geh jetzt weg.‹ Oder: ›Wie geht's Ihnen so? Übrigens, Ihr Bruder ist tot.‹ Oder so.

Ich hatte kein Gefühl mehr für Unmenschlichkeit, ich wollte nur mehr Ruhe. Und Simon. Oder nie wieder Simon. Er legte auf.

Es klingelte. Vor der Tür stand mein Schwiegervater. »Ich hab irgendwie das Gefühl, ich sollte nach dir schauen ... Ist alles in Ordnung?«

»Ja«, sagte ich, »Simon ist wieder da.«

Mein Schwiegervater sah mich wortlos an. Noch vor ein paar Wochen hatte ich ihn gebeten, Simon um jeden Preis von mir fernzuhalten, notfalls mit der Polizei oder mit Gewalt, jedenfalls unter allen Umständen, und ihm zu vermitteln, daß ich am Ende war und daß er, wenn er einen Rest von Verantwortung habe, endlich die Finger von mir lassen und sich aus meinem Leben entfernen solle. Mein Schwiegervater willigte ein. Nach dem Gespräch mit Simon sagte er: »Er hat sich kein einziges Mal nach deinem Befinden erkundigt, er hat die ganze Zeit nur von sich geredet und davon, wie schlecht es ihm geht.«

Und jetzt mußte er mitansehen, daß alles umsonst gewesen war. Nach drei Monaten Trennung, wieder einmal. Gegen mich konnte er schlecht die Polizei einsetzen. Er hielt sich raus.

Dann klingelte es noch einmal.

Simon ging, um die Tür zu öffnen. Britta stand vor ihm – mit einem Revolver! Sie hielt ihn auf Simon gerichtet und schrie: »Du Schwein, du mieses Schwein! Weißt du überhaupt, was du mir antust? Das wirst du büßen!«

Simon war totenblaß. Er entwand ihr geschickt die Waffe und sah, daß sie nicht geladen war. Für einen Schock hatte es gereicht. Britta war außer sich.

»Weißt du, was der mir alles gesagt hat in diesen Monaten, seitdem er wieder bei mir war?? Weißt du, was der alles versprochen hat?! Aber das ist ja alles scheißegal jetzt. Von mir aus kannst du ihn haben. Ich will ihn nicht mehr!«

Sie drehte sich abrupt um und wollte gehen. Ich packte sie am Arm. Sie war so zierlich, so leicht zu halten ... Wahrscheinlich hätte ich sie gern gehabt, ohne Simon.

»Britta, ... bleib hier jetzt! Laß uns endlich zu dritt reden! Vielleicht kommt die Chance nie wieder!«

Es gelang mir, sie zum Bleiben zu bewegen. Mein Schwiegervater sagte: »Na, dann fahr ich jetzt. Das müßt ihr ja wohl unter euch ausmachen.«

Es kam nicht viel heraus. Nach einer halben Stunde stand Britta auf und sagte zu mir: »Dir wünsch ich Glück, weil ich seh, wie arm du dran bist, und daß es dir mies geht. Aber dem da nicht! Und jetzt fahr ich heim und trink eine Flasche Sekt auf meine Freiheit! Ciao!!«

Wir saßen belämmert da. Ich im Bademantel, mit Kamillentee. Alles war falsch. Nichts stimmte in unserem Leben.

Simon hatte zum Gespräch kaum etwas beigetragen. Was sollte er auch sagen? Er wußte, daß er sich unmöglich verhielt, und sah sich nach wie vor nicht in der Lage, einen Ausweg aus diesem Dilemma zu finden. Er liebte uns beide, jede auf eine andere Art.

Keiner von uns dreien fand aus der *Menage a trois* heraus. Britta haßte mich, weil sie der Meinung war, ich sollte die Affaire einfach beenden können, und ich haßte sie, weil sie Simon nicht endlich aus ihre Klauen ließ, wenn er doch gehen wollte; weil das Kind ihr Uhu war, mit dem sie ihre Ehe zu kitten versucht hatte, mit dem urältesten aller Bauerntricks. Nichts klebt besser. Ich fand das ebenfalls unverantwortlich und kurzsichtig.

Und Simon haßte sich selbst, weil er nicht wußte, wie und wohin; und weil keine Entscheidung ihm als die eindeutig richtige erschien. In einer anderen Kultur hätten wir uns alle drei unter einem Dach vereinen und einen Hausstand gründen können, aber nicht in Niederbayern. Und nicht mit Britta und Simon. Am ehesten noch mit mir. Ich war so weit, daß ich jede Lebensform ausprobiert hätte, nur um des Seelenfriedens willen. Aber ich hatte zwei Familien gegen mich, die von Simon und die von Britta; dazu meine Verwandten und Freunde und selbstverständlich die ländliche Bevölkerung, die, soweit sie von der Geschichte wußte, eindeutig auf Seiten der Tradition stand – natürlich. Mit einem anderen Simon wäre das kein Problem gewesen, sich gegen den Wind zu stellen, aber mit diesem niederbayrischen schon. Und ich hatte es ja von Anfang an gewußt: *Der geht da nie weg!*

Der Weg zur Wahrheit führt durch die Hölle

Dieses Mal ging es vier Wochen gut. Vier Wochen war immer die Zeitspanne, die er ohne Schwierigkeiten verkraften konnte und vom Aufwind seiner Entschlußkraft getragen wurde. Danach bekam er wieder sein langes, blutleeres Gesicht. Er war wie ein Mensch, der ein ums andre Mal gegen eine Wand anrennt und auch nach dem fünften Mal darüber erstaunt ist, daß diese schmerzhaften Widerstand bietet. Er war unbelehrbar. Ich auch.

Ich hielt lange Plädoyers über Entscheidung und Konsequenz, über die Notwendigkeit des Durchhaltens an sich, über Charakterreifung dadurch, daß man zu einer Sache – zu einem Menschen vor allem – steht; darüber, daß man sich nicht entwickelt, wenn man auf der Stelle tritt und sich keinen Schmerzen aussetzen will und nicht in der Lage ist, sich aus überkommenen Strukturen zu lösen.

Die letzte Aussprache hatten wir am Waldrand. Wir saßen im Gras, die Frühlingssonne schien auf unsere Gesichter, die vergrämt und grau vor sich hinblickten. Er befand sich bereits wieder in diesem eigenartigen Zustand, seinem Totstellreflex, der einsetzte, wenn er sich überfordert fühlte. Ich sah ihn an, und es war klar, daß er auch diesmal gehen würde, und daß ihn auch diesmal nichts aufhalten konnte. Und ich wußte auch, daß er wiederkommen würde.

Und ich konnte nichts tun. *Ertragen oder beenden.*

Mein vierzigster Geburtstag stand ins Haus, ein großes Fest, zu dem sechzig Personen geladen waren, alle, die mir in meinem Leben etwas bedeutet hatten. Und ich fand es gemein, daß er mich einen Tag vor diesem Geburtstag verließ. Er nahm seine wenigen Kleidungsstücke und zog in ein Hotel, da er dies für das beste hielt. Das Wohnen sollte ihm eine Pufferzone schaffen, einen Freiraum, in dem er Luft holen konnte. Und im Hotel glaubte er die nötige Einsamkeit für klärende Gedanken zu finden.

Der Geburtstag nahte. Mir graute vor diesem Datum, deshalb wollte ich es feiern, begehen, und möglichst aufwendig. Ab vierzig kann man sich keine Ausflüchte mehr leisten, fand ich. Lebensbemeisterung stand an, mein Leben schien mich zu fragen:

Und? Was hast du aus mir gemacht? Bist du so standfest, wie man es von einer Frau dieses Alters erwarten kann? Hast du deine Umstände im Griff? Führst du dein Leben gut? Lenkst du deine Geschicke?

Ich lenkte nicht. Ich versuchte zu lenken, aber das Fahrzeug, das ich lenken wollte, war ein Mann, der sich der Führung entzog, und die Vernunft, mit der ich lenkte, richtete sich auf das falsche Objekt. Das durchgestandene Leid und dessen Ergebnislosigkeit band mich an ihn; ich wartete auf Erfolg, auf Belohnung, auf einen guten Ausgang der Dinge, damit ich sagen konnte: *Wenigstens dafür hat sich das alles gelohnt!* – Warten auf Godot.

»Vögel haben Lenkfedern«, hatte mir Simon einmal erzählt, »das sind drei bis vier Federn, mit denen sie ihr Ziel ansteuern; wenn die weg sind, können sie nurmehr in *eine* Richtung fliegen!«

»Genau. Und die hast du mir ausgerupft, du Vogelvernichter!«

Wir lachten damals über diese Idee, die in einem unserer schönen Momente geboren wurde.

Das Fest kam.

Ich glaube, es waren über siebzig Menschen, die erschienen, mit Unmengen von Geschenken und Gratulationskarten mit guten Wünschen, die ganze Skala von liebevoll, rührend, spaßig und einfallsreich, über respektlos bis hin zu geschmacklos, wie: So alt, wie du aussiehst, wirst du eh nie! Es sollte witzig sein, ironisch für die Frau Komikerin, traf aber meinen Humor in meiner Situation nicht besonders. Obwohl ich an diesem Tag sehr gut aussah, nicht nur ›für mein Alter‹; ich sah schlank aus, frisch – und niemand hätte vermutet, daß es mir nicht gut ging – bis auf die Eingeweihten.

Ab sechs Uhr abends läutete die Hausglocke alle zwei Minuten, und ich mußte Glückwunsch über Glückwunsch über mich ergehen lassen, und immer wieder bekam ich ein schönes Geschenk in die Hand gedrückt. Ich wurde ganz wirr, kreiselte um mich selbst und hörte mich stereotype Danksagungen absondern. Es war alles ein bißchen zuviel, aber es wurde ein wunderbares Fest. Simon hatte bei den Vorbereitungen mitgeholfen, Stühle, Bierbänke und Tische geschleppt, den Grill aufgebaut, Getränke mit mir eingekauft. Eine Cateringfirma baute ein gigantisches, kaltes Buffet auf, in der Wiese steckten dreißig Fackeln für den Abend. Yanni rockte mit seiner Band, was das Zeug hielt, kein Nachbar weit und breit störte, unser Freund George Wiesinger spielte über zwei Stunden den Blues auf, die Presse war anwesend, die Journalisten happy und in Sektlaune. Wir hatten eine Mohrenkopf-Maschine, die die schaumgefüllten Schokoteile in Richtung Mund des auserwählten Opfers schleuderte, das versuchen mußte, den Mohrenkopf aufzufangen. Meistens ging es daneben.

Irgendwann gegen Mitternacht stand ich alleine auf meinem Balkon und blickte über das Lichtermeer im Garten. Alle Fackeln brannten und leuchteten in die Dunkelheit, warfen Schatten und tauchten die vielen Menschen, alle meine lieben Freunde in einen flackernden Feuerschein, wie in einem Fellini-Film. Es war ein Bild, das ich nie vergessen werde.

Sie verlassen mich nicht, dachte ich, sie sind da, wenn ich sie brauche …

Um halb eins ging Simon ins Bett, machte schlapp. In mein Bett zwar an diesem Tag, aber das fand ich für die Rolle des Co-Gastgebers schwach und war sauer. Ich fing an, mit einem Typ von einer Werbeagentur heftig zu flirten. Irgendwann küßten wir uns.

Das war nicht korrekt, aber es tat mir gut. Was ich nicht ahnte war, daß Simon noch einmal aufgestanden war und uns vom Balkon aus durch die Glaswand des Wintergartens beobachtet hatte. Eine Weile später zog mich der Typ in ein ruhiges Zimmer, und es entging mir, daß Simon mich suchte.

»Wo ist Lenz …??« fragte er Resa mit finsterem Blick, seine Miene verhieß nichts Gutes.

»Ich … äh … weiß nicht … die ist bestimmt im Garten irgendwo …«

Resa war in der Zwickmühle. Sie wußte, wo ich war, und wollte unter allen Umständen verhindern, daß Simon mich fand. Sie schaffte es, mich aus dem Zimmer zu holen, bevor er hinterher kam. Es war nicht viel gelaufen mit dem Mann, er war mir im Grunde auch gleichgültig, trotzdem war die Situation peinlich. Ich konnte nicht gut lautstark zu meiner Trotzaktion stehen, ohne ein größeres Drama ins Rollen zu bringen, das womöglich eskalieren und die Stimmung der Gäste verderben würde. Als wir auf den Gang traten, schrie Simon den Typ an:

»Hau ab, du Arschloch, sonst schlag ich dich die Treppe hinunter!!« und hob drohend die Faust. Ich war sehr beeindruckt. So hatte ich ihn noch nie gesehen. Der Typ, kein besonders kräftiger Mensch, lenkte sofort ein, machte sich so klein er konnte und sagte: »O.k., o.k., Chef, es tut mir leid, bin schon weg …!«

Das fand ich ziemlich feig, obwohl es in dieser Situation das Beste war. Simon wartete nicht, bis der Mann weg war, sondern drehte sich auf dem Absatz um und ging ins Schlafzimmer zurück. Ich war zufrieden und wünschte mir beim Einschlafen still, Simon würde immer so um mich kämpfen, jeden einzelnen Tag, jahrelang.

Zwei Monate lebte Simon im Hotel. Dann kam er tatsächlich wieder zu mir, besten Willens, diesmal für immer und ewig zu bleiben. Wir verbrachten unser erstes gemeinsames Weihnachtsfest, die ganze Großfamilie war vereint, ich war selig. Wir hatten uns geeinigt, alle bei Nonni zu feiern: Yanni und Resa, Nonni und mein Schwiegervater, Simon, ich und alle Kinder, Resas Tochter aus erster Ehe, Benedikt und das Baby von Resa und Yanni.

Es war ein lustiges Weihnachtsfest, unkonventionell, fröhlich, mit Weihnachtsliedern, bei denen gegen Ende »Stille Nacht« zum Funk-Rap wurde. Ich war einen Abend lang vollkommen glücklich. Die Feier erinnerte mich an meine Kindheit. So war es jahrelang bei uns zu Hause gewesen. Bei unseren Weihnachtsfesten waren immer alle versammelt, Großeltern, Eltern, Kinder, Hausangestellte, Kindermädchen. Ein riesiger Baum wurde über und über geschmückt, ein obligatorischer Weihnachtsstreit von vornherein einkalkuliert, es wurde gesungen und richtig groß gefeiert.

Und dann kam Silvester.

Als Entschädigung für dieses schreckliche Jahr wollte ich alle meine Lieben auch an diesem Tag um mich versammeln. Sie sollten mir Stütze und Korsett sein, um mich rückzuversichern, daß ich gehalten wurde, wenigstens von den Freunden. Ich sagte es Simon, und er stimmte zu, wie er sich ja überhaupt nie direkt gegen etwas äußerte. Ich lud fünfundzwanzig Personen ein und war mit der Vorbereitung dieses Abends einige Tage vollauf beschäftigt. Waren es zuviel Familienfeste gewesen? Hatte ich irgendeine Veränderung an ihm übersehen, war mir etwas entgangen? Am Vormittag mußte er noch ins Geschäft. Am Nachmittag erschien er kurz, um zu sagen, daß alles in Ordnung sei, daß er bestimmt käme.

»Bitte, geh nie wieder so hinterrücks fort wie im Mai, ich übersteh das nicht noch mal. Ich kann nicht mehr ... Wenn etwas ist, bitte sag es vorher.«

»Natürlich«, sagte er und nahm mich in den Arm, »ich geh nie wieder einfach so weg.«

»Sag das auch meinem Sohn. Der leidet ebenso wie ich unter deinem Verhalten. Versprich ihm, daß du das nie wieder machst.«

Er ging hinauf in Benis Zimmer und versprach ihm fest, nie wieder ohne Erklärung oder Vorankündigung zu gehen oder wegzubleiben.

Der Abend kam, die Gäste trafen ein. Es war sechs Uhr, es wurde sieben Uhr, alle waren da. Simon war nicht da. Um halb acht rief er an. Er sei in Straubing, es ginge ihm nicht gut.

»Wir haben bei der Abschlußfeier im Geschäft am Nachmittag noch etwas geraucht ..., ich bin irgendwie durcheinander ...«

»Bitte ...«, sagte ich leise ins Telefon, »bitte tu mir das nicht an ... Sie sind alle hier. Alle bekommen es mit, wenn du nicht kommst. Komm sofort hierher, bitte ...!«

Ich hörte ein Klicken. Er hatte aufgehängt. Und er kam nicht.

Nach einer weiteren Stunde wußte ich, daß er nicht kommen würde. Meine Freunde beobachteten mich mit vorsichtiger Distanz, sie waren unsicher, ob es angebracht war, das Thema anzusprechen oder nicht und versuchten, mich in Silvesterstimmung zu bringen.

Ich aber war als Persönlichkeit nicht mehr vorhanden. Ich entglitt mir und schlingerte in die seelische Vorhölle. Und da ich bemerkte, was mit mir geschah, schüttete ich Alkohol in Unmengen in mich und rauchte unzählige Zigaretten, eine nach der anderen und zerstörte die Laune der anderen mit meiner bejammernswerten Düsternis. Wann es Mitternacht war, weiß ich nicht mehr. Auch nicht, wann ich im Bett lag. Ich erinnerte mich dunkel, daß irgendein Mann neben mir gelegen hatte, den ich gar nicht wollte und der meine Trunkenheit nützte. Um vier Uhr torkelte ich noch einmal zwischen den Gästen herum, um dann in die Bewußtlosigkeit zu fallen.

Am späten Vormittag weckte man mich zum traditionellen Weißwurstfrühstück. Im Bademantel und verquollen hing ich am Tisch und bot in meinem alkoholgetränkten Kummer ein erbarmungswürdiges Bild. Irgendwer kam nun doch auf Simon zu sprechen – und da verlor ich die Fassung. Meine Nervenenden glühten, meine Seele war rohes Fleisch, ich weinte und weinte und weinte, endlose Tränenströme rannen aus mir, vom Schluchzen geschüttelt sackte ich in mich zusammen und klagte mein Leid; die Frauen trösteten mich, die Männer verließen verlegen den Tisch und gingen ins Nebenzimmer.

Und irgendwann waren sie alle weg – und ich war allein. Er hatte mich wieder verlassen, und nun brach ich endgültig zusammen, es gab nichts mehr, was mich aufrechthielt, keine Wut, keine Hoffnung, keine Eigenliebe, kein Selbstwert, nur die nackte, sich verzehrende Verzweiflung. Und dann kam die Versuchung des Teufels, die Ausgeburt der Hölle, der Trost aller Triebhaften – der hochprozentige Böse. Ich taumelte hinunter in die Küche und holte Schnaps, klaren, weißen Rum. Und den goß ich mir ein, ein Wasserglas voll. Und noch eines. Tottrinken. *Halt*, rief der Schutzengel, *Halt!* und führte meine Hand, *gib Kirschsaft dazu, du überlebst es sonst nicht! – Gut ... Kirschsaft, Engel, was noch? Hau ab, laß mich in Ruh ... – Noch mehr Kirschsaft, hol ihn jetzt – gleich! ... Später ist es zu spät!*

Ich fiel mehr als ich ging, die Treppe hinunter und taumelte mit dem Kirschsaft ins Schlafzimmer zurück. *Von mir aus. Wenn's sein muß.* Und noch ein Feuerwasser, ein volles Glas. Mit Kirschsaft ...

Irgendwann drang von weiter Ferne eine Stimme an mein Ohr: »Lena ... Lena ... bitte ... mach auf ... laß mich rein ...!«

Es klang auf sonderbare Weise wehmütig, klagend, diese Stimme, wie ein Hilferuf, einsam, schwach und mitleiderregend, wie ein Schakal – und tat mir in der Seele weh, es klang wie ... Simon?

Da lief irgendwer draußen im Garten herum und rief meinen Namen ...? Simon? Wer war das? Das war doch dieser Provinzficker, dieser Verbrecher, der Seelenzerstörer, was wollte der noch auf meinem Grundstück? Was soll ich mit Simon? Mit diesem Arschloch? Was will mir der sagen? Nichts ... Noch einen Schluck. Und noch einen. Dann wurde es Nacht um mich.

Der Kirschsaft war vermutlich meine Rettung. Ohne ihn wäre ich vielleicht nicht mehr erwacht. So kam ich am späten Nachmittag des nächsten Tages zu mir; vielmehr drang ich nicht bis zu mir vor, ich hatte nur eine vage Wahrnehmung von so etwas wie Dämmerung und verschwommenen Gegenständen um mich herum. Und da saß ein Mensch, ein Mann …? – Es war mein Schwiegervater.

»Wie geht es dir?«

»Ich weiß nicht … nichts. Was ist …?«

»Schlaf dich aus. Ich wollte nur sehen, ob alles soweit in Ordnung ist. Du warst gestern in keiner guten Verfassung. Ich schau später noch einmal nach dir … Dein Sohn ist übrigens unten, wir haben ihn gestern mitgenommen und jetzt hergefahren. Ich glaube, er tut dir gut. Er ist unten und spielt.«

Dann ging er. An den Rest des Tages habe ich keine Erinnerung mehr. Irgendwann kroch mein Sohn zu mir ins Bett. Und ich sank wieder in die Ohnmacht der Vergiftung.

Delir

Mitten in der Nacht ging es los. Zuerst war die Plastizität der Traumbilder phantastisch. Ich befand mich in einem Raum, und plötzlich öffnete sich die Zimmerdecke, Luftballons, goldene Konfetti, Kristallkugeln fielen heraus, silberne Girlanden und Stofftiere, Kinderbälle und Holztiere. Es war wie Disney-, Fantasia- und Schlaraffenland in einem, ein farbenprächtiges Kinderparadies.

Mein Gott, wie schön! dachte ich. Und war traurig, daß ich diese Wunderwelt nicht meinem Sohn zeigen konnte.

Ich verließ den Raum und ging auf die Straße. Da verformte sich die Straße und wurde zu einem Lehmweg, und aus diesem Lehm erhob sich eine riesige, weit über zwei Meter große Männerfigur aus Lehm mit einem riesenhaften Penis aus Lehm und streckte die Arme nach mir aus, um mich zu begatten. Ich war gleichermaßen erschreckt und fasziniert. Alles, was ich sah, war real, wirklich, zum Anfassen nah, aber aus einer Welt, die ich noch nie gesehen hatte. Ich flüchtete auf die Dächer und sah über die Dachschräge auf das Lehmdorf hinunter. Auf einmal erhoben sich aus den Dächern grünblaue Geistwesen, bedrohlich und gefährlich, wurden groß und größer, und ich wußte, sie wollen meinem Kind sein Leben nehmen. Und ich wußte, daß ich es laut sprechen muß, die Beschwörungsformel: »*Geister, geht weg, Geister, geht weg!*« – Und sobald ich es laut genug sprach, sackten sie zusammen in sich und verschwanden im Dach. Aber kaum hatte ich aufgehört zu sprechen, erstanden sie wieder auf und wurden größer und kamen näher und näher. »Geister, geht weg!« rief ich mit all meiner körperlich schwindenden und seelisch verzweifelten Kraft, die ich hatte, »Geister, geht weg!«

»Mami«, rief mein kleiner Sohn, »Mami, was hast du, geht es dir nicht gut? Was ist los?«

Ich wachte auf, schweißnaß. Er saß neben mir im Bett mit schlaftrunkenen Augen und legte seine kleine Hand auf meinen Kopf.

»Du hast immer gerufen, ›Geister, geht weg‹.« Er sah mich beunruhigt an. Ich war ihm nicht ganz geheuer.

»Schlaf weiter«, sagte ich, »es ist nicht so schlimm.«

Es war schlimm. Schlimmer als alle Träume zuvor. Ich hatte so beängstigend wirklichkeitsnah noch nie geträumt.

»Ich hatte nur einen unguten Traum von irgendwelchen Geistern«, sagte ich, schweißnaß, so ruhig wie möglich, während ein innerer Krieg tobte, »der war nicht schön. Aber ich hab sie besiegt.«

»Gut, Mami, das hast du gut gemacht.«

Er rollte sich zufrieden ein. Solang seine Mutter den Kampf mit Geistern aufnahm und die Schlacht gewann, war alles in Ordnung. Wir hatten oft gesprochen über böse Träume und darüber, daß man lernen kann, auch im Traum zu handeln und dem Albgeschehen nicht ohnmächtig ausgeliefert sein muß. Er kannte Geister aus seinen eigenen Träumen. Mit fünf Jahren hatte er die Angewohnheit, häufig weinend aufzuwachen in der Nacht. »Mami«, rief er, »ich habe Ziegenköpfe gesehen und einen eisigen Windhauch gespürt.«

Na Mahlzeit, sagte ich mir damals, so weit ist der Teufel vielleicht gar nicht weg. Aber aus unserem Haus muß er hinaus! Und weil ich Teufeln, Gott und Geistern gegenüber noch nie Berührungsängste hatte, fand ich es auch völlig denkbar und fast normal, daß uns solche Gesichte in unseren Träumen heimsuchen, also sprach ich zu meinem Kind: »Sohn«, sagte ich, »ich verstehe, daß dir diese Ziegengesichter nicht gefallen. Aber dann mußt du nicht weinen, sondern sie vertreiben. Wenn sie das nächste Mal kommen, sag ihnen, sie sollen sich auf der Stelle verpissen, sonst haust du ihnen eine aufs Maul. Und vor dem Einschlafen nimmst du dir das ganz fest vor.«

Kurz darauf hörten die Ziegengesichter mitsamt dem eisigen Windhauch auf, ihr Unwesen in seinem Kinderschlaf zu treiben. Obwohl ich das als folgerichtig empfand, war ich verdutzt. Ließen sich die Teufel – zumindest in den Träumen – tatsächlich so leicht ins Bockshorn jagen? Das ließ große Möglichkeiten erahnen.

Nun aber war ich dran. Benedikt schlief wieder ein.

Ich wälzte mich und fürchtete mich vor dem Einschlafen und den Träumen. Und ich wachte am späten Vormittag angstschlotternd auf. Der Schnaps mußte, vor allem, da ich ihn nicht gewohnt war, Fürchterliches angerichtet haben in meiner Körperchemie. Als erstes bat ich darum, daß die Großeltern meinen Sohn holten. Dann legte ich mich ins Bett und wartete, daß die Angst verging. Aber sie verging nicht. Sie wurde von Stunde zu Stunde schlimmer. Die einzige Möglichkeit, sie zu vertreiben, wäre gewesen, weiterzutrinken, aber das wollte ich nicht. Und so mußte ich den Entzug ertragen. Wenn der Körper die Gifte abbauen muß, spielen alle Zellen verrückt. Die Vergiftung muß enorm gewesen sein, mein ganzer Leib zitterte von selbst. Mein Herz jagte in Panik. Mein Atem ging stoßweise und flach. Ich war die fleischgewordene Angst. Ich halte mich nicht mehr aus, dachte ich, ich halte meine Zustände nicht mehr aus. Ich konnte nichts mehr denken außer Angst, mein Körper schrie Furcht, meine Seele schiß sich in die Hose, ich war in Aufruhr und gelähmt zugleich, ich konnte nichts tun außer bibbern und meine Angst sein. Und dann kam er, der Gedanke, und legte seine eisige Hand von hinten auf die Schulter: Ich bringe mich um. Ich kann nicht mehr. Nicht, weil ich so lebensunwert bin, sondern lebensunfähig. Ich schaffe es nicht, schaffe kein Zusammenleben, keine Trennung, keinen Hinausschmiß von jemand, der mir schadet, habe den Überblick verloren, keine Kraft mehr, wem nütze ich so noch, ich halte mich und meine Zustände nicht mehr aus. Ich will sterben.

In diesem Moment kam mir mein Kind ins Herz, ich nahm meine letzte Kraft zusammen, quälte mich aus dem Bett, in irgendwelche alte Hosen und Pullover, setzte mich ins Auto und fuhr zu meiner Schwiegermutter und klingelte Sturm.

»Nonni«, rief ich und tappte ins Haus. »Helft mir, sonst bring ich mich um.«

Sie nahm mich in den Arm, machte keinen Vorwurf, obwohl sie wußte, was los war, sagte nur »Komm rein« und führte mich vorsichtig an das Bett meines Sohnes und machte mir einen Kamillentee. Dem Sohn sagte sie, »deiner Mami geht es heut nicht so gut, laß sie ein bissl in Ruh –« und schickte ihn zum Spielen.

Nicht gut war nicht nur untertrieben, hatte mit meinem Zustand überhaupt nichts mehr zu tun, aber es war das einzig Richtige, was sie ihm sagen konnte. Mein Organismus tobte. Wenn ich mich hinlegte, jagte mein Herz, wenn ich aufstand, wurde mir übel, ich konnte kaum einen Schritt vor den anderen setzen, ließ mich von Nonni zum Fenster führen, in kleinen Schrittchen, zwei Züge frische Luft, dann wieder die Angst, hinlegen, Herzjagen, Horrorvisionen vom Tod.

Endlich, gegen Abend zu, fiel ich in einen unruhigen Schlaf. Aber das war nur die Ruhe vor dem Sturm. Das Schlimmste sollte erst noch kommen.

Gegen drei Uhr dreißig sah ich die ersten Bilder. Ich schlief nicht und war nicht wach, ich war in einem Zustand völliger Lähmung, bewegungsunfähig, dem ausgeliefert, was ich sah, und ich sah es, als sei es absolute Realität: Man hatte mich chloroformiert und verschleppt. Als ich zu mir kam, spie ich eine grüne Flüssigkeit aus. Man hatte mich in Lack und Straps gewandet und zwang mich, eine obszöne Filmszene zu drehen. Der Besitzer dieser Bonzen-Villa aus Gold und Marmor, in der wir uns befanden, war ein reicher Mafioso, der seine Millionen mit illegalen Geschäften verdiente. Und dann sah ich mich in der Badewanne liegen, Blut floß aus meinen Geschlechtsteilen, und in meine Vagina kroch Ungeziefer, bösartig, tödlich. Und die Männer standen um mich und filmten das teuflische Geschehen. Und als ich aus dem Fenster sah, floß durch das Grundstück der Fluß des Todes. Geschändete Leichen trieben auf dem Wasser, ihr Fleisch hing in blutigen Fetzen herab, das Wasser, eine Brühe aus Sperma und Urin und Kot, spülte um ihre toten Augen – und um mich, und in mich krochen die Ohrenhöhler und Spinnen und Skorpione. Ich wollte schreien, aber ich konnte nicht. Ich wollte aufstehen, aber ich war bewegungsunfähig. Ich lag starr und kalt vor Schreck und mußte ansehen, was ich nicht sehen wollte. Und niemand befreite mich aus dem Horror.

Irgendwann gewann das Tagleben die Macht über die Nachtgeister, und unendlich langsam kam ich in meinen Körper zurück. Ich begriff, zu mir kommend, daß diese Bilder nicht meine Wirklichkeit waren, sondern ein Delirium des Bösen, das sich meiner bemächtigt hatte. Des Bösen in Form von den Giften, die in meinem Körper tobten und die er mit aller Kraft versuchte, abzubauen. Es waren Bilder, die ich nie vergessen werde. Sie waren so echt, wie mein Spiegelbild und so unangreifbar wie dieses.

Langsam wurde es Tag. Nonni saß an meinem Bett und hielt meine Hand. Mein Sohn spielte in der Zimmerecke Lego. Ein unendliches tiefes Gefühl der Dankbarkeit überkam mich und ein noch tieferes der Scham. Niemals hätte ich es soweit kommen lassen dürfen, mich so zu gefährden und meine Lieben so zu ängstigen. Aber diese fromme Erkenntnis mitsamt der Scham half mir nicht weiter. Schuld- und Schamgefühle sind überflüssig, wenn es um Ergebnisse und Konsequenzen geht. Und da zählt nur das Lernen und Handeln. Also lernte ich, ich lernte viel über mich, und ich begann zu handeln.

»Lena«, sagte mein Schwiegervater, »ich glaube, es ist notwendig, daß du eine Zeitlang weggehst. An einen Ort, wo du dich erholen kannst und zu dir kommen. Das war zuviel alles, dein Beruf, dieser Mann, die Trennung. Das hält die stärkste Frau nicht aus, was du dir da dauernd zumuten willst. Ich glaube, es reicht jetzt.«

»Was soll ich? In die Anstalt gehen oder was? Bin ich am Ende?«

»Nein, das nicht. Aber du sollst in eine Klinik gehen und dich ausruhen. Abstand bekommen, Ruhe geben. Nicht dauernd was wollen und müssen. Und wenn du das zu Hause nicht kannst, dann muß man dich halt woanders einfrieren, sonst gibst du keine Ruh. Du willst immer noch mehr und noch mehr leisten, seelisch, körperlich, geistig, beruflich, geschäftlich, seit Jahren. Irgendwann ist Schluß. Sogar Cäsar war ab und zu müde. Und wenn du jetzt keine Ruhe gibst, klappst du irgendwann zusammen und bist ganz weg vom Fenster!«

»In Ordnung«, sagte ich. »Ich gehe.« Und kapitulierte.

Es war mir unvorstellbar, über Wochen von Simon getrennt zu sein. Ich war sicher, keine acht Tage ohne seine körperliche Anwesenheit überleben zu können. Dennoch, ich fügte mich, weil ich verstand, daß das in meiner Situation der bestmögliche Ausweg war.

Laufenberg

Im Januar packt Lenz die Koffer und fährt los, in ein Sanatorium in Laufenberg am Bodensee. Ihr Schwiegervater hat es für sie ausgesucht.

Der Hausarzt stellt ihr ein Gutachten, aufgrund dessen sie kurz vor dem Zusammenbruch steht, und ihr prominenter Name macht es möglich, daß die Wartezeit von durchschnittlich einem halben Jahr entfällt. Manchmal ist Prominentsein gut.

Trotz der miesen Umstände ist Lenz bei ihrer Abreise guter Dinge, wie immer vor neuen Abenteuern. Das Trinken hat sie seit ihrer Neujahrshölle eingestellt. Sie findet, es sei jetzt genug.

Auch will sie unbedingt mit dem Wagen fahren, unabhängig sein. Außerdem nimmt sie sich vor, Sport zu treiben, viel zu lesen und zu schreiben.

Was sonst auf mich zukommt, werd ich schon sehen.

Die Fahrt dauert fünf Stunden. Sie kennt die Autobahn in- und auswendig. Seit zwanzig Jahren fährt sie die Strecke immer wieder – Augsburg, Ulm, Leipheim, Kaffee trinken an der Raststätte, Stuttgart, Karlsruhe, dann runter Richtung Basel. Sie kennt jede Tankstelle wie ihre Hosentasche, den Aichelberg, Kirchheim/Teck. Aber diesmal ist es kein Auftritt, zu dem sie fährt, es ist ... ein Abtritt? Muß Lena Lustig jetzt abtreten in die Krankenabteilung?

Sie wollte nicht gefahren werden und endlose Gespräche ertragen während der fünfstündigen Fahrt, sie wollte allein sein und denken. Schneebedeckte Felder, Lichtmasten, Baumskelette flogen an den Scheiben vorbei. Sie selbst fühlte sich auch wie ein Skelett; kein seelisches Fleisch mehr, ausgedörrt.

Bei der Ankunft versucht sie, das Gefühl des Fremdseins zu überwinden und guter Dinge zu bleiben. Als sie in ihr Zimmer geführt wird, Heimat und Zuflucht für die folgenden sechs Wochen, will sie wieder abreisen.

»Was glauben Sie, wie karg das in vergleichbaren Kliniken ist! Da halten Sie es gar nicht mehr aus«, klärt sie ein Tischnachbar beim Abendessen auf. »Die Ausstattung hier ist reiner Luxus!«

Das Zimmer ist zweckmäßig und geschmacklos eingerichtet. Es wirkt trostlos und häßlich, mit einem Linoleumboden, einem Bett, einem Sessel, ein kleiner Schreibtisch, alles in Grau, kein Radio, kein Fernseher und ist so klein, daß sie sich gerade einmal umdrehen kann.

Auf Tournee hätte ihr Tourleiter nach einem Blick in so einen Raum sofort das Hotel gewechselt. Aber dieses Sanatorium ist eines der besten, die sich auf psychosomatische Krankheiten spezialisiert haben. Migräne, chronisches Kopfweh und Magenleiden, Angstzustände, Phobien, Depressionen – alle Erscheinungsbilder, die gut die Hälfte aller Deutschen von ihrer Lebensbemeisterung abhalten. Lenz ist hier kein Sonderfall, alle sind auf irgendeine Weise in ihrer Vitalität eingeschränkt oder behindert; nicht geistig behindert, sondern seelisch – wodurch auch immer.

Lenz gibt ihre Personalien in der Patientenaufnahme an und läßt sich einweisen. Dann steht sie alleine im Zimmer. Sie setzt sich auf das schmale Bett und wählt die Nummer von Simon, obwohl sie sich vorgenommen hatte, das nicht zu tun, die gesamten sechs Wochen nicht, um endlich Abstand zu bekommen, aber in dieser Trostlosigkeit braucht sie Trost. Simon freut sich und redet ihr gut zu. Lenz fühlt sich wie ein Pferd, dem man beruhigende Worte ins Ohr spricht. Der Inhalt ist nicht so wichtig, sie will nur seine Stimme hören.

»Es ist schön, daß es dir gutgeht. Das wird schon ...«

»Ich geb dir meine Telefonnummer. Rufst du mich morgen früh an? Bitte! Es ist furchtbar hier. Ich brauch dich.«

»Natürlich ruf ich dich an. Ich brauch dich doch auch!«

Nach zwei, drei Sätzen schwimmen Lenz und Simon selig in ihrem rosaroten Tümpel und schwören sich Liebe bis in alle Ewigkeit.

Amor steht listig und nackt in der Ecke des häßlichen Zimmers und reibt sich die Hände: *Volltreffer!* – Und so geht es wieder weiter, wie gehabt.

Lenz ist eine perfekte Patientin. Da im ganzen Haus Rauchverbot ist, raucht sie nicht vor der Eingangstür wie die anderen, sondern hört auf. Sie will auch nicht heimlich auf dem Balkon rauchen wie eine Internatsschülerin und sich von der patzigen Nachtschwester rügen lassen. Lieber Selbstdisziplin. Das befriedigt sie mehr als rauchen. Ihre Selbstachtung steigt.

»Morgen haben Sie Ihren ersten Termin bei Ihrem Analytiker, Dr. Glücklich.

Um neun Uhr morgens. Bitte pünktlich erscheinen. Die Stunden enden exakt nach Plan!«

Lenz verzieht den Mund zu einem schiefen Grinsen. Dr. Glücklich ...?

Wenn in einem Fernsehfilm ein Analytiker Glücklich heißt, dann ist das ein platter Witz. Immer übertrifft die Wirklichkeit die schlechten Filme.

Pünktlich sitzt sie vor ihm.

Dr. Glücklich hat nur einen Arm. Wie ich ihm ahnungslos die rechte Hand zur Begrüßung entgegenstreck, gibt er mir seine linke. Die rechte ist eine Prothese mit einem schwarzen Lederhandschuh am Ende und hängt leblos am Körper herab.

»Glücklich. – Guten Tag, Frau Lustig!«

Glücklich und Lustig – ha, ha.

Wir nehmen Platz in zwei teuren Ledersesseln, dazwischen ein Glastisch. Gott sei Dank nicht im Liegen. Ich will nicht zwei Stunden auf eine Pflanze starren oder ein dummes Bild und Kindheitsgeschichten erzählen. Früher hätte mir das Spaß gemacht, jetzt nicht. Wenn ich alten Mist auf neuen Mist aufschichte, wird der Misthaufen nicht kleiner.

Wir führen ein erwachsenes Gespräch in den Ledersesseln. Hier ist kein Platz für Leidenschaft und Irrsinn. Hier wird deutsch erzählt und freudsch gedeutet, mit Abstand – nicht feucht, sondern trocken. Was geht diesen fremden Mann meine Simonliebe an? Der kann mich auch nicht in seinen einen Arm nehmen. Ich glaub, ich unterstell ihm Überheblichkeit. Weil ihn seine Arroganz nämlich schützt vor seiner eigenen Lebensgeschichte, und das sehe ich.

Sie spielen den großen Zampano, Dr. Glücklich, damit Sie glücklich sind. Mit der Schwäche von Patienten läßt sich ein zerstörtes Selbstbewußtsein optimal kitten.

»Bitte ...?«

Dr. Glücklich schaut mich aufmerksam und ohne Gefühle aus seinen Brillengläsern an, wie ein gehässiges Reptil, und ich bin kleiner als sonst.

Er schaut wie alle Hirnwichser, die Verstand über Gefühl stellen. Vor allem über Inbrunst. Inbrunst kennt so ein Dr. Glücklich nicht. Oder nicht mehr. Oder nur aus Lore-Romanen. Aber die liest der nicht. Wie der wohl fickt mit seinem einen Arm?

»Sie müssen wissen, Frau Lustig, daß Sie hier nicht als etwas Besonderes gelten. Sie sind hier lediglich eine Patientin, wie alle anderen auch, und so werden Sie behandelt. Es gibt also nicht so etwas wie eine Sonderstellung oder einen Prominentenbonus.«

Unverschämtheit! Das war eine Zurechtweisung des großen Zampano Allwissend; eine Zurechtweisung der kleinen Frau Glauben-Sie-ja-nicht-daß-Sie-was-bessres-sind! Da hätt ich ja gleich in Niederbayern bleiben können! Arschloch, selbstgerechtes! Mein Metzger denkt bestimmt genauso.

Ein paar Monate später kontert Lenz den Wort-Ball vom einarmigen Dr. Glücklich mit einer Rückhand:

»Es mag sein, verehrter Dr. Glücklich, daß Sie das so sehen wollen. Jedoch: Ein Prominenter ist wohl etwas Besonderes, allein durch die Biographie seiner Popularität. Die nämlich verändert deutlich sowohl den Prominenten als auch sein Umfeld, heißt, das Verhalten der Menschen um ihn herum, und zwar in gravierender und ganz unterschiedlicher Weise. Deshalb ist das auch ein äußerst wichtiger Ansatzpunkt bei der Analyse. Und wenn Sie da ein Informationsdefizit haben, Herr Dr. Glücklich, könnte ich Ihre Wertigkeiten vielleicht ein bißchen auffrischen mit meiner in dieser Hinsicht sicherlich größeren Erfahrung.«

Jetzt sagt sie es nicht.

»Einen Bonus habe ich auch nicht erwartet. Ich will an meinen Problemen arbeiten.«

Die Rollenverteilung steht. Lenz ist das ratlose Opfer, Dr. Glücklich der Retter, der den Schlüssel zur Psychofalle in der Jackentasche hat. Wieder einer auf dem weißen Pferd! Es geht ihr ja auch nicht gut. Nach allem, was vorgefallen ist, kann sie sich jetzt nicht aufblasen. Das will sie auch nicht. Sie findet, daß Selbstsicherheit und Aufgeblasenheit nahe beieinander liegen. Sie hat sich nur einen Dr. Glücklich mit mehr Herzenswärme gewünscht. Und Güte.

Aber Analytiker sind keine Pfarrer.

Ob beichten besser gewesen wäre? Hundert Vaterunser beten?

Langweilig. Immer der gleiche Text – wie auf der Bühne. Dann lieber der Zampano mit seiner ironischen Distanz, der sie kühl betrachtet. Das reizt sie und fordert sie heraus. Er ist der Leithund der Klinik, und es gibt nichts Interessanteres. Die anderen männlichen Wesen sind alt, psychisch defekt oder häßlich. Nach der vierten Stunde findet sie ihn sogar erotisch, trotz des fehlenden Arms. Vielleicht sogar deswegen. *Mir fehlt auch ein Arm*, denkt sie, *innen.*

Also sind sie nach kürzester Zeit mitten drin im Clinch. Lenz fordert eine ausgiebigere Analyse aufgrund ihres kurzen Aufenthalts – schließlich zahlt sie (und wer zahlt, schafft an!) – mit größerer Stundenanzahl und längerer Dauer der Einzelsitzungen. Es ist kein bloßer Versuch, ihren Willen durchzusetzen. Aber sie setzt ihn durch. Was in der Patientenkartei vermerkt wird. Dabei will sie nur die Zeit nutzen, die ihr zur Verfügung steht.

»Ich bin seit drei Jahren mit einem Mann zusammen, der eine Frau hat.

Er sagt, er will von ihr weg, aber er tut es nicht. Aber er geht auch nicht von mir weg. Und ich nicht von ihm. Und das macht mich jetzt kaputt.«

Sie erzählt ihm die ganze Geschichte mit Simon. Dr. Glücklich macht sich Notizen. Lenz macht Stielaugen, kann nichts erkennen. Einige Tage später ergibt sich die Gelegenheit, die Notizen einzusehen, als sie einen Moment alleine im Zimmer ist. Da steht:

> *»... Die Einzelgespräche fokussierten wir auf die Identitätsproblematik der Patientin, die sich in ihrer schwierigen Partnerbeziehung voll etabliert hat. So fühlt sie sich in dieser Beziehung nicht genügend estimiert und ernst genommen, so wie sie sich vom Anfang ihres Seins als Tochter von ihrer Mutter nie anerkannt gefühlt habe. Sie fühlt sich in der jetzigen Beziehung hingehalten und hintergangen, wobei offenkundig wurde, daß ihr Freund sich wohl eher seinen ehelichen Pflichten bzw. Bedürfnissen unterwirft und hingibt, und sie selbst immer wieder feststellen muß, daß sie nur zweite Wahl ist. So agiert sie ihren Aggressionskonflikt gegenüber ihrer Mutter an diesem Partner ab, ohne ihn lassen zu können, während dieser eine ödipale Problematik zu haben scheint und Frauen innerhalb seines Autoritätskonfliktes gegenüber seinem Vater benutzt.«*

Ach ... und das ist alles?! Das weiß er doch alles von ihr, denkt Lenz. Was steht da, das sie nicht schon gewußt hat? Lieblose Freud-Scheiße, das!

Ins Tagebuch schreibt sie:

> *Heute sind wir drauf gekommen, daß der Simon kein starker Mann für mich ist, sondern eher eine Mama. Dr. Glücklich sagt, mein Selbstwertgefühl ist gestört. Von mir aus. Seelische Ausgrabungsarbeiten. Mir ist alles recht, wenn ich endlich auf was komm. Ursache und Wirkung find ich geil. Aber so gescheit bin ich auch, daß ich weiß: Analysen sind keine Strategien.*

Strategien sind keine Handlungen. Und Handlungen sind keine Garanten gegen Rückfälle.
Und so endet die Geschichte, Herr Dr. Glücklich: Sie hört nicht auf!
Weil ich nicht aufhören kann zu lieben, bis mich jemand wegschickt oder stirbt. Und selbst dann hör ich nicht auf. Ich liebe Simon. Gott verzeih mir, wenn ich blöd bin. Aber ich liebe ihn …
Und wenn ich liebe, wachsen mir Flügel. Mit denen flieg ich bis in die Hölle oder mitten in die Sonne hinein – und wenn ich verbrenn. Die Sehnsucht ist mein Wind, der mich trägt, auch wenn sie mich fast umbringt. – Und die Sehnsucht kann mir keine Sau verbieten.
Und hat nicht jeder das Recht, nix dazuzulernen? Und kindisch zu bleiben? Solang wie ihn das Wehtun nicht ruiniert? Das Recht auf Blödheit und Unbelehrbarkeit gegen alle Studienräte der deutschen Welt?
Wo ist die große schöne Bühnen-Lena? Zerplatzt wie eine Seifenblase. Mein kleines unerhebliches Leben gehört mir, und ich kann es ruinieren, wie ich will. Ich muß nichts, auch nicht erfolgreich sein. Leckt mich alle am Arsch! Ein Hoch dem Vorstandschef, der Leistungsgesellschaft – aber mein kleines persönliches Recht bleibt es immer noch, mich zu verweigern, allen.
Mama. Mama … Immer die Mama. Sie lebt ja doch noch …! – Ich such eine andere Mama – die Ur-Mama, die Gorilla-Mama. Die Nichts-frage- und Nichts-sage-Mama. Das Fell und die Wärme. Die Sucht nach Mama. Das Recht auf Mama. Mama. Suff, Sex, Sumpf = Mama. Papa doziert, Mama liebt. Mama-Überforderung. Mama-Arme. Mama-Bauch. Mama-Wärme. Mama muß sagen, alles ist gut, alles wird schon, alles ist nicht so schlimm.
Aber so eine Ursuppen-Mama ist nirgends da. Und genau die fehlt mir. Fehlt uns.
Wo ist die Mama in unserer Welt, Herr Dr. Glücklich?? Es ist ein Papa-Verein. Groß, stark, wichtigtuerisch, laut, kalt – keine Mama. Papa spricht von Wirt-

schaft, bösen Negern und Muskeln, von Zinsen und Solidaritätsabgaben, von Erfolg und Leistung. Wo ist Mama. Das ist nicht naiv – das ist Recht auf existenzielle Liebe. Wo ist Ma-ma?
Mama muß nicht zu Hause bleiben und in Töpfen rühren. Mama muß im Leben draußen leben dürfen. Ist Mama im Porno? Da ist die geile Nutte. Ist Mama im Steuerrecht? Ist Mama im Parlament? Hör auf, du Spiegel-, Zeit- und Stern-frustriertes Journalisten-Arschloch und trink weiter. Deine eisige Pseudo-Intelligenz brauch ich nicht. Ich brauch die Mama, die du auch nicht gehabt hast. Mama. Penetrant und hartnäckig. Mama.
Ist ein Computer eine Mama? Ist eine Analyse eine Mama? Wißt ihr was? Verpißt euch! Bevor mir keiner von euch eine Mama sein kann, braucht ihr euren Sprechblasenmund nicht aufzumachen, Welterklärer, Hobby-Psychologen, Heuchler! Es geht nicht um die Gebär-Mama. Es geht um die Mama, die ein Gefühl ist, das uns verlorengeht.
Nicht, daß der Papa keine Lebensberechtigung hat, er hockt ja überall – in Vorstandsetagen und Steuererklärungen, in Leistungsprinzipien und Erfolgsstreben. Ich mag nicht mehr.
Wenn's jetzt immer noch keiner merkt, ist es eh aus. Ich will Mama.

Lenz nimmt an einer Maltherapiegruppe teil. Sie verhält sich grau und nichtsagend, damit sie nichts besonderes ist, und hilft ihren Mitpatienten bei deren seelischen Problemen. Außerdem geht sie viel spazieren und hört sich alle Lebensgeschichten an, die sie vorgesetzt bekommt. Sie malt viele schöne Bilder und zeichnet ihren Kummer hinein. Farben wie gelb oder rot gibt es nicht, es wiegen Grau- und Blautöne vor. Sie malt Tiere mit großen Körpern und kleinen Köpfen, Hasen und Pferde. Ein Bild hebt sie auf. Es zeigt Lenz als große steinerne Statue, die dem vor ihr knienden Simon die Hand auf den Kopf legt, um ihm durch die Berührung Bewußtsein seiner selbst zu geben. In der steinernen Statue, die wunderschön, aber leblos wirkt, ist ein kleines Mädchen eingeschlossen, das fest und bodenständig und voller Zuversicht auf seine Freilassung aus dem Steinkerker wartet. Lenz hat nicht konzipiert, was sie malen will, sie hat es fließen lassen. Sie gliedert sich in die Gemeinschaft ein und redet den anderen gut zu. Und dreimal am Tag erzählt sie Simon am Telefon ihre Erlebnisse.

Sie ist eine brave Patientin. So wie sie eine brave Geliebte geworden ist, so wie sie ein braves Kind war. Anhänglich und traurig. Und nur zwei Dinge katapultieren sie aus der Anpassung: der Suff und die Kunst.

Das ist ihre Rebellion, ihr Ausbrechen aus den Normen, ihre Widerspenstigkeit gegenüber Maßregelungen, ihr Erheben aus dem grauen Durchschnitt.

Wenn ich sauf, bin ich nicht mehr zu halten. Kein Mensch drängt mir seine Meinung auf und durchkreuzt meine Absichten, wenn ich betrunken bin. Da sag ich alles, was ich denk, und keiner kann mich hindern mit seiner blöden Moral und mir seine kleinkarierten Wertmaßstäbe andrehen. Wenn ich sauf, bin ich ich – störrisch und frech. Aber eben nicht mehr schön. Und am nächsten Morgen bin ich krank – ohne Mut, ohne Wehr. Deswegen ist der Suff kein Weg, obwohl er mich erlöst und heilt. Höchstens die Kunst.

Während der ganzen Zeit dieses durchaus festigenden Aufenthalts schenkt Simon Lenz seine gesamte telefonische Liebe. Er sagt, er sei ausgezogen zu Hause und wohne nun bei seinen Eltern. Und wenn sie zurückkäme aus dem Sanatorium, sei er bei ihr. Für immer. Er sagt das die ganzen sechs Wochen, jeden einzelnen Tag, mehrmals. Wenn sie zurückkäme, sei er ganz bestimmt da. Lenz glaubt ihm. Ihre Bereitwilligkeit, ihm zu glauben, ist ein Reflex geworden. Sie ist darauf trainiert. Denn Glauben hieß Versöhnung, und Versöhnung hieß Liebe. Und Lenz brauchte Simons Liebe wie die Pflanze das Wasser. Natürlich stimmte kein Wort. Und als Lenz nach Hause zurückkommt, liegt ein kleiner Schmierzettel vor der Tür. *Mir fehlen die Worte ... ich kann nicht.*

Am Vormittag noch, vor ihrer Abreise, hatte Simon versprochen: »Wenn du kommst, bin ich da! Ich warte zu Hause auf dich.«

Kein Simon. Nur der kleine, karierte, abgerissene Zettel mit den sieben Worten. Und das leere Haus.

Lenz will aber nicht zusammenbrechen dieses Mal, unter keinen Umständen. Sie sieht in so einem Verhalten keinen Sinn mehr. Und das ist neu. Im Gegenteil. Sie bekommt eine Wut.

Wieder zu Hause

Ich hab mich dann einfach nicht gemeldet bei ihm. Auf seine Anrufe hab ich ihm ein Klopapier geschickt, auf dem stand: Verpiß dich!

Aber es war die Hölle.

Im Schlafzimmer, im Garten, in der Küche, überall begegnet er mir.

Mein Gott, denke ich, die vielen endlosen Gespräche auf der Sitzgruppe im Wohnzimmer ... meine ganze Kraft und meinen Einsatz hat er geschluckt wie ein riesiges Loch; meine Gedanken und Einsichten sind in einem Sumpf verschwunden, alles ist ohne Ergebnis geblieben ...! Bei Yanni bin ich gegen eine Wand von Worten gelaufen, bei Simon gegen eine Wand von Nichtreaktion.

Sein Körper war lebendig und schön, seine Arme waren stark – seine Seele schwer wie Blei. Muß ich mich mit der Romanze zufriedengeben? Eine echte Leidenschaft darf sich unter keinen Umständen erfüllen, weil eine Romanze die Niederungen des Alltags gar nicht aushält.

Drei Tage Entzug. Am fünften Tag klingelt das Telefon.

»Ja?« – Es war Simon. Er sprach schnell und gehetzt. »Du, leg nicht gleich auf ...! In einer Viertelstunde bin ich bei dir, mit den Koffern, wenn du noch willst ...!«

Ich lache laut auf. Falsche Drecksau, denk ich. »Du bist wohl verrückt!? Du kannst mich am Arsch lecken! Es gibt keine Entwicklungshilfe mehr für entscheidungsschwache Blumenkinder, für kranke Vollidioten!«

»Ich weiß, du hast ja recht ... aber ...«

»Du hast einen Tiefgang wie eine Pfütze! Entweder bist du ein Sadist oder ein Trottel.«

»Wahrscheinlich beides.«

»Eben. Und beides kann ich nicht brauchen!«

»Warum warst du bei meiner Heimkehr nicht wenigstens als ein Freund da ...?«

»Ich hab mich so geschämt ...«

Ende des Gesprächs.

Wir treffen uns in Landshut und gehen ins Cafe.

»Ich habe nur eine halbe Stunde Zeit, bis vier Uhr.«

»Ich auch«, sagt er schnell.

Er versucht Erklärungen für sein Versagen – das wievielte? – am Sonntag. »Das Kindergeschrei ... alle sind zu Hause gewesen. Ich hab's nicht geschafft ...!«

»Simon, ich will nicht mehr mit dir leben. Der Zug ist durch.«

Er schweigt.

»Für das, was du Menschen antust, sollte man dir alle Knochen brechen. Wer viel Leid erfahren hat, tut es anderen nicht mehr so leicht an.«

»Na, das werd ich ja jetzt durchmachen müssen ...«, sagt er.

Aber er sieht nicht so wahnsinnig unglücklich aus. Immer wieder bagatellisiert er sein Verhalten und seine Unentschlossenheit.

»Ich traue dir keinen Meter mehr. Und ich kann nicht mit jemand leben, der jeden Monat hinterrücks wieder gegangen sein kann. Weißt du, was du alles gesagt hast, die letzten sechs Wochen?«

»Ja, ich weiß«, sagt er und sieht zu Boden.

Alles Theater, denke ich. Vielleicht braucht er starke Reaktionen und empfindet das als Zuneigung. Oder ist er nur ein Kind? Ein großes zurückgebliebenes Kind? Ein infantiles Monster?

»Wie auch immer – ich will nicht mehr! Aus, Äpfel, Amen.«

Wenn er schon ein Depp bleiben will, muß ich ja nicht auch einer bleiben. Er ist es gewohnt, daß seine Unzuverlässigkeit und seine Sperenzchen ertragen werden. Er hat Narrenfreiheit, immer und überall. Und alle haben es mitgemacht. Aber bin ich seine Mutter, seine Analytikern? Aus, Schluß.

Wie vergessen? Gar nicht vergessen. Love und Punk und Blues gehören zum Leben.

Kontaktabbruch.

Dr. Mellinger

»Der Mann muß unterworfen werden; anders kapiert er es nicht«, hat Yanni gesagt.

Ich versuchte, die Therapie von Laufenberg zu Hause fortzusetzen, fand einen Therapeuten, der in der Nähe war, vierzig Minuten Fahrt. Auch Hypnose stand auf seinem Therapieangebot. Ich dachte, vielleicht kann ich Simon aus meinem Unterbewußtsein hinaus- und meine Kraft wieder hineinhypnotisieren lassen?

Dr. Mellinger war mir sympathisch, ein wacher, humorvoller Mann, mit dem ich mich gern unterhielt. Allerdings war er nicht bereit, mir die gewünschte Hypnosetherapie zu verabreichen. Er meinte, das Abtauchenwollen in die Regression müsse nicht sein. Analyse und Gespräch können auch eine Form der Zärtlichkeit haben. Drei Jahre zuvor hätte mich dieser Satz erreicht, jetzt nicht. Beim Wort *Zärtlichkeit* dachte ich an IHN und daran, daß er täglich in den Armen seiner Frau lag. Dieser Gedanke wiederum führte mich in meiner neugewonnenen Aggression zu theoretischen Vergeltungsrückschlägen. Ich wollte ihm sein Glück, auch wenn es nur ein Pseudo-Glück war, gründlich verderben, ich wollte ihn vernichten, wie er mich fast vernichtet hatte. Meine Phantasien verselbständigten und überschlugen sich im Kopf: Säure ins Gesicht schütten, zum Krüppel schießen, Bombe ins Geschäft, Auto zerschlagen, anketten im Keller, tagelang, in Angst versetzen ...

Zu diesem Zeitpunkt fand ich es immer nachvollziehbarer, was Menschen dazu brachte, andere umzubringen. Ich konnte verstehen, daß Ingrid van Bergen ihren Geliebten ermordet hatte. Ich fand es vollkommen einleuchtend und nachvollziehbar, was sie dazu trieb. *Wer bin ich?* Eine überflüssige Frage. Jeder ist potentiell alles – je nachdem, was aktiviert wird. Das Verhalten eines Menschen richtet sich so sehr nach seinen jeweiligen Beziehungen, daß man sich fragen muß, ob es so etwas wie einen festen Charakterkern überhaupt gibt. Ist es nicht eher ein Gasgemisch, das sich bei näherer Betrachtung in Nichts auflöst? Eine chemische Substanz, die eine immer wieder neue Verbindung eingeht mit der Substanz des jeweiligen Gegenübers? Manchmal mischt es sich und wird giftgrün, manchmal rosa, manchmal explodiert es, manchmal dampft es nur vor sich hin.

Mit Dr. Mellinger hatte ich angeregte Gespräche, bei denen er versuchte, mich von meinen Rationalisierungen und intellektuellen Erklärungen in die Emotion zu schieben, ins Fühlen. Da wollte ich aber nicht hin, da war ich ja schon die ganze Zeit, im restlichen Leben.

»Sehen Sie nicht, was Sie mit mir machen?« sagte er. »Sie lassen mich mit Ihnen von Gedanken zu Gedanken hüpfen, fordern mich intellektuell heraus – und ich hüpfe mit.«

»Wenn Sie mich fragen, antworte ich«, sagte ich. »Das kann ich nicht steuern, ob das Gefühl oder der Kopf antwortet.«

An anderer Stelle ging es um Simon und um die Möglichkeit, daß ich ihm immerzu sein Versagertum vor Augen halten, bewußt machen wolle, um zu demonstrieren, daß ich menschlich besser sei als er. Bei Yanni dominierte ich durch meinen beruflichen Erfolg gegenüber seiner Erfolglosigkeit. Ich hatte einen Namen, er nicht. Bei Simon brillierte ich durch Intellekt, Rhetorik und Charakterreife.

»Verstehen Sie nicht, was Sie da tun?« sagte Mellinger und deutete auf sein Hirn. »Sie ficken *ihn*!«

Aha. *Wort-Gewalt* also. Ich unterwarf ihn mit Worten – er mich mit seiner Verweigerung. Kampf des Wort-Reichs gegen die Un-Tat.

»Sie wollen den Männern beweisen, daß Sie der bessere Mann sind ...!«

Ach, jetzt kam der auch wieder mit diesem antiquierten Penisneid! Das erinnerte mich an Dr. Glücklich. Zum Teufel mit Freud! Ich *bin* besser – und zwar als Mensch!

»Würden Sie diesen Satz auch sagen, wenn Sie eine Frau wären?« sagte ich.

»Wahrscheinlich nicht, da haben Sie recht.«

Wenigstens gab er es zu. Eine Analytikerin hätte vermutlich gesagt: »Sie verschrecken die Männer durch Ihre Power, das fordert Reaktionen heraus, die Sie dann nicht aushalten wollen. Das ist unter anderem ein Problem unserer Generation.«

Ein Zwischenstadium in der Frauenrevolution?

Will man mich niederficken oder niederreden? Bin ich ein Männerschreck? Ja – mit Recht! Wie heißt es so schön? Jede intelligente Frau hat Millionen natürlicher Feinde: *Alle Männer!* Aber warum, zur Hölle, suchte ich mir immer Männer, die in spezieller Beziehung so unterlegen waren und in anderer so weit überlegen? Immer diese fatale Mischung aus Verachtung und Verehrung ... Entweder Gott oder Stallknecht – oder Hofnarr.

Vom Steiger zum Gott,
vom Gott zum Teufel,
vom Teufel zum Trottel
– zur Hölle mit diesem!

Das war mein Muster, wobei ›Trottel‹ wahlweise durch ›Arschloch‹ zu ersetzen war. Es war nicht einmal so, daß die Männer wirklich Arschlöcher waren, die Frage war ja nur: Warum suchte ich solche aus – oder ließ es zu, daß sie mich aussuchten und nahmen?

Wir kamen in unseren Sitzungen mit Dr. Mellinger auf einige Dinge, aber nicht weit genug, um den Fall zu lösen. Immer wenn Freud mit seinem Penisneid durchsickert, werde ich sauer.

»Der Mann Simon hat Sie in Ihrer Neurose getroffen«, sagte Mellinger.

Aha. Und nun? Ist es die Demütigung, die mich aufs Blut reizt? Brauch ich sie als Herausforderung, um heißzulaufen? Ist es der Sex? Auch. Ist es das Machotum, die Überlegenheit, Brutalität, die das hündisch-lustvolle Hingeben-Wollen weckt? Reagiere ich wie ein Mann – oder wie eine Frau? Beides! Ich reagiere mit Kampfbereitschaft und Hingabebereitschaft, alles drin. Ich bin androgyn. Und das gern.

Vielleicht paßt das nicht ins therapeutische Normquadrat?

»Seine Brutalität liegt in der Subtilität.« (Mellinger)

Solche Sätze liebe ich, merke sie mir lebenslang. In Zukunft werden sie mich schützen. Aber jetzt holen sie mich nicht aus der Falle. Ich hab den Fall Simon noch nicht erlebt. Jetzt kenn ich ihn. Gescheit daherreden kann jeder. Durchhalten und Wiederauferstehen wenige.

Den Kampf mit einem Macho kann nur eine Domina oder eine Schlampe gewinnen. Ich nicht. Beides wäre ich gern. Aber ich kann es nur spielen, wenn man es mich sein läßt. Im Innersten bin ich eine Jungfrau, die humanistische Mutter Gottes der Neuzeit mit solidem Karriere-Bewußtsein, eine Neo-Maria. Und Christus ist mein Mann-Sohn-Gott, den ich liebe und verehre und der mir die Show stehlen darf mit seinem verdammten Charisma, weil es so in meiner DNS steht.

Immer haben sie noch mehr Humor, noch mehr Härte, mehr Konsequenz, mehr Lautstärke – und der vermaledeite Penis ist das allerletzte, worum ich ihnen neidig bin. So eine hirnrissige Behauptung kann nur die Ausgeburt eines verkoksten Männerhirns sein, wie Freud eins hatte. Ich neide ihnen ihre testosteronlastige Vormachtstellung, die sie sich überall nehmen, ihre Breitmache, ihre Vordränglerei, ihre Besserwisserei. – Was wissen Sie besser? *Nichts!* Aber sie behaupten das täglich. Sie haben irgendwann unsere Brüterei als Schwäche dargestellt, weil sie beweglicher sind in diesen Zeiten, und haben unseren angeblichen Brutpflegeinstinkt vorgeschoben, um Nestflüchter sein zu können. Und haben als Stärke bezeichnet, was nichts andres als Drückebergerei ist. Und nun sollen wir Glucken sein bis in alle Ewigkeit und Ammen, weil die Herren den Kopf besetzt halten, die Religion des Kopfes – und uns in die Bauchabteilung abschieben wollen! Fuck it!

Dynamik, Zielstrebigkeit, Durchsetzungskraft, Wille – Energieformen, die landläufig als männlich bezeichnet werden, was impliziert, daß Energie und Dynamik *männlich* sind. Falsch! Alles Ritual, Konvention, Klischee! Oder doch nicht? Bette Davis sagte: »Willst du eine Sache gut gemacht haben, hol dir ein paar gestandene Weibsbilder!«

Sollte man nicht das phallische Geprotze, das seit Jahrtausenden währt, etwas einschränken? Wie oft koitieren Primatenweibchen pro Tag? Unendlich oft. Mit jedem, der daherkommt. Hauptsache Lust! Polygamie ist weiblich. Ich will nicht den Schniedel fertigmachen, aber man muß doch die Kirche beim Dorf lassen! Sexaktive Frauen jagen Männern Angst ein, immer schon, müssen eingedämmt werden. Dann das Schreckbild der unersättlichen, maßlosen Frau im Rausch. Das Zerrbild der Hexen. Phantomjagd. Ursache: männliche Ängste und männliche Schwäche. Der Mann unterdrückt die Frau, weil er Muffe vor ihrer Potenz hat, in jeder Beziehung. Und deshalb macht er auch fortwährend so ein Geschiß um seinen Schwanz.

Warum nur sind wir immer noch so nett!? Unser Hirn ist durch diese Nettigkeit verschleimt. Nett ist gleich weiblich ist gleich nett!

Was passiert, wenn Frauen plötzlich die Wahrheit sagen? Legionen tödlich gekränkter Männer lassen sie zurück! Die Wahrheit über Schwänze und Potenz, über Orgasmen. Weißt du, wie es in deutschen Betten aussieht? Nein? Aber ich, quer durch alle Schichten! Die Hälfte aller Frauen hat keinen Orgasmus. Das liegt nicht an den Frauen. Das liegt an der Unkenntnis des Mannes von der weiblichen Anatomie. Da fehlt's an Potenz, an Know-how, an Stil, an erotischer Kultur. Barbarisch. Unsere erotische Kultur beschränkt sich auf Plastikteile von Beate Uhse für User und gynäkologische Videos. Und Zotenreißerei am Stammtisch.

Männer sagen sehr oft die Wahrheit. Frauenfeindliche Äußerungen sind seit Jahrhunderten an der gesellschaftlichen Tagesordnung, sind Teil der Kultur, der Literatur und Kunst. Wir sind viel härter im Nehmen, sogar schlagen lassen wir uns und bleiben in der Ehe. Leidensfähigkeit ist eine weibliche Tugend, heißt es – und Stärke auch. So gesehen war Christus die größte männliche Heldin. Die Wahrheit ist:

Frauen sollen schwach tun, Männer müssen stark tun.

Ich brach die Sitzungen bei Dr. Mellinger ab.

»Gehe ich richtig in der Annahme, daß noch eine Ehrenrunde mit Held Simon erfolgt?«

Torak neigte den Kopf zur Seite und sah mich spitzbübisch an. Ich mußte lachen. Seine Vermutung traf zu, wie sie meistens zutraf.

»Ja ... Wenn man es Ehrenrunde nennen will!« sagte ich. »Mir kam es mit der Zeit vor wie ein Spiel, dessen Regeln ich nicht mehr durchblickte.«

»Auch das Spiele-Spielen macht Freude, die Lust an der Lebenskomödie, nur diesmal sind Sie unversehends in eine Tragödie geraten, in Ihre eigene, die drohte, Ihre Psyche zu ruinieren, Ihr Leben zu zerstören. Ihr Alkoholkonsum stieg, Ihre Identität war zerfallen ...«

»Dabei wollte ich nur Katz und Maus spielen ...!«

»Ja ... aber waren Sie denn eine gute Maus, Gnädigste? Nein. Eine halbtote Maus ist keine gute Maus mehr – sie langweilt die Katze ...! Und sie frißt die Maus auf oder geht schlafen, wenn sie satt ist. Kälte und Ignoranz forderte seinen Jagdtrieb heraus, das Nicht-nötig-Haben, ebenso Ablehnung. War es nicht bei Ihnen genauso? Er hatte nur einen unschätzbaren Platzvorteil, er war immer da in Ihrer Nähe, die anderen Männer weit weg. Er spielte Platzhirsch.

›Wer da ist, der siegt!‹ – heißt es in Italien. Zum Platzhirsch gehört aber immer auch ein Platzreh – und das waren Sie! Sie räumten ihm mehr und mehr Platz ein, anstatt ihm Grenzen zu setzen!«

»Ich liebe Männer, aber offenbar bekommt ihnen diese Liebe nicht! Sie verhalten sich wie Arschlöcher. Ich muß härter werden – und konsequenter!«

»Richtig. Und lassen Sie die Weinerlichkeit, Verehrte, sie steht Ihnen nicht. Männer werden sadistisch, wenn die Frau zu schwach ist.«

»Wenn sie zu stark ist, auch. Warum?«

»Je schlechter und je mieser ein Mann eine Frau behandelt, desto heftiger klebt sie an ihm. Weil sie immer fragt: Warum? Warum ist er nur so roh? Bestimmt ist er eigentlich ganz anders!«

»Und auf das ›eigentlich‹ wartet sie fünfzehn Jahre, wenn's blöd geht.«

»So ist es! Warum Surabaya-Johnny so roh ist, wen kümmert es? Die Frage ist: wollen Sie ihn so aushalten oder nicht. Ende! Das Warum stürzt Frauen in den Abgrund der sinnlosen Verkettung. Abhängigkeit, meine Liebe, entsteht nicht dadurch, daß man was Schönes kriegt, Abhängigkeit entsteht dadurch – merken Sie auf! – daß einem etwas vorenthalten wird, was man dringend braucht!«

Simon gab zu, er sei rachsüchtig. Gerechtigkeit war ihm fremd, Gleichberechtigung auch. Bei Herausforderung kam sein Motor auf Touren, und er teilte immer mit einer geraden Rechten *unter* der Gürtellinie aus: *Küsse und Schläge,* hieß seine Liebe. Vom Vater geprägt. *Seine masochistische Verletzlichkeit hat sich in Sadismus verkehrt, um sich vor Verletzungen zu schützen* – Schriftanalyse einer Graphologin. Darum also ist Surabaya-Johnny so roh!

Und mir nützt das Wissen nix.

Torak hatte sich geschneuzt und war aufgestanden, um das Papiertaschentuch in den Abfalleimer zu werfen. Er zog sich seine Kleider zurecht und nahm wieder Platz.

»Legen Sie auch die Opferbereitschaft ab!« sagte er engagiert. »Sich unter die Vorstellungswelt eines anderen zu begeben, kann böse ausgehen. Und auch das Selbstmitleid und die Wehleidigkeit. Sie müssen angreifen, Verehrte, das ist Ihr Markenzeichen!«

Angreifen ... Ich erinnerte mich dunkel.

»Ich will, daß sich meine Originalität wieder entfaltet«, sagte ich. »Eine brünstige Geliebte ist abgeschmackt, unoriginell. Das Schmachten ist nur interessant, wenn es literarisch oder musikalisch umgesetzt wird –«

»– in eine höhere Ebene, mit der nötigen Distanz!« ergänzte er.

»... verewigt in Kunstform«, sagte ich.

Torak sah mich ernst an, seine schwarzen Augen hielten meinen Blick fest. »Da sind wir schon angekommen, Lena ... Das ist dein Lebensauftrag. Genau das. Ersticke nicht in der Banalität des Alltags und der Trivialität der Groschenromane, die das Leben schreibt. Halte dich nicht auf, auch nicht bei deinen Schwächen. Breite deine Schwingen aus und fliege.«

»Ich kann nicht fliegen, meine Flügel sind gestutzt, meine Schwungfedern sind ausgerissen!«

»Doch, du kannst ... *Flügel wachsen nach.*«

Phönix

Nur die Mutigen entkommen!

Auferstehung

Ab diesem Zeitpunkt sahen wir uns mehrere Monate nicht – und meine eigentliche Wiederauferstehung setzt hier ein.

Aber noch nicht sofort.

Als erstes holte ich mir aus dem Tierheim einen Hund als weiche, warme Heimat, der mich am Wochenende, wenn niemand half, so strapazierte, daß ich ihn sofort wieder weggeben wollte. Dann verfiel ich zwei Wochen lang in einen kompensatorischen Kaufrausch, kaufte einen Hosenanzug von Versace, ein sündteures Designersofa aus Leder in knallrot, zwei echte Teppiche und viele unsinnige Dinge. Ich verpulverte Tausende von Mark, und meine Finanzen waren, vornehm ausgedrückt, angespannt; nicht zuletzt wegen der Sommerpause, in der wenig Veranstaltungen stattfinden und allgemein nicht viel läuft.

Hund und Kaufrausch brachten keine wesentliche Erleichterung.

Ich saß dumpf brütend zu Hause herum, meine Laune wurde täglich schlechter und ging wieder in Lähmung über. Die Angst war weg, das Zittern auch, aber ich war seelisch narkotisiert. Das Gemüt wollte nicht begreifen, daß es vorbei sein sollte. Ab und zu Grillen bei Yanni und Resa, belanglose Gespräche. Sogar mit Simon hatte ich eine Art geistiges Haus gebaut, das ich nun vermißte. Alle schwätzten triviales Zeug, fand ich. Keiner konnte es mir recht machen. Ich ertrug niemand außer meinem Sohn.

Ich trauerte. Um Simon nicht zu begegnen, mied ich alle Orte, wo er hätte sein können, fuhr Nebenstraßen, auf denen er aus dem gleichen Grund fuhr. Immer wieder begegneten wir uns. Auf dem Land ist das nicht schwer. Manchmal stand sein Wagen vor dem Golfhotel, mit Kindersitz.

Familie Schütz sonntags gemeinsam am Pool im Golfhotel …, dachte ich verbittert. Ich entwickelte vielgestaltige Rachephantasien, kam aber jedesmal zu dem Ergebnis, daß diese letztlich alle mich selbst trafen. Eigentlich hätte ich erleichtert sein müssen, daß ich die Belastung los war. *Hätte …!*

Dann bekam ich ein Fahrverbot. Ich bin eine Nürburg-

Emanze, je schneller, desto besser. Ab hundertundsechzig auf der Bundesstraße, so halsbrecherisch wie möglich, kommt mein Adrenalinspiegel ins Lot. Seitdem ich einen Sohn habe, bemühe ich mich wirklich um Tempodrosselung, aber im Hochsommer geht es mit mir durch. Mein Vater kannte den Polizeipräsidenten von München gut. Eines Tages rief der meinen Vater an, vielleicht ein Jahr, nachdem ich bekannt geworden war, und sagte verzweifelt: »Karl, ich mag deine Tochter wirklich gern, aber ich kann ihr jetzt echt nix mehr durchgehen lassen. Gestern ham wir sie schon wieder erwischt, mit 150 Stundenkilometer, wo 80 Begrenzung war. Was soll ich machen? Ich muß euch eine Anzeige schicken! Nix für ungut, Karl, aber deine Tochter fahrt wie eine gesengte Sau.«

Und nun hatten wir Hochsommer, und die gesengte Sau hatte eine labile Gemütslage. Meine Raserei hatte mich in eine Radarfalle geraten lassen. Ich mußte zwölfhundert Mark bezahlen und durfte einen Monat nicht fahren, nicht einmal meine heißgeliebte Harley.

Also heuerte ich einen dicken Freund an, der gerade keinen Job hatte, und ließ mich für ein paar Mark herumfahren. Adi hörte sich geduldig meine eintönige Klage an und unterhielt mich mit rustikalen Scherzen, der Welpe auf dem Rücksitz.

Und dann, plötzlich, an irgendeinem heißen Julitag fing ich zu schreiben an. Ich schrieb, täglich, mehrere Stunden. Ich schrieb, wie besessen. Ich schrieb mir alles von der Seele, schrieb alles auf, was ich seit Monaten für ein neues Bühnenprogramm geplant hatte. Es paarten sich Wut und Sarkasmus.

Ich hatte plötzlich die Lächerlichkeit all dessen, was sich abspielte, vor Augen und auch die Komik dieser unsäglichen Leidenschaft, meine Verbissenheit in meiner Schwäche, die infantile Verkettung, aber auch die Gerissenheit von Simon, sein Verfallensein mir gegenüber, die ganze Tragikomik und der groteske Taumel, in den wir geraten waren. Dazu mischte sich eine boshafte Rachsucht und die Erkenntnis, daß nichts geeigneter war, um mich zu retten und Simon zurechtzuschrumpfen auf handliches Format, zumindest in mir selbst, als meine Welt – die Bühne!!

Ich würde die Chance haben, mehrere hundert Mal meine Wut und Trauer hinauszuschreien, ihr Gehör zu verschaffen, meinem Überdruck Luft zu machen, bis alles aus mir raus war. Wozu bekommt man so eine Kompression geschenkt vom Leben, wenn man sie nicht nutzt? Und wenn ich Glück hatte und meine Aufgabe gut löste, würde es viele tausend Menschen geben, die sich damit identifizieren und einen Höllenspaß an meiner Opferrolle haben könnten. Womit allen Beteiligten ein Dienst erwiesen wäre und sich die ganze Sache doch gelohnt hätte? Jawohl.

LEX MIHI ARS, Freunde – die Kunst sei mir Gesetz!

Und so schrieb ich unsere Geschichte auf. Von Anfang bis Ende.

Die erste Zeit war grauenhaft.

Ich hielt es nicht länger als fünf Minuten im Arbeitszimmer aus. Sobald ich vor dem Schreibtisch stand, empfand ich ihn als bedrohliches Monstrum.

Stöße von Papierblättern voll mit Notizen – das Ergebnis von drei Jahren Untätigkeit – quollen aus allen Regalen! Dann versuchte ich, meine Panik zu beherrschen und die Stöße nach Themen zu ordnen. Ich hielt es immerhin zehn Minuten aus; die Stöße wurden kleiner, die Notizen übersichtlicher; mein Toleranzbereich dehnte sich auf eine Stunde aus. Und so ging es fort.

Ich eroberte mir im Kampf gegen meine Angst in mühseliger zäher Kleinarbeit Schritt für Schritt meine kreativen Fähigkeiten und meinen Mut zu ihnen zurück.

Und auf einmal fing es zu fließen an, die Worte kamen wieder, die Finger flogen über die Tastatur, die Gedanken sprudelten, die Sätze erzählten sich von selbst.

Zuerst wurde es ein schauerlich-sentimentaler, breitgetretener, larmoyanter Quark. Dann strich ich viele Passagen, oft ganze Seiten heraus, formulierte um, setzte Glanzlichter auf, dampfte das Geschehen ein bis auf die Essenz.

Und dieses Wesentliche, was übrigblieb, war mein Wesen: *Der Witz.*

Und wenn ich mich jahrelang an Reifeprüfungen im Leben hinleiden muß, was bleibt, ist: der Witz.

Was mich rettet, ist: der Humor.

Was mich immer wieder neu gebiert, ist: das Lachen.

Unter Lachen wurde ich geboren und gebäre mich immer wieder neu durch das Lachen.

»Wie heißt du, Lena ...?« ruft eine zarte Stimme ganz tief in mir.

Wenn ich von schwarzen Nachtmaren umgeben bin, ruft sie mich, und ihr Echo hallt aus den Gebirgen der Traurigkeit: »Wie heißt du, Lena ...?«

Und wenn sie zerren an mir, die Gier, die Sucht, der Wahnsinn und die Leidenschaft, ruft sie unnachgiebig: »Wie ist dein Name, Lena ... ???«

»Lustig ... Ich heiße Lustig ... Lena Lustig ...!!«

»Gut, Lena ...«, sagt die Stimme, »vergiß das nie ...«

Humor kommt aus dem Leiden.

Ist es nicht wirklich zum Lachen – dieser endlose Tanz um Liebe und Lust, um Leben und Sterben, um Freud und Leid? Nicht der Lächerlichkeit preisgeben, was uns widerfährt, sondern schreckliche Wahrheiten ins Blattgold tauchen, um sie annehmen zu können als Kostbarkeiten des menschlichen Lebens, die uns den Wert unseres Seins vor Augen halten.

Dieses Blattgold heißt Lachen.

Und Witz.

Ohne Schmerz keine Freude,
ohne Dunkel kein Licht,
ohne Weinen kein Lachen,
verstehst du das nicht ...?

Diese Zeilen hat meine Mama geschrieben, und der ist das Lachen oft genug vergangen. Aber sie hat es immer wiedergefunden und auch im größten Dunkel nie ganz verloren.

Also nehm ich meinen Schmerz an und gewinne eine gesunde Traurigkeit, ich nehm meine Wut an, und sie wird zur Lebenskraft, ich nehm mein Leid an, und es bemüht sich, zur Güte zu werden. Und plötzlich bemerke ich, daß ich viel, viel, viel stärker geworden bin in diesen Jahren.

Ich bin eine gestandene Frau.

Noch nicht ganz.

Zwei Monate sind es seit der Trennung, in diesen acht Wochen hab ich mein ganzes neues Programm geschrieben: eine Frau, die durch einen Mann in eine furchtbare Lebenskrise gerät und dann durch die Mangel der Psychodoktoren gedreht wird. Die nehmen ihr Geld ab, bringen aber kein Heil. Die Verwandtschaft sondert triviale Ratschläge ab, der Suff sprengt als Erlöser das Leid, ist aber als langfristiger Begleiter nicht geeignet, und die Philosophie bleibt theoretisch. Sodann stellte ich den Bezug zur Politik her: ein privat ins Unheil geratener Mensch spielt politisch keine Rolle mehr oder die falsche. Und unsere Gesellschaft besteht aus all solchen immer wieder ins private Unheil Geratenen. Gefährlich: Gesammelte Neurosen sind gefährlicher als einzelne. Besonders, wenn Rattenfänger kommen.

Und der Titel der Show war: PHÖNIX!

Dann schrieb ich die Songs – *Liebe quält, Delirium, Ego-Lego, Schutzengel, Visions, Heile Welt* und den Titelsong *Phönix*, die härteste Nummer von allen.

Ich begann die Texte zu lernen, wochen- und monatelang. Und ich schickte sie Yanni. Der sagte:

»Gut. Ich mach die Regie! Im Dezember fangen wir an. Wie heißt das Ganze?«

»Phönix.«

»O.k., das gefällt mir. Im März ist die Premiere in München. Eine Woche vorher machen wir einen Testlauf in der Prärie; Österreich-Land oder so.«

»Ich fürchte, da werden sie nicht so einsteigen«, sagte ich. »Solches Krisenzeugs ist doch eher großstadtspezifisch.«

»Das werden wir schon sehen. Außerdem glaub ich das nicht. Wenn's um die Liebe geht, versteht das jeder Depp!«

Im September fuhr ich mit Beni eine Woche auf Reiterurlaub. Beni bekam Reitstunden auf Ponys und wurde von hübschen, fröhlichen Mädchen unterrichtet, ich galoppierte allein auf ungarischen Vollblutpferden über die Steppen meiner mütterlichen Vorfahren. Am liebsten hatte ich einen vierjährigen, gerade zugerittenen Hengst, einen Rappen mit langer, wilder Mähne.

Der Wind pfiff mir um die Nase, meine Lungen füllten

sich mit Freiheit, und ich gab dem Gaul die Sporen, als gälte es, davonzujagen vor der überstandenen Katastrophe, als könne er mich auf seinem breiten Rücken von allem Leid hinforttragen in eine ferne, wildromantische, abenteuerliche Welt. Wir galoppierten durch die Wälder, über die nebligen Morgenwiesen, in den sonnigmilden Herbstnachmittag bis in den untergehenden Feuerball hinein; sein Atem stob durch seine geblähten Nüstern, sein Leib dampfte, und seine Hufe stampften meinen Zorn in die ungarischen Grasebenen.

Drei Monate waren es jetzt seit der Trennung, und ich konstatierte konstante Besserung und einen generellen Aufwärtstrend, wenn auch mit Einbrüchen, Wehmut, Verlustschmerz und Bedauern über diese Jahre, während derer ich alles investiert hatte und nun alles verloren glaubte. Was für ein instinktloser, hybrider Trottel war ich doch! Eine egozentrische Gans! Wo war das entsprechende reife Selbstwertgefühl für mein Alter, meine Position? Ohne das dauernde Ausredengejammer!

Ich kämpfte mit ständiger Müdigkeit. Die gewaltige, psychische Energie, die verbraucht worden war, forderte nun ihren Tribut.

Männer gab es keine, ich war zu angeschlagen und doch zu gesund, zu nüchtern, um irgendeinen Fremden in meine Seele oder an meinen Körper zu lassen. Ich hielt mich an Beni, der es bitter nötig hatte und mich gut brauchen konnte, nach all der Zeit. Und ich kämpfte täglich gegen mein schlechtes Mutter-Gewissen an, bis ich in einer Zeitung las: *Haben Sie kein Mitleid, schenken Sie Zuwendung!*

Ah, diese grünlich-versülzte, gelblich-verschmalzte Seele! Austrocknen, den ganzen Schleim im Kopf, frischen Wind durchblasen lassen, lichtblaue Denkfrische, Hochspannung statt Niedervolt, mentaler Starkstrom statt klitoraler … oder oraler und analer.

Gib mich mir zurück, Leben, und laß mich trotzdem lieben!

Im Oktober diskutierte ich mit Tom, dem Tourleiter, hin und her, ob ich Musiker dazunehmen sollte oder nicht. Yanni war dagegen.

»Was willst du mit den Idioten, die kosten Geld, spielen sich auf und nerven. Du kannst das doch allein viel besser!«

Das war nicht ganz falsch; Yanni kannte sämtliche Macken und Allüren von Musikern. Aber die Überlebensfähigkeit einer Künstlerin hängt auch von der Lust ab, die sie am Auftreten hat, nicht nur von Talent und Leistung und Disziplin. Ihre Darbietung beginnt zu strahlen durch den Spaß, den sie hat.

»Ich find das gut mit den Musikern«, sagte Tom.

»Ich eigentlich auch«, sagte ich.

»Dann mach's doch ...! Man soll das tun, was man will.«

Das Wort *eigentlich* ist immer der Wegweiser.

Eigentlich hatte ich mir Simon nur als Liebhaber gedacht.

Eigentlich hatte ich allein bleiben wollen.

Eigentlich wollte ich Musiker haben.

Ich kämpfte noch eine Weile mit dem Problem, dann begann ich zu suchen. Musiker bedeuten in der Tat erhebliche Mehrkosten, bei jeder einzelnen Veranstaltung. Nicht nur durch ihre Gagen, sondern auch in bezug auf den Transport von Personen, Instrumenten und Hotelkosten, die wiederum der jeweilige Veranstalter zu tragen hat. Außerdem würden sich die Kosten für die Beschallung aufblasen und somit Gusts Arbeit, damit auch seine Kosten. Alles in allem stiegen die Unkosten fast um das Doppelte. Das bedeutete, ich würde den gesamten Apparat vergrößern müssen: höhere Zuschauerzahlen, mehr Werbung, höhere Gesamtkosten für die Veranstalter – aber auch Mehreinnahmen, wenn es gut ging – und der Sprung in größere Hallen. Eventuell auch weniger Gage für mich persönlich.

Ich wagte es. Ich war dabei, meine alte Kampfkraft wiederzugewinnen, meine Risikofreude, meine Unternehmungslust.

»Hi, Lenz. Dein Abend war gigantisch ...«

Ich kam gerade aus der Garderobe ins Restaurant zu unserem Tisch.

»Du bist also der Johannes ... Grüß dich!«

Vor mir saß ein schmaler, großer Bursche mit stahlblauen

Augen, glänzenden schwarzen Haaren und einer Prise Verrücktheit im flackernden Blick.

»Ich würd das wahnsinnig gern mit dir machen. Ich bin nicht der Oberprofi an sich, was die Gitarre betrifft, aber ich kann geil abrocken! Wann kann ich dir was vorspielen?«

»Nächste Woche bin ich in München, o.k?«

»O.k! Und bitte sag Joey!«

Nummer zwei war Pete, ein großer, blonder Engländer, dessen Mutter aus Wien stammte. Es paarten sich englischer, schwarzer Humor mit Wiener Charme. Joey stand für Frechheit und Gefühl, Pete für Intellekt und Können, Joey war ein Selfmade-Musiker, Pete ein Studierter. Nach der ersten Probe gab es Probleme.

Pete war notenfest, Joey brauchte ziemlich lang, um Harmonien herauszuhören. Natürlich wurde das sofort offenkundig. Als Pete gegangen war, sah Joey betrübt vor sich hin.

»Was ist?« fragte ich. »Was läßt du deine Nase so hängen?«

»Ach ... Ich hab echte Probleme. Der spielt das alles einfach so runter. Da komm ich nicht mit. Ich hab Angst, daß ich das nicht pack ...«

Es brauchte ein bißchen gutes Zureden auf beiden Seiten. Pete war sauer.

»Hör mal, wenn ich den erst anlernen muß, das dauert ja doppelt so lang! Dann will ich musikalischer Leiter sein und die Verantwortung tragen. Und das kostet aber dann mehr ...!

»Das geht nicht!«

»Ich muß den Johannes wirklich einweisen. Deine Songs sind harmonisch nicht so einfach. Wenn er sie drauf hat, spielte er sie geil, das hör ich. Aber das dauert ...!‹

»Och, Petelein, komm!«

Der eine hatte die Kompetenz und die Arroganz des Studierten, der andere die Originalität und den Dilettantismus des Autodidakten.

Sie mußten sich zusammenraufen. Später sollte sich herausstellen, daß sie sich ergänzten wie Tag und Nacht. Pete hatte in Joey den jüngeren Bruder gefunden, dem er die Welt und die Musik erklären konnte. Joey ließ sich von Pete seinen Verstand aufpolieren und fuhr ihm mit Wahrhaftigkeit und spontaner Frische in die Parade. Pete hatte mit dem Gefühl so seine Schwierigkeiten. Während langer Autofahrten entwickelten sie eine zärtliche Freundschaft, wenn sich auch immer wieder Dispute entzündeten darüber, daß Pete sich abwertend über Wernis »Amateurmusik« mockierte und Joey Petes Kompositionen als akademisch und blutleer oder ausdrucksschwach attackierte.

Und ich durchlief während der dreimonatigen Probenzeit meinen Reifungsprozeß zur Vorgesetzten. Bis dahin hatten mir immer Männer den Weg gewiesen und gesagt, wo es lang zu gehen habe. Diesmal mußte ich allein entscheiden.

Vor allem Pete wies mich immer wieder darauf hin: »Wenn du die Chefin bist, dann mußt du entscheiden, wie das gespielt wird. Und nicht Joey und nicht ich. Oder wir machen ein Kollektiv. Dann läuft aber alles ganz anders. Also, sag uns morgen, wie du's willst. Ich erwarte deine Entscheidung, Chefin.«

Mir blieb nichts anderes übrig, als in meine neue Rolle hineinzuwachsen. Da Yanni bei den musikalischen Proben vorerst nicht dabei war, konnte ich weder in den Streit, noch in Auflehnung flüchten, noch ins Weglaufen. Man erwartete von mir Kompetenz und so etwas wie natürliche Autorität. Und beide Musiker hielten sich linientreu an die Marschrichtung, die eingeschlagen wurde. Sie erwarteten nur, daß diese von mir vorgegeben wurde. Besser hatte ich es nicht treffen können. Ich hatte intuitiv goldrichtig gewählt. Richtiger Zeitpunkt, richtige Menschen.

Der Schutzengel war offenbar doch kein Depp.

Wir sahen uns schweigend an. Torak trank, wie stets, seinen schwarzen Tee. Ich blickte zum Fenster hinaus und sann den Ereignissen der letzten Jahre nach. Noch ein ganzes Weilchen saßen wir so da, ohne zu reden, dann sagte Torak: »Sehen Sie, Gnädigste ... kaum beschließen Sie einmal selbst etwas, funktioniert es.«

»Sie vergessen, daß auch eine Meisterin Lehrzeit braucht.«

»Sicher, aber das Dilemma der Frauen ist, daß sie den Männern die Leithundfunktion zuschieben und sich anschließend über die Ergebnisse beschweren. In einer reifen Beziehung führt einmal der eine und einmal der andere.«

Ich biß in mein Butterbrot, das seit einer Stunde unberührt auf dem Tisch gelegen hatte. Kauend sagte ich: »Sie vergessen, daß Männer gern die Führung an sich reißen und sagen wollen, wo es langgeht.«

Torak unterbrach mich. »Aber nur, weil Sie das zulassen, Verehrte! Mit Ihren Herren Musikern erlebten Sie doch das Gegenteil.«

»Jaaa ... nun ja, das Kämpfen ist anstrengend. Mitunter möchte auch ich mich anlehnen und rasten.«

»Das tun Sie beim Sport auch und fallen deswegen nicht in erduldende Passivität. Leben ist Kampf, ist Herausforderung. Belastbarkeit ist trainierbar, wußten Sie das nicht?«

»Doch, natürlich – aber das ist ja *mein* Satz!«

»Bedenken Sie, wie klein Sie sich gemacht haben und wie stark Sie wieder wurden. Sie sind zu keiner Zeit gebrochen worden, Sie haben sich nur sehr stark gebogen oder geduckt oder vielleicht ... gefaltet? Sie sind äußerst flexibel, und darin liegt Ihre Stärke.«

Er schloß die Augen und ließ mich mit meinen Gedanken allein. Dann sagte er plötzlich leise: »Wenn ich Ihre Lebensblume vor mir sehe, sehe ich einen dünnen Stengel, der ganz zerbrechlich wirkt; aber wenn ich ihn näher betrachte, bemerke ich im Innern dieses Stengels einen Stahldraht, der zuläßt, daß sich die Blume unendlich weit neigen kann. Der Rückstoß, wenn sie sich wieder aufrichtet, kann das Gegenüber empfindlich verletzen ... Seien Sie gütig und erkennen Sie Ihre Kraft. Seien Sie behutsam im Umgang mit ihr. Andere wären in einen Abgrund gefallen, wenn sie sich zugemutet hätten, was Sie da aushalten wollten. Das hat schon seine Richtigkeit so.«

»Ich war im Abgrund ...«

Torak zuckte die Schultern. »Mag sein. Das ist doch auch sehr interessant. Viele waren da nicht. Und so wirken sie auch: flach. Ohne Höhen, ohne Tiefen; ohne sich Weisheit und Tiefe erlitten zu haben. Sie wissen es doch, alles hat seinen Preis – der Ruhm, die Leidenschaft – aber auch die Kleinbürgerlichkeit, die viele Erfahrungen lebenslang missen muß, weil der Mut fehlt und die Skrupel zu groß sind.

Der Großteil der Menschen will nicht erleben, was Sie erlebt haben.«

»Ja, ich weiß. Sie schauen nicht über den Tellerrand hinaus, aber Sie wissen stets, wie alles zu gehen hat. Das ist das wahre Spießertum: Nichts erlebt haben und Maßstäbe aufstellen.«

»Sie erwarten zuviel von anderen Menschen, und wenn zuwenig kommt, verachten Sie sie. Erwarten Sie nichts, dann werden Sie nie enttäuscht und müssen auch niemand verachten. Was Sie geben, bekommen Sie. Mit Ihrem Sohn machen Sie es richtig: Sie lassen ihn, wie er ist und bauen ihn auf. Warum machen Sie das nicht mit erwachsenen Menschen?«

Ich wollte antworten, aber er ließ mich nicht zu Wort kommen.

»Ihr Anspruch an sich und andere ist die Falle, in die Sie immer wieder geraten. Sehen Sie einfach genauer hin, und sparen Sie sich die Apotheose. Wenn Sie den Mann zum Gott erheben und verherrlichen, kann er nur vom Sockel stürzen, den Sie ihm errichtet haben. Stilisieren Sie ihn auch nicht zum Dämon hoch. Schreiben Sie hundert Mal in Ihr Tagebuch: ›Ich soll Männer nicht so wichtig nehmen.‹ Oder wahlweise: ›Der Mann ist nicht Mittelpunkt meines Lebens.‹«

»O. k. ... – ist er aber *doch*. Immer!«

Torak spann seinen gedanklichen Faden weiter. Er behauptete, ich grolle den Männern nur, weil ich sie führen ließe, und empfahl mir dringend, unabhängig zu werden. Mit meiner wachsenden Selbständigkeit würden Männer ihre übermäßige Wichtigkeit für mich verlieren, mitsamt ihren Sperenzchen.

»Sie meinen, daß ich nicht den Männern zürne, sondern ihnen meine Abhängigkeit von ihnen verüble, auch von ihren Launen?«

Ja, nickte er, genau das meine er!

»Sie lassen sich behindern!« sagte er. »Und das lasten Sie den Männern an. Ihr Liebster war ein naiver Schwarmgeist, der einer romantischen Wallung nachgetappt ist. Er geriet in die Falle seiner kurzlebigen Begeisterung, und bevor sie zuschnappte, hat er Sie mit hineingerissen!«

Ich schlug mit der Faust auf den Tisch und rief aufgebracht: »Aber warum konnte er das denn, verdammt, nicht zugeben??«

»Vielleicht wußte er es selbst nicht? Unser Held Simon war ein wirklichkeitsblinder Träumer – und Sie erwarteten von ihm Reife!«

Torak sah mich an. Da ich nichts erwiderte, fuhr er fort: »Und nun erwarten Sie von mir, daß ich Sie aus Ihrer Wirrnis geleite. Wieso? Nur weil ich es behauptet habe? Warum sind Sie so naiv?«

»Meine Intuition sagte mir, daß Sie es können!«

Er schüttelte den Kopf und lachte laut auf, was mich etwas kränkte. »Ah ... vielleicht höre ich nur gerne Geschichten vom Leid und geile mich daran auf, weil ich in dieser Art selbst nichts erleben kann ...? Und sehen Sie, da sind wir beim Punkt: Sie gestehen mir die Funktion des weisen Narren zu, und ich nehme sie ein, die Rolle des geistigen Führers. Sie können sich selbst führen, Gnädigste!

Frauen sind stärker, als sie wissen,
Männer sind schwächer, als sie tun.

So ist der Spruch richtig! Ich bin nur ein verkrüppelter Clown, der sich aufspielt als Ihr persönlicher Ratgeber – und so geht es vermutlich vielen Männern. Und Sie sind es, die mich diese Rolle spielen läßt! Imaginiere und ordne an: Sie sind die Schöpferin Ihres Schicksals, Sie alleine, Verehrte ...!«

»Nicht ganz ...«, sagte ich, »hören Sie weiter ...«

Und doch ...

Lenz sehnt sich wieder stärker nach Simon. Unerträglich wird ihr seine Abwesenheit und die innere Spannung:

... nur wissen, wie es ihm geht ...! Ob er traurig ist oder froh ... Ob er gesund ist, ob er sich eingefunden hat in seine Ehe ... Was er macht ... ohne mich ...?

Und irgendwann im November, als die ersten Nebel über den Feldern aufsteigen und die Bäume alle Blätter abgeworfen haben, kriecht die Kälte in ihr Herz. Keiner kann ihr den Simon ersetzen. Der Yanni nicht, und die Resa nicht, ihr Söhnchen und die Nonni und Mama nicht; weder Junghengste noch alte Galane, noch irgendwer aus dem Freundeskreis und der Verwandtschaft kann ihr den Schutz und die Geborgenheit geben, die Simon ihr gab, ihr Herzensbrecher. Hatte der doch immer sorgfältig die gebrochenen Hälften aufgeklaubt und vorsichtig in seinen Händen gehalten und beatmet mit seinem Tieratem ... Und wenn es auch weh tat, so waren die Hände doch weich und warm und rochen nach ihm. Nun quält sie sich jeden Tag mehr, ihn nicht anzurufen, und hält sich mühsam im Zaum, trainiert zu Zeiten, in denen Simon nicht dort sein kann.

Eines Tages kommt sie abends nach Hause und sagt zu ihrem Sohn: »Ich möcht so gern wissen, wie es ihm geht! Soll ich ihn anrufen, was meinst du?«

Der Zwölfjährige antwortet, wie ein Zwölfjähriger antwortet: »Laß den doch, Mami, sei froh, daß er endlich weg ist! Den brauchst du doch gar nicht mehr. – Und jetzt spielen wir Scrabble, gell?«

»Ja«, sagt Lenz, »ja, Beni, freilich. Ich komm gleich wieder. Hol du inzwischen schon das Spiel raus. Ich muß noch schnell ins Büro rübergehen.«

Sie setzt sich an den Schreibtisch und sortiert im Halbdunkel kurz die Post. Es ist acht Uhr abends. Vom Haus dringt ein schwacher Lichtschein herein. Sie will es nicht hell. Dann hört sie noch den Anrufbeantworter ab.

Das Bayerische Fernsehen bittet um Rückruf wegen einer Quiz-Sendung, Pete, der Keyboarder, will Noten zugesandt haben, und Nonni sagt, sie kommt am nächsten Tag um vierzehn Uhr vorbei. Und dann, der letzte Anrufer ... die Stimme der Mutter in die Stille des Raumes: »Lenz ... hier ist die Mami ... der Papi ist tot!«

Lenz bewegt sich nicht. Kann sich nicht bewegen. Sie kann nicht atmen. Ihre Lungen stecken in eisernem Panzer. Unendliche Sekunden lang. Und plötzlich schreit es aus ihr in die Wände: »Aaahhhhhhh ...!!!!!«

Ihre Brust hebt sich wie unter schwerem Blei, der Kopf ist leer, der Blick geht ins Leere ...

»Benedikt ...!!!!! Kooommm ... Schnell!! ... Bitte!! Komm!!!!«

Beni springt fröhlich vom Haus herüber in den Büroraum, auf Lenz zu.

»Was ist denn, Mami. – Was ist denn los?«

Er sieht die Mutter an und stutzt.

Lenz atmet immer noch schwer und reißt das Kind in die Arme und drückt es wie verrückt.

»Au«, sagt Beni, »ich krieg keine Luft.«

»Mein Papi ist tot!« sagt Lenz. »Dein Opi ... der lebt nicht mehr ...!«

Beni schaut wie alle Kinder bei Todesfällen. Er versteht es nicht ganz, was das bedeutet ... *tot* ... Er macht große Augen und sieht ratlos die Mutter an, weil er nicht weiß, was er sagen soll. Auch Lenz schaut durch ihn hindurch in das Dunkel. Und kann nicht weinen. Es will ihr nicht in den Kopf, daß sie keinen Vater mehr hat.

»Simon ...? Hier ist Lenz.« – Stille –

»Hallo, Lenz ...« – Pause –

Das erste Wort nach fast einem halben Jahr.

Lenz: »... mein Vater ist tot ...«

»Wart ... ich komm rüber. Gleich bin ich bei dir.«

Simon kommt und breitet seine Arme aus und drückt Lenz in seinen großen, warmen Körper hinein. Lenz schlupft wie ein Küken unter die Flügel und weint, weint, weint. Vor Trauer und Schmerz und Liebe gleichzeitig.

Warum hat mich mein Papa nie so im Arm gehabt? Jetzt ist er im Himmel, und ich kann ihm nix mehr sagen. Simon, mein Papa war wie du, von seiner eigentlichen Wärme her, aber er hat sie nicht zeigen können. – Warum haben die Männer, verdammt, so ein verbogenes Verhältnis zu ihrer Seele und können immer mit irgendwas nicht aus sich raus?

Sie liegen nebeneinander im Bett.

»Willst du nicht zu deiner Mutter fahren?«

»Doch. Nein. Meine Mutter hat gesagt, ich soll nicht Auto fahren in so einem Zustand.«

»Aber du kannst sie doch nicht alleinlassen jetzt?!«

»Eben.«

Lenz springt aus dem Bett und steht frierend und zitternd im Zimmer.

»Ich muß fahren! Ich würde mir das nie verzeihen, daß ich ihr nicht beigestanden hab in dieser Nacht!«

»Zieh dich an, Lenz. Ich fahr dich nach München!«

Die Zeit danach war ausgefüllt mit der Organisation der Beerdigung und der Bewältigung von Unmengen Bürokratie. Ich hatte alle Mühe, meine Mutter seelisch zu stützen, die nach vierundvierzig Ehejahren, davon fünfundzwanzig gemeinsamen Berufsjahren auf der Bühne, in ein schwarzes Loch fiel und nicht wußte, wie sie ein Leben ohne meinen Vater mit fast siebzig Jahren meistern sollte. Nicht nur der Lebensgefährte war ihr entrissen. Er hatte auch sämtliche bürokratischen Angelegenheiten verwaltet, so daß sie nun, wie so viele Frauen, allein und hilflos vor einem Berg von Aktenordnern, Verwaltungs-Chaos und Post saß, ohne die geringste Ahnung, was zu tun war. Durch all diese Anforderungen kam ich nicht dazu, in Traurigkeit zu versinken. Wir waren mitten in den Proben für *Phönix*, in drei Monaten sollte die Premiere sein. Die letzte lag, bedingt durch meine Lebensumstände, fast drei Jahre zurück. Ich glaube, ohne Simon wäre ich zusammengebrochen. Das erste Mal in unserer gemeinsamen Zeit war er nicht nur Liebhaber, Quäler oder Hausfreund, sondern ein wirklicher, echter Freund. Wenn ich von meiner Mutter nach zwei Stunden Fahrt abends nach Hause kam, war er da und nahm mich in die Arme, gab mir unermüdlich Zuspruch, Wärme und Trost, stärkte mir den Rücken, redete mir gut zu und sorgte dafür, daß ich meine Mutter täglich anrief, auch wenn mir oft nicht danach war.

Aber die mehrmonatige Trennungszeit hatte das Gegenteil vom dem bewirkt, was sie sollte. Wir entfernten uns nicht einen Deut voneinander. Wir stürmten mit der gleichen Begeisterung auf uns los, die uns seit jeher verband. Jede Trennung trieb uns erneut und verstärkt aufeinander zu.

Vor allem Simon stürmte. Ich dachte, ich höre nicht recht und mußte fast lachen, als er sagte, um jeden Preis wolle er immer noch und wieder zu mir, es hätte sich nichts geändert.

»Aber begreifst du denn nicht«, sagte ich, »daß du es nicht kannst!!«

»Irgendwann kann ich es! Ich glaube an uns, komme, was wolle! Aber wenn du willst, sag ich nichts mehr.«

Kurz vor Weihnachten begruben wir meinen Vater.

Silvester verbrachten wir in trauter Zweisamkeit, die diesmal drei Monate anhielt! Zwei Tage nach der Premiere zog er aus. Manchmal hatte ich das Gefühl, daß er es nicht vertrug, wenn ich zu hoch flog, wie die meisten Männer. Sie sind das Dienen oder Unterordnen nicht gewohnt. Immer wenn ich zu stark wurde, bekam ich einen seiner beliebten Tiefschläge.

Ich glaube auch, daß seine Frau, die jede erdenkliche Waffe einsetzte, daß sie ihn in der Karnevalszeit betrog – es kam mir so etwas zu Ohren – und daß die Trennung vom Kind, das er so liebte, ihn spaltete. Sie erlaubte es nicht, daß sein Sohn zu mir kam, und drohte mit völligem Entzug.

Ich hätte und habe es vorhersehen können. Dennoch – wider aller Vernunft – ließ ich ihn zu mir kommen. Wie jedesmal, war auch diesmal die seelische Belastung viel zu groß.

Und dann passierte das zu Erwartende: *Ich war es leid!*

Irgendwann, als er wieder einmal bis zwei Uhr nachts zu Hause beim Kind auf die Rückkehr seiner Frau warten mußte, die ausgegangen war – und ich zu Hause bei mir auf ihn, brannte bei mir eine Sicherung durch. Als er endlich kam, um halb drei, hatte ich alle Koffer gepackt und vor die Tür gestellt. Wir stritten herum. Ich stand nackt, frierend und außer mir vor der Haustür und bestand darauf, daß er die Koffer ins Auto lud, eher ginge ich nicht mehr ins Haus und wenn es mein Tod sei, sagte ich. Er tat es wortlos, und nach zweitägigen Diskussionen ging er ganz.

Im Juli mußte ich zu zweiwöchigen Dreharbeiten an den Chiemsee. Er versprach, mich zu besuchen, Tag und Uhrzeit waren vereinbart, und wieder versetzte er mich an diesem Tag ohne Absage, ohne Anruf, ohne Nachricht.

Und jetzt ging es plötzlich sehr schnell.

Torak wiegte den Kopf und dachte nach. Dann sagte er: »Ich nehme an, die Sicherheit, Ihre neue Show auf die Beine gestellt zu haben, gab Ihnen diese Kraft? Könnte man sagen, daß Sie sich wirklich herausgearbeitet haben aus Ihrem seelischen Loch?«

»So war es. Nichts und niemand hat mir geholfen, nur meine eigene Kreativität. Die Kunst, wenn Sie so wollen ... meine ureigene Profession – der Kasperl ...!«

Torak sah mich prüfend an. »Niemand sonst?«

»Oh, natürlich, ich will nicht ungerecht werden: Das Verhältnis zu Yanni hatte sich auf erfreuliche Weise gebessert, normalisiert, sogar intensiviert; unsere Zusammenarbeit war professionell und kreativ. Beni, Resa und die Familie standen mir bei. Wenn ich diese Menschen nicht gehabt hätte, an die ich mich immer und immer wieder wenden konnte, meine Mutter vor allem und auch Nonni, wer weiß ... ich wäre womöglich nicht mehr am Leben! Simon vielleicht auch nicht. Ich wundere mich manchmal wirklich, daß ich ihn nicht erschossen habe ...!«

Torak lachte. »Aber auch er stand Ihnen bei ...«

»Ja. So belastend das Verhältnis war, er hat beigestanden und geholfen. Mehr, als ich ihm helfen konnte. Meine Unterstützung bestand eher darin, ihn herauszufordern, geistig und menschlich zu wachsen.«

Wir sahen uns an.

»Womit alles sein gutes Ende fand ...«

Ich schüttelte den Kopf.

»Nein, ganz und gar nicht. Einsamkeit und Traurigkeit waren vorerst Lebenspartner. Keine Liebe, keine Zärtlichkeit, eine freudlose Leere in großer Isolation da draußen. Ich reiste mit Pete ein paar Tage nach London, flog eine Woche nach Ibiza ... es half nicht viel. Ich konnte mich keinem anderen Mann öffnen, war nicht bereit für eine neue Liebe. Ich versuchte einige Anläufe und hatte delikate Erlebnisse mit jungen Herrn, die nicht in die Tiefe gingen. Ich arbeitete mit Simon. Er half mir in bürokratischen und Steuerangelegenheiten. Sonst nicht viel.«

Es entstand eine kleine Pause, dann fragte Torak:

»Und die Erotik ...?«

»Wir hatten noch ein heftiges Zusammentreffen. In Hamburg.«

»Erzählen Sie ...«

Hamburg

Simon kam mit nach Hamburg.

Seine frühere maßlose Unzuverlässigkeit hatte bis auf minimale Entgleisungen einer normalen Berechenbarkeit Platz gemacht. Wir waren guter Stimmung, aufgeregt und gespannt, wie das Programm *Phönix* bei den Nordlichtern ankommen würde. Ein vierzehntägiges Festival wurde dort veranstaltet, und als einer der Höhepunkte war meine Show angekündigt. Alle drei Veranstaltungen restlos ausverkauft und keine einzige Karte mehr zu bekommen. Das Hotel war firstclass, und für mich hatte man großzügigerweise eine ganze Suite reserviert.

Am ersten Nachmittag blieb uns nicht viel Zeit bis zum Soundcheck, und die bevorstehende erste Veranstaltung ließ auch keinen Raum für Entspannung.

Der Abend verlief glanzvoll. Ich war in Bestform und ließ die Stimmung hochkochen. Simon lehnte am Bühnenrand neben den Boxen und hörte sich vergnügt meine verbale Schimpfakrobatik an.

»Heut geb ich's mir mal wieder ...!« hatte er vor Vorstellungsbeginn gesagt.

»Von Zeit zu Zeit brauch ich das.« Und nun grinste er vor sich hin und beobachtete amüsiert das Publikum, das sich über unsere Geschichte aus den Nähten lachte. Wo waren die reservierten Hamburger, die sonst so distanzierten? Ich konnte keinen entdecken. Sie quietschten vor Vergnügen und applaudierten nach jedem dritten Satz, und der Abend dauerte zwanzig Minuten länger als sonst.

Nach der Vorstellung kam eine Dame zu mir, Mitte Fünfzig, mit einer vornehmen Ausstrahlung und einem gut geschnittenen, zarten Gesicht und sagte: »Man spürt, daß Sie wissen, wovon Sie sprechen. Das ist keine heiße Luft in Kunstform – da steckt das pralle, gelebte Leben drin!«

Ich antwortete nichts und nickte nur vor mich hin. Sie drückte meine Hand und sagte: »Einer muß immer die Schneise in den Urwald schlagen ...«

Ich war gerührt und sann meiner Liebesgeschichte nach, bis ich merkte, daß Simon hinter mir stand. Ich hatte ihn nicht kommen hören. Er nahm mich an den Schultern und blickte mich an.

»Du warst wunderbar«, sagte er, »und du bist so stark ... viel stärker als ich. Ich brauch dich. Du bist der wichtigste Mensch in meinem Leben ... außer meinem Kind. Aber an der gleichen Stelle stehst du.«

Nach der Vorstellung kamen Andreas und Frieda, beide aus der einschlägigen Hamburger SM-Szene, hinter die Bühne. Frieda hatte streichholzkurze Haare, Andreas ebenso, beide in schwarzem Leder. Pete und Joey fanden das geil, und wir alle waren aufgekratzt, jeder mit kindischen Reeperbahnphantasien im Hirn. Simon sagte nicht viel, genoß aber ebenso die frivole Atmosphäre. Frieda führte einen Erotika-Laden und lud uns für den nächsten Tag ein, sie dort zu besuchen. Andreas bot an, uns ein bißchen durch Hamburg zu führen, uns Kneipen zu zeigen, die wir vielleicht noch nicht gesehen hätten. Wir verabredeten uns für den nächsten Abend.

Am nächsten Mittag versammelte sich die ganze Crew, um zu Friedas Laden zu gehen. Alle schwätzten aufgeregt durcheinander, was sie ihren Freundinnen mitbringen wollten, und daß man unbedingt einen drauf machen müsse heute Nacht. Ich probierte eine gute Stunde Lack und Gummi, diverse ausgefallene Wäschestücke und rief Simon immer wieder in die Kabine, um seinen Rat zu holen. Seine Augen bekamen einen fremden Glanz.

Und ich kaufte eine Peitsche. Ich hatte nichts Konkretes damit vor, aber ich dachte, vielleicht kann ich sie bei einer Bühnennummer einsetzen. Wir waren in dieser Nacht in gut zehn Kneipen unterwegs, die Musiker tigerten durch die Herbertstraße, und Joey konnte sich vor Angeboten kaum retten, was ihn sehr beflügelte. Andreas machte mir eindeutige Angebote. In seinen schwarzen, abgründigen Augen war nicht zu erkennen, welche Rolle ich bei einem Zusammentreffen spielen solle. Simon beobachtete das Geschehen, sagte aber nichts. Es war ein intensiver, schöner Abend, wir wurden lange nicht müde. Als wir ins Hotel zurückkehrten, waren wir immer noch hellwach. Und wir hatten beide keinen einzigen Schluck Alkohol getrunken.

Wir kamen ins Hotelzimmer. Die Tür war kaum zu, da hatte mich Simon um die Hüften und küßte mich. *Zeig mir deine Zunge, ich will sie sehen*, sagte er, *komm, zeig sie mir* ... Ich züngelte ihm entgegen. *Ja, so ist es gut. Und nun geh zum Bett. Rock hoch. Hinlegen. Beine breit. Ruhig liegen bleiben.* Drei, vier leichte Schläge auf das Geschlecht. Zusammenzucken, alles Blut in den Unterleib. Geilheit steigt. *Ruhig liegen, stillhalten!* – Mehrere leichte Schläge, dann stärkere, auf die Brust, ins Gesicht, auf die Hüften. *Auf die Knie, los runter.* Er öffnete seine Hose. *Und jetzt nimm ihn in den Mund, da, los.* Steifes, erigiertes Glied zwischen meinen Lippen, bis in den Schlund. Hitze. *Genug. Aufstehen. Hol die Peitsche und bring sie mir. Hierher. Und nun Umdrehen. Leg dich auf den Bauch.* Wieder Schläge, diesmal von Lederriemen, ganz leicht – auf den Rücken, auf das Gesäß. Leichtes Brennen. Stärkere Schläge, *stillhalten, nicht bewegen! – Das tut weh ... ja gut so.* Der Schmerz ist gut, lebendig. Und stärker werden die Schläge, härter – *Mama*, will ich schreien, aber die ist nicht da. Nur der große, starke Gladiator, der mich jetzt fesselt in die Handschellen, an das Bett – und meine Kräfte entfesselt! Ich winde mich wie eine Schlange, strecke ihm meinen Körper entgegen, der nach Entladung giert. *Fick mich! Nein. Schlag mich. Ruhe. Sei still und halt den Mund.* Da – ein Hieb, der saß! Und noch einer, noch einer, brennt wie Feuer, fast zu stark, aber eben nur fast ... *Umdrehen wieder, auf die Knie, Arsch raus, und hier hast du alles, das willst du doch* und steckt mir den Penisgriff der Peitsche in meine Öffnung und stößt tief hinein und noch und noch und läßt sie stecken in mir und sagt, *halt still, nicht bewegen* ... nun muß ich mich wieder auf den Rücken legen, mit dem Rock oben bis zum Bauch, und nun masturbiert er mich, besser als ich es selbst je konnte, mit den erfahrensten Fingern der Welt kreist er um mein Lustzentrum, bis ich fast ... nein, jetzt hört er auf ... ich winde mich. Handschellen los, *runter auf den Boden, auf alle viere, ja und nun geh los, auf allen vieren* – ein leichter Hieb, weitergehen, da rüber – das ist in Richtung Eisschrank, was will er da ...? *Weiter, ganz langsam.* Jederzeit kann ich aufstehen und sagen, *Schluß mit dem Spiel, ich will nicht mehr*, aber ich tue es nicht. Ich genieße den Zwang, den er ausübt auf mich.

Weitergehen ... auf Händen und Knien, wie eine Wildkatze ... – um Gottes willen, das geht in Richtung Zimmertür ... was soll ich dort? Er wird doch nicht ... nun bin ich zwei Meter vor der Tür. *Weiter ...!* – wieder ein leichter Klaps, nur seine tiefe Stimme, *geh zu.* Und nun öffnet er die Tür, einen Spalt, so daß ich hinaussehen kann auf den menschenleeren Gang. Es ist drei Uhr in der Früh. Will er mich hinausschicken, hinausdrängen auf den Hotelflur? Er wird doch um Gottes willen nicht so Ernst machen? Ich bekomme echte Angst. Das Spiel ist nicht mehr lustig. Auch nicht schmerzhaft. Es geht um mehr. Um meinen Ruf. *Angenommen, ich steh nackt vor meinem Zimmer,* schießt es mir durch den Kopf, *und die nächste Tür öffnet sich, und ein Gast fragt: Ja, Frau Lustig, was machen Sie denn da?* Oder ich muß nackt in die Rezeption von diesem Luxushotel und irgendeine Erklärung abgeben, warum ich draußen und mein Begleiter im Zimmer ist. Wie soll das gehen. Der Schweiß steht auf meiner Stirn. Die Sekunden kommen mir wie Minuten vor, die Minuten wie Stunden ... *Gnade, bitte um Gnade, Simon ...!*

Das reicht für heut, sagt Simon und schließt sachte die Tür. Ich erhebe mich unsicher und taumle an seine Brust. Mir ist schwindlig ... Das war gemein ... ich lecke ihn ab, küsse ihn, rieche seine warme männliche Ausdünstung, den Schweiß auf seiner Haut.

Komm zu mir, komm mit, leg dich aufs Bett. Er schüttelt die Kissen und legt mich vorsichtig hin und breitet sich über mich. Und schließt mich ein in seine Arme. Und nun kommen die Tränen, langsam, still, von ganz unten herauf, von tief innen, Tränen der Demütigung, des Schmerzes, des Versagens, der Sehnsucht, der Verzweiflung und der Liebe, die sich unterwirft dem Willen des Herrn, winselt in treuer Ergebenheit ... keine Wölfin – eine Hündin. Aber warte, das wirst du büßen, Simon ... das kriegst du zurück!

Eine halbe Stunde liegen wir so da, dann kehrt das Leben in uns zurück. Küsse, feuchtere Küsse, tiefere Küsse, Blut wird heiß ... ich stelle mich vor ihn, lehne mich an die Wand: *So, und nun gehst du auf die Knie, du räudiger Hund, runter mit dir, ja, so ist es brav. Und nun leck mich, los – tu, was ich dir sage, du unwerte Kreatur, los, lecken, brav lecken, was ich dir da hinhalte, auf den Knien bleibst du!* Und nun ein Hieb quer über den Rücken, deinen unendlich schönen, breiten ... und noch einen! Wie *Tigerkrallen sollst du meine wütenden Hiebe spüren, du Versager, du menschliches Nichts. Nur dafür bist du gut, daß du mich leckst!* Er sieht von unten an mir herauf mit nassem Gesicht: *Spuck mich an!* sagt er, *spuck mich an – ich brauch es, los – Jaa – da hast du! ... – Und noch mal den Geifer mitten in dein Gesicht, meine ganze Feuchtigkeit kriegst du, alles, mein Blut, meinen Saft, mein Leben ...!*

Er wirft mich quer über das Bett, drückt meine Schenkel auseinander und dringt ein in mich mit harten Stößen, bis ich mich aufbäumen will im Höhepunkt – da zieht er sich heraus und entlädt sich auf meinen Leib. Das Gewitter ist vorbei ...

Wir schlafen wie Neugeborene und sprechen nicht mehr über diese Nacht.

Torak war unruhig auf der Couch hin- und hergerutscht.

Er verzog die Mundwinkel und grinste. Ich sah ihn herausfordernd an.

»Gnädigste ...!« rief er. »Gnade ...! Treiben Sie es nicht zu weit! Oder wollen Sie in Ihre unzähligen Sex-Opfer auch noch einen armen Krüppel einreihen ...?«

Ich fing zu lachen an, und Torak rieb sich die Hände.

»Genug damit! Sie wollen also sagen, Sie beide sind auch noch auf den Pfaden des Marquis de Sade gewandelt, Verehrte??«

»Ja. Aber die neuerlichen Abgründe, die sich auftaten, waren sehr tief.

Wir ließen es bei Ausflügen in diese Welt bewenden ...«

»Und bei Ihren Phantasien ...?«

»Simon ließ sich die seinen selten entlocken. Er befürchtete, ich würde mich entsetzt von ihm abwenden. Seine extremsten Phantasien, sagte er, enden in einem Schlachtfest ...«

»Also doch de Sade!«

»Vielleicht. Aber auch umgekehrte Neigungen waren ihm nicht fremd. Die Vorstellung, an einer Hundeleine durch die

Kleinstadt geführt zu werden, amüsierte ihn sehr in ihrer frivolen Extremität ...«

Torak lachte. »Dionysische Inszenierungen ...«

»Wir waren ein ideales Paar! Eine Astrologin hatte mir einmal gesagt: Mit diesem Mann können sie alle – *alle!* – Höhen und Tiefen der Sexualität erleben, hinauf bis zur mystischen Vereinigung und hinunter bis zur diabolischen Auflösung ...«

»Was hat er für einen Aszendenten ...?«

»Skorpion, was sonst ...?«

»Ah ...« Er sah mich belustigt an. »Ich halte es – bei allem Respekt vor Ihrer leidenschaftlichen Liebe, Verehrte – für möglich, daß Sie sich vielleicht in diesen Jahren sozusagen ... ähm ... den Luxus der Unterwerfung geleistet haben ... könnte das sein?«

»Kein Mann hat mich je zu solchen Entäußerungen veranlassen können. Bei diesem, meinem Urbild des Mannes war ich so Vollweib, so Schlampe, daß das keiner mehr begriffen hat. Freundlicherweise hat man um mich herum geduldig abgewartet, bis mein Hörigkeits- und Säuglingstrip ein schlagartiges, selbstinszeniertes Ende fand.«

»Und das ging wie ...?«

Illusion ade

Ich gratulierte Simon, nachdem er mich bei den Dreharbeiten versetzt hatte, zu seiner Leistung: »Du hast es geschafft, herzliche Glückwünsche!! Die Illusion von der gemeinsamen Zukunft ist Vergangenheit und somit endgültig beendet.«

Kurz und kalt. Per Telefon. Die Schnelligkeit solcher Entscheidungen, wenn sie innerlich gewachsen sind und geboren werden, ist gespenstisch: zwei bis drei Sätze. Und nun trat das Verwunderliche ein:

Der Sex versandete plötzlich, nach fast sechs Jahren immer wieder aufwallender Leidenschaft. Wir wußten nicht mehr, wozu, wofür. Unsere Lust kam nicht mehr auf die Beine, nachdem die romantische Blase zerstochen und geplatzt war. *Wenn es aus ist, ist es aus.*

Es gab Liebe, Zuneigung, Arbeit, Freundschaft, Unterstützung – aber die Magie und die sexuelle Faszination ... die waren nicht mehr da. Amor schoß noch, aber traf nurmehr in seine Hornhaut und in mein dickes Fell. Es piekte nurmehr, wenn er traf.

Mit dem Sterben der Vision und des Eros verlor die Beziehung allen Glanz. Wie alles, spürte er auch das.

Als er eines Tages wieder zwei Stunden mit mir im Bett herumlag – was nicht einmal mehr als ein Aufguß funktionierte – und Possen riß, sagte ich trocken: »Wenn ich eines Tages unsere Geschichte aufschreibe, hoffe ich, daß niemand Recherchen anstellt, um den wirklichen Simon zu finden. Er könnte dann vielleicht feststellen: *Na hörst, so a Trottel is des?*«

Simon konterte umgehend, indem er noch eins draufsetzte. Er schlug vor, als Abkürzung für seinen Namen *T.* zu schreiben, oder *D. T. – Depperter Trottel.* Niederbayrischer Fatalismus und männlicher Sarkasmus.

Als ich eines Tages verzweifelt sagte, ich sähe unsere Geschichte immer noch klar in Bildern vor mir, bemerkte er lakonisch: »Mach doch Comics draus!«

Seine Kommentare wurden böse, zynisch, ab und zu auch witzig, wenn sie gut waren – aber eines waren sie nicht mehr: erotisch. Er hatte sich mit der Vaterrolle identifiziert – und den Faun, den Waldgott, den Steiger, den hatte er abgelegt.

»Sie tun ihm Unrecht!« Torak sah mich ernst und streng an.

Ich blieb störrisch. »Ich bin gemein; das war er auch!«

Er zog seine hohe Stirn in tiefe Falten und sagte: »Dennoch: Er liebt Sie wirklich! Sie haben ihn magisch angezogen, weil er sich entwickeln wollte; und er spürte, daß er das durch das Zusammensein mit Ihnen kann. Seine Welt *war* ihm zu eng, und er brauchte jemand, der ihn da herausholt.«

»Wieso gerade ich?« rief ich aus.

»Wenn nicht Sie, Verehrte, wer sonst?« sagte Torak. »Wer hätte sich die Mühe gemacht? Mit wem hätte er dort so intensiven Kontakt haben sollen? Trotzdem war es ihm unmöglich, seine Wurzeln abzuschneiden, seine Familie zu verlassen, für die er sich zunehmend verantwortlich fühlte und bei der er sich in der Beschützerrolle sah. Sie sind kein Nest, Gnädigste, Sie sind eine Herausforderung! Er ist ein Mann, vergessen Sie das nicht immer! Und Männer haben Vorstellungen davon, wie sie sein sollen – und sie wollen so sein, wie man sie sehen will.«

»Aber wozu brauchte er die ganzen Versprechungen? Dieses Auf-Reißen?«

»Eben deshalb. Weil Sie niemals so offen gewesen wären für einen Ehemann, der einer bleiben will. – Sie hätten sich nach kurzer Zeit verabschiedet und niemals in dieser Weise für sein inneres Erwachen engagiert. Das taten Sie nur unter dem Aspekt, daß er Ihr Lebenspartner werden könne.«

»Aber das ist doch dann von ihm keine Liebe, sondern Ausbeutung meiner ... Fähigkeiten?!«

»Mag sein. Das ist die Natur. Der Baum fragt auch nicht, er beutet die Erde aus, wenn er wachsen will. Er braucht sie, und sie gibt ihm. Und haben Sie nicht auch genommen? Liebe, Zärtlichkeit, Sexualität, sinnliche Befriedigung? Hat er nicht Ihr Haus verschönert, Ihre Finanzen geordnet und Sie kompetent gemacht in Geldgeschäften aller Art?«

Ich nickte. Nun stand Torak auf und ging humpelnd im Wohnzimmer auf und ab.

»Vergessen Sie doch nicht immer, was Sie bekommen – und hören Sie das Hadern auf. Und das aufgeregte Flügelschlagen. Warten Sie nicht auf das ›bessere, richtige‹ Leben. Das Leben, das Sie suchen, meine Liebe – ist *jetzt*! Die Tränen, die Lust, das Lachen, das Leiden, die Wut, die Erfolge, die Mißerfolge, Enttäuschungen, Streite und die Glückseligkeiten – alles ist immer *jetzt*! Und wenn nicht jetzt, wann dann?«

Er blieb stehen.

»Möchten Sie es später erleben, in zehn Jahren? Hätten Sie vor zehn Jahren dafür Zeit gehabt? Hätten Sie es gar nicht erleben wollen?«

»Ich weiß nicht ... doch. Aber nicht so heftig!

Ich bin so müde ... ich will nur schlafen ... in Frieden sein mit einem lieben Mann ... ein Nest ... und Ruhe ... Ruhe, Ruhe ...«

Torak legte sanft seine Hand auf meine Schulter.

»Ja, Liebes ... träume ... aber wenn du genug geträumt hast, wach wieder auf.«

Ich blieb eine Weile so zurückgelehnt und ließ Gedanken kommen und gehen. Dann trieb es mich aus dem Sofa. Ich stand auf und ging im Wohnzimmer auf und ab, einen Fuß exakt vor den andern setzend, ohne ein Zentimeter Zwischenraum, und sah nach unten auf meine Schrittchen. Ich hatte das Gefühl, ich könne so konzentrierter denken und die innere Unruhe abreagieren. Torak verschränkte die Arme, lehnte sich zurück und wartete geduldig auf eine Antwort, während er meine sonderbare Fortbewegungsart amüsiert beobachtete; und er ließ mich ohne banale Fragen gewähren. Nach einer Weile blieb ich stehen und rief aus:

»Jetzt weiß ich, worum es ging ...! Es ging um nichts anderes als um seelische Kraft! Ich hatte mir ökonomische Potenz erarbeitet, intellektuell-rhetorische Potenz und künstlerische Potenz!«

»Sexuelle wohl auch!« warf Torak schmunzelnd ein. »... und nicht zu wenig!«

»Ja ...! Aber ich war seelisch schwachbrüstig! Verstehen Sie?? Und diese Jahre waren ein seelisches Krafttraining!«

»Worum ging es noch?« fragte Torak aufmunternd, da er spürte, daß ich noch nicht zu Ende gedacht hatte.

»... um die Unabhängigkeit! Ja! Die meine war eine Pose gewesen, eine Attitüde – etwas Ersehntes, aber noch nicht Gewachsenes ... Und, nicht zuletzt ging es darum, Gefühlstiefe und Beständigkeit zu lernen. Ich weiß viel mehr über Empfindungen! Und ich kann den Menschen jetzt ansehen, was sie fühlen; ich kann menschliche Verhaltensweisen lesen!«

Ich machte eine kleine Pause, dann lachte ich unvermittelt auf: »Ich glaube Torak, ich bin eine Füchsin geworden ... und die einsame Wölfin hab ich mitsamt dem Schafspelz in der Steppe gelassen!«

Wir schwiegen einen Moment.

»Und die Hündin ...«, fragte Torak mit seinem dekadenten Grinsen, das er immer aufsetzte, wenn es ums weibliche Dulden ging. Ich setzte mich ihm gegenüber aufrecht in den

Sessel, nahm seine feinen Hände fest in die meinen und blickte ihm in die Augen.

»Die von Ihnen so geschmähte Liebe des Hundes, lieber Torak, ist beständig, unwandelbar und ausdauernd bis zum letzten Atemzug – so möchte ich geliebt werden! Meine Mama hat mir das einmal geschrieben, und dazu einen Vierzeiler:

Daß mir der Hund das Liebste ist –
sagst du, oh Mensch, sei Sünde?
Der Hund blieb mir im Sturme treu,
der Mensch nicht mal im Winde!

Das zum Thema Hund, lieber Torak. Und damit will ich es abschließen!«

Torak antwortete nichts, nickte nur langsam vor sich hin und notierte sich den kleinen Vers.

»... ich habe Sie verstanden, meine Liebe: Aus einem guten Mann geht die Liebe niemals hinaus.«

Er bat mich um ein größeres Stück Papier und um einen Moment Geduld, er wolle etwas aus einem Buch für mich niederschreiben. Als er fertig war, reichte er mir das Blatt und sagte: »Hier, meine Liebe, für Sie, wenn es wieder einmal stürmisch wird. Aber ich glaube, das Schlimmste ist überstanden ...«

Ich begann zu lesen, Toraks markante, nach rechts geneigte Schrift ließ die Zeilen wie ein Dokument aus Goethes Zeiten aussehen.

»Über die körperliche Liebe, den Sexus, lernt der Mensch Gefühle zu empfinden, sensuelle Empfänglichkeit. Die Nähe und Wärme, die Befriedigung sexueller Bedürfnisse und Triebe sind eine notwendige Erfahrungsstufe der Liebe. Die nächste, verfeinerte ist diejenige des Eros – unter Beigabe des sehnsuchtsvollen, hingebenden Begehrens. Nicht mehr nur die eigene körperliche Befriedigung zählt, sondern genauso wichtig ist die Befriedigung durch die Gefühle des anderen. Der Geschlechtspartner ist nicht mehr nur Objekt der Begierde, sondern geliebter, ersehnter und ergänzender Teil des eigenen Selbst.

Über diese Form des Liebesaustauschs wird die Agape erlernt, die allumfassende, selbstlose Liebe, die Nächstenliebe, die nichts fordert, nichts erwartet, nicht berechnet, die nur um ihrer selbst gegeben wird und in ihrer Schwingung der Liebe Gottes in ihrer Feinstofflichkeit am nächsten kommt. Sie beinhaltet den Verzicht, das Geben, das Mitleid, das Mit-Glück, die Neidlosigkeit, die Dankbarkeit, die Freude am Bereiten von Freude, die Bereitschaft zur Hilfe, aber auch die Zufriedenheit mit sich selbst, die nichts zu tun hat mit Eigenliebe, sondern nur mit der Erkenntnis, in Gott geborgen zu sein. Nach dieser Form der Liebe strebt jeder auf dem Weg zur Vollkommenheit.«

Ich hob den Kopf und sah Torak nachdenklich an. Er nickte freundlich und sagte: »Erzählen Sie zu Ende, bitte ...«

Pantha rei

Es war seltsam.

Um unsere Körper voreinander zu schützen, wurden wir häßlich. Wir flüchteten uns geradezu in Häßlichkeit; und Krankheit. Über mindestens vier Monate schleppten wir alle beide einen unausgeheilten Infekt nach dem anderen mit uns herum und steckten uns fortwährend gegenseitig an. Ich legte nach und nach sechs Kilo Übergewicht zu, er bekam einen Bauchansatz. Es fiel mir auf, daß er immer seltener wirklich gut aussah. Seine Gesichtszüge waren müde geworden, fahl, seine Wangen begannen zu hängen. Er sah älter aus, als er war. Und wenn ich mich im Spiegel sah, bekam ich in dieser Zeit jedesmal einen Schreck.

Und er benahm sich wie eine Ehefrau, die sich mit Angabe von allen möglichen Gründen verweigert. Er könne seinen Körper so niemandem zumuten, er möge sich so selbst nicht, und er sei verkrampft, weil er ohne Liebe nicht Sex machen könne ... Alle Ausreden waren ihm recht, Hauptsache, es lief nichts. Aber er ging auch nicht weg von mir.

Wenn wir trainierten, hatten wir keine Lust mehr an

unseren Spiegelbildern. Wochenweise trainierten wir gar nicht mehr. Er sprach auffallend oft davon, daß Männer genau die gleichen Probleme mit dem Alter hätten wie Frauen. Aber auch seine Frau habe inzwischen eingesehen, daß abwertende Äußerungen über mein Alter, langfristig gesehen, ein Eigentor seien. Auch sie wurde älter.

Zwischendurch, ganz selten, kam es zu unerwarteten Highlights im Flur oder in der Küche, besonders dann, wenn Besucher im Haus waren und uns die Gefahr reizte, erwischt zu werden, wie Teenager. Aber abgesehen von diesen vereinzelten Happenings begann das große Welken.

Ich erkannte, daß Simon große Probleme mit sich hatte, damit, daß er älter wurde. Er sah oft aufgeschwemmt aus und übernächtigt, ungesund, krank. Zeitweise unterstellte ich ihm, er rauche Haschisch oder trinke zuviel Bier. Offensichtlich ging es ihm nicht gut.

Seine Zerrissenheit fing an, ihn einzuholen. Er konnte nicht ganz werden. Er flüchtete vor seinen Gefühlen, die er nicht konsequent zu leben in der Lage war, in den Sarkasmus. Mir kam es vor, als ängstige ihn seine Leere und er spiele als Ersatz für fehlende Substanz verschiedene Rollen – für die er Beifall erwartete: die des Galans, des großen Geschäftsmannes, des Geknickten, des Steigers – und neuerdings die des Komikers. Er hatte Momente, in denen er wirklich komisch war, die übrige Zeit wirkte es wie ein aufgesetztes Gehabe, eine Pose ... eine Pose, die verdecken sollte, daß ... ja, was eigentlich. Was war dahinter, das es zu verdecken gab ...?

Immer wieder fragte ich ihn, was er denke, wie es ihm ginge, was er wolle und wünsche; unzählige Male versuchte ich, seine wahren Empfindungen zu orten, einzudringen in die Tiefe seiner Seele – aber er klappte zu wie eine Auster.

Er hatte seine Gefühle versenkt in die tiefste Grube seines Herzens und kämpfte mit seiner Ohnmacht, keinen Weg finden zu können aus dem Dilemma. Sein altes Problem, niemanden lassen zu können, entlassen aus seinem Herzen, ging ihm an die Substanz – und die scheinbare Unmöglichkeit von Trennungen vor Augen, verfiel er zusehends. So heftig ich auch insistierte ... umsonst. Es war vergebliche Liebesmüh. Er sagte nur: »Wenn man sich wohl fühlt mit sich, dann geht das, auch mit dem Sex. Aber wenn man sich selbst nicht mag, geht nix. Nicht mal reden.«

»Das ist nicht gut, wenn du alles in dich reinfrißt. Da geht man kaputt«, drängte ich. »Du mußt mit jemanden darüber reden ...!«

Er grinste nur und sagte: »Mein Freund, der Baum, weiß alles.«

Ich gab es auf. Er wollte nicht.

Aushalten oder beenden.

Aus unserem Verhältnis konnte er nicht gehen. Aus inneren Gründen. Und ich entließ ihn nicht. Mein inneres Credo lautete: Das hier wird durchgestanden. Von beiden! Wofür auch immer es gut sein mag. Bis zum bitteren Ende. Bis jeder der Wahrheit ins Antlitz schauen und sie aussprechen kann, auch wenn sie unangenehm ist! Ich erkannte, daß man nur abwarten können muß, bis das Blatt sich wendet. Nicht aufgeben. Lange genügend ausharren, ohne zu lamentieren.

Man muß ausdauernder sein als die Schwierigkeiten, sagt Aurobindo. *Es gibt keinen anderen Ausweg.*

Das kann Jahre dauern, aber es lohnt sich. Jeder Mensch hat seine persönliche Nacht und seinen anschließenden Morgen. Es bleibt nicht dunkel – nie! Und nicht Vollmond. Wie heißt es so nett?

Nichts bleibt, alles vergeht, alles wandelt sich, alles verändert sich – alles fließt.

Und das einzig Beständige ist die Veränderung, der Wandel. In meinem Zimmer hängt ein Bild aus der Galaxie – darunter steht:

In des wahnsinns dunkler nacht
blicke ich empor zum sternenzelt
und sehe
panta rhei – alles fließt ins unendliche
meer des vergessens
nirwana – ewiges leben und ewiger tod.

Ich danke dir, Simon, für das Stück Leben, das du mit mir gegangen bist, das ich mit dir gehen durfte.

Ich danke dir für die Lust, die du mir geschenkt hast, auch für das Leid danke ich dir, denn es hat mich sehen gelehrt, hat mich aufgebrochen, hat mir die Augen geöffnet für die Lust und das Leid anderer Menschen.

Der Mensch lernt durch Denken oder durch Leiden. Anders kapiert er's nicht.

Ich liebe dich.

Torak legte mir die Hand auf die Schulter. »Aber warum, Gnädigste, haben Sie mich angerufen? Begreifen Sie nicht ...? Es ist vorbei ... vor-bei. Durchlebt. Und nun wissen Sie auch, wo unten ist, und kennen Ihre Schwächen. Sie haben die Nacht durchwandert, ohne die es nicht Tag werden kann.«

»Ich habe Angst ... daß alles wieder anfängt und weitergeht.«

»Nein, ohne Vision geht nichts. Imaginiere und ordne an. Es ist vollbracht. Der Rest wird Freundschaft sein. Sie werden ihn nicht verlieren als Mensch. Nur als Quäler. Er hatte die Aufgabe, Sie das Leid durchleben zu lassen, ohne das Sie kein Mensch werden. Nehmen Sie es ihm nicht übel. Er trägt keine Schuld.

Wir sehen uns beim Karneval in Venedig wieder, meine Liebe. Leider werden Sie mich einladen müssen ... Sie erinnern sich, unsere Wette ...«

Torak verabschiedete sich, nahm seinen Mantel, seine kleine Tasche, setzte den Hut auf und umarmte mich, wozu ich mich umständlich weit hinunterbeugen mußte. Wieder war es mir peinlich und ihm nicht. Er sah mich aus seinen funkelnden, schwarzen Augen, die so viel wußten, amüsiert an.

»Sie sind ein wenig ungeübt im Umgang mit kleinen Männern, Verehrte, Sie sind Ihren großen Simon gewöhnt, nicht wahr. Aber ist es nicht auch schön, die Größere zu sein ...? Denken Sie darüber nach ... Bis dann, meine Liebe und – bleiben Sie bei sich!«

»Ich danke Ihnen, Torak, ich danke Ihnen sehr ...!«

»O bitte, bitte, es war mir ein großes Vergnügen ... *Arrivederci, bella!*«

Er machte die Verbeugung und hinkte davon. Welches Transportmittel er nahm, oder wer ihn fuhr, weigerte er sich zu sagen, ebensowenig wie er sich von mir irgendwohin fahren lassen wollte. Er verweigerte auch meine Begleitung, drehte sich noch einmal um, winkte und verschwand in dem Wald, durch den die Zufahrt zu meinem Grundstück führt.

Ich war unendlich müde und fiel in einen langen, traumlosen Schlaf.

Venedig

Ein Gott
ist der Mensch,
wenn er träumt –
ein Bettler,
wenn er nachdenkt.

Masken

Unser Treffpunkt war zwölf Uhr nachts in München. Torak hatte auf dieser Zeit bestanden. Eine dunkle, große, lange Limousine stand vor der *Kulisse*, am Steuer ein Chauffeur mit Livree und Mütze, der sich mir später als Alain vorstellte, davor Torak, gutgelaunt wie immer.

»Ich grüße Sie, meine Liebe! Wie ist das werte Befinden?«

»Ganz gut«, sagte ich.

»Steigen Sie ein. Für Ihr leibliches Wohl ist gesorgt. Im Wagen gibt es kalte Getränke, Sandwiches und Vivaldi. Die Kosten für die Fahrt übernehme selbstverständlich ich!«

In der Früh um halb sieben kamen wir in Venedig an. Wir fuhren in den Sonnenaufgang hinein, ein riesiger roter Ball stieg am Horizont empor und tauchte die Lagunenlandschaft in golden durchwirktes Rosarot. Alain stellte die Limousine in der öffentlichen Garage ab, dann gingen wir zur Bootsstation und verluden das Gepäck.

Das Schiff tuckerte langsam durch den Canal Grande, die malerischen alten Häuser entlang, in diesem Licht, dessen Transparenz und Intensität die venezianische Malerei widerspiegelt. – Es war wunderschön.

Torak stand am Geländer und sah lächelnd flußaufwärts. Er wirkte ausgeglichen und zufrieden über die Ereignisse, als hätte er erreicht, was er wollte. Das Wasser gluckerte und plätscherte an die Schiffsplanken. Multikulturelles Stimmengewirr um uns herum.

»Ich liebe die Stadt«, sagte er, »sie hat einen morbiden Zauber, der einzigartig ist! Sie sind Künstlerin, Gnädigste. Venedig wird Sie betören und gefangennehmen. Waren Sie schon einmal hier?«

Ich verneinte.

»Sehen Sie, da sind wir schon!«

Wir stiegen an der Station San Marco aus. Der Chauffeur folgte mit unseren Taschen in einigen Metern Abstand.

»Alain, tragen Sie bitte das Gepäck ins Hotel. Ich werde mit Madame noch einen kleinen Spaziergang über die Piazza machen. Sie haben bis Mittwoch abend frei, aber halten Sie sich bitte zur Verfügung und hinterlassen Sie, wo

Sie erreichbar sind, im Abstand von zwei Stunden. Bis dann!«

Er nahm mich an der Hand. Ich hatte das Gefühl, als führe ich ein behindertes Kind. Mit der anderen Hand deutete er auf die Markuskirche.

»Sehen Sie dieses gigantische Bauwerk? Heute nachmittag zeige ich Ihnen die Basilika von innen – ein unauslöschlicher Eindruck! Aber lassen Sie uns noch ein bißchen zum Wasser vorgehen und die Morgensonne genießen. Wir nehmen ein kleines Frühstück ein, dann wollen Sie sicherlich ruhen und sich von der Fahrt erholen. Um vierzehn Uhr treffen wir uns an der Rezeption.«

Wir setzten uns auf die gelben Plastikstühle des Straßencafes am kleinen Hafen. Die Sonne schickte ihre ersten warmen Strahlen, das Wasser glitzerte, und es war etwas kühl. Die Plätze waren noch leer, kaum Maskierte zu sehen.

»In zwei Stunden wird es voll sein«, sagte Torak. »Genießen Sie die Ruhe ... Der Karneval in Venedig ist kein lautes Treiben von Trunkenbolden; er ist eine Oase der phantasievollen Stille, ein Märchen aus Tausendundeiner Nacht, ein Traum aus Farben, Gold und Silber, man wird von genießendem Staunen erfaßt und schaut und schaut. Sehen Sie, da drüben, die Dame in Rot ...!«

Ein Wesen in rotem Tüll und Spitzen, rotem Brokat und Perlen, mit einem riesigen turbanartigen Kopfputz und einer Maske aus roten Federn, schritt in ehrfurchtgebietender stolzer Haltung langsam über den gepflasterten Platz einher, auf uns zu; fast schien es, als schwebte das Wesen über dem Boden. Es blieb kurz stehen, neigte elegant den Kopf, faltete die Hände mit graziöser Geste, verbeugte sich, hob wieder den Kopf und schritt in Zeitlupe davon.

»Fotografieren Sie nicht«, sagte Torak, »es bleibt eindrucksvoller als Bild im Kopf und als Empfindung im Herzen, als wenn Sie versuchten, die Masken aufs Papier zu bannen. Sie verlieren ihr Leben und ihren Glanz, auch wenn das Foto farbenfreudig, kunstvoll und von bester Qualität ist. Sie bezaubern nur in der Realität, die wie ein Traum ist, der als innere Wirklichkeit in Ihnen bestehen bleibt. Und auch wenn Sie es in Worte fassen wollen, wird Ihnen das Traumgebilde entweichen. Venedig ist ein Märchen, und ein

Märchen bleibt lebendig in inneren Bildern und Empfindungen. Wer wüßte das besser als Sie, Gnädigste ...? Und wenn Sie am Mittwoch abreisen, werden Sie nicht mehr dieselbe sein wie jetzt. Sie gehen bereichert, bereichert um diese unvergeßlichen Eindrücke. Bereichert ... denken Sie an diesen Satz.«

Als wir ins Hotel kamen, wurden wir freundlich empfangen; die Herren an der Rezeption waren äußerst charmant und zuvorkommend. Der Liftboy stellte das Gepäck auf einen Wagen und geleitete uns auf die Zimmer. Das meine war ganz in dunklem Rot gehalten. Auf dem großen Bett lag ein Überwurf aus besticktem Satin mit dicken Troddeln aus Goldschnüren; die langen schweren Vorhänge aus weinrotem Samt fielen auf einen hochflorigen, weichen Teppich. An der Wand Bilder von venezianischen Palästen und Wasserstraßen neben ovalen Spiegeln in handgeschnitzten, barocken Goldrahmen, und als Krönung ein großes Bad in hellem Marmor, in dessen riesige Wanne ich mir sogleich heißes Wasser aus den goldenen Hähnen einlaufen ließ.

Torak verabschiedete sich, um auf sein Zimmer zu gehen.

»Nehmen Sie Ihren Hut und Ihre Sonnenbrille mit, Verehrte«, rief er über den langen Flur, »ich möchte nicht, daß Sie von deutschen Touristen in Ihrer Betrachtung gestört werden. – Bis dann ...!«

Ich fiel in einen wohlig dösigen Vormittagsschlaf, und als ich erwachte, stand die Sonne hoch am Himmel. Vom kleinen Balkon mit dem schmiedeeisernen, weißen, verschlungenen Gitter konnte man auf schmale Gassen zwischen hohen, pittoresken, alten Häusern sehen, auf romantische Dachgärten mit italienischen Topfpflanzen, auf gegenüberliegende Balkone, an denen entlang bunte Wäsche aufgehängt war, und unter ihnen führte eine der Wasserstraßen vorbei, in der das dunkle alte Wasser gluckerte. Es roch nach Moder und Algen und verfaulendem Holz. Ab und zu drang fernes Kindergeschrei an mein Ohr, leise Musik und Stimmengewirr. Eine alte Frau in schwarzen Kleidern goß Blumen. All das verband sich zu einer süßen, melancholischen, jahrtausendealten Melodie aus Schönheit, Grazie, Anmut und Verfall.

Liebe und Tod waren hier ein Paar, Schönheit und Trauer standen Pate, Eros und Sterben.

Und eine tiefe Ruhe legte sich auf mein geschundenes Herz und ließ mich tief durchatmen. Ich sog die frühlingsleichte Luft ein, die von Zeit zu Zeit vom Geruch der modrigen Häuser, des fauligen Holzes und des algigen Wassers durchzogen war, manchmal auch von Abfall und Urin, dann wieder von Tabak und Wein oder gebratenem Fisch und Steaks.

Um vierzehn Uhr unternahmen wir einen langen Spaziergang durch Venedig. Wir wanderten über die Piazza, die nun voll von Menschen aller Nationen war. Die Sonne schien frühlingswarm, die Markuskirche mit ihrem leuchtenden, goldenen Mosaik ragte in den klaren, blauen Himmel.

»Sie müssen unbedingt die Basilika von innen sehen!« sagte Torak. »Kommen Sie, meine Liebe, ich zeige sie Ihnen!«

Wir betraten das gigantische, dämmrige Kirchenschiff durch eine antike Holztür und standen auf einem Fußbodenmosaik aus Millionen von kleinen Steinchen, per Hand nebeneinandergesetzt, in allen Farbnuancen der Natur. Vor uns und an der Seite Heiligenfiguren von unschätzbarem Wert, Steinbalkone mit gewundenen Geländern, dicke Säulen und Wandplatten aus altem Marmor, Betstühle und Bänke aus dunklem, gedrechselten Holz, schmiedeeiserne Deckenleuchter mit roten Windlichtern – und über allem die gewaltige Kuppel mit dem Goldmosaik voller Heiligenbilder. Wie ein riesiger, dunkler Mutterschoß umfing uns die fast tausendjährige Basilika und machte die Besucher stumm vor staunender Bewunderung.

Beim Heraustreten aus der Kirche blendeten uns das gleißende Licht und der weiße Platz in der grellen Sonne. Wir hielten uns schützend die Hand vor die Augen und gewöhnten uns langsam an die Helligkeit. So muß es bei der Geburt sein, dachte ich, nur vielfach intensiver.

Fast drei Stunden liefen wir durch die Stadt, besuchten Museen und Ausstellungen, sahen Bilder von beeindruckender Kraft und Schönheit, probierten in einem Salon Hüte auf und in einem der unzähligen Spezialgeschäfte die vielfältigsten Masken, die man sich vorstellen kann. In meinem Leben hatte ich noch nicht solche Kunstwerke gesehen:

Engelsgesichter, Teufelsfratzen, Tierköpfe, Zauberer, Prinzessinnen, wilde Dämonen und Kobolde aus dem Geisterreich, alle waren sie als Maske zu finden. Zum Schluß standen wir vor einem Kostümladen, der historische Kostüme fertigte. Im Schaufenster das brokatene, perlenbestickte Gewand der Queen Elizabeth von England, daneben ein Musketieranzug in rotschwarzem Samt und ein smaragdgrünes Ballkleid aus Rohseide. Ich konnte mich von dem Anblick kaum trennen, mein Theaterblut kam in Wallung, ich fiel von einem Ausruf der Begeisterung in den nächsten und übersah, daß Torak im Laden verschwunden war. Ich wollte mich gerade nach ihm umsehen, da schlüpfte er wieder aus der Tür.

»Eine kleine Erledigung ...«, sagte er mit verschmitztem Blick, und wir spazierten weiter. Torak schien nicht müde zu werden, obwohl es ihm sicherlich viel schwerer fiel als mir, derartig lange Strecken zu Fuß zurückzulegen. Ich beneidete ihn wieder einmal um seine schier unerschöpfliche Energie.

Am Spätnachmittag machten wir eine kleine Imbißpause im Café Lavena und verabredeten uns bei der Rückkehr zum Abendessen bei *Harry's* für acht Uhr.

»Bei *Harry's* müssen Sie gespeist haben, Gnädigste!« sagte Torak. »Das ist in Venedig Pflicht. Es wird Ihren Geldbeutel etwas schlanker machen, aber es ist ein unvergeßlicher Genuß ...!«

Wir hatten einen atemberaubenden Blick auf das Meer durch riesige Glasfenster, Ober huschten lautlos und vornehm zwischen den Gästen umher, und das Essen – ich bestellte einen Lachs in Krebsschaum mit jungem Spinat, und Torak ein Filetsteak medium mit Butterbohnen und Kartoffelkroketten – war in der Tat ein Gedicht, ein Gourmet-Erlebnis der besonderen Art, das die hohe Rechnung rechtfertigte.

Nach dem Essen spazierten wir durch das in nächtlichen Lichterglanz getauchte Venedig zum Hotel zurück. Schaufenster dicht an Schaufenster, Kleider von erlesenem Geschmack, handgeblasene Glaswaren, geschnitzte antike Truhen. Wir waren uns einig, daß man sich hier in zwei Stunden Shopping mit leichter Hand auf Lebenszeit verschulden könne.

»Was ist so schön in Venedig, Verehrte?« fragte Torak und blieb mitten auf dem gepflasterten Platz stehen. »Abgesehen von den beeindruckenden Bauwerken, den Sehenswürdigkeiten und den schönen Geschäften?«

Ich dachte einen Moment nach.

»Es gibt keine Autos!« sagte ich.

»Richtig!« Er lachte und nickte. »Kein einziges Auto. Kein Bus, kein öffentliches Verkehrsmittel, kein Motorrad, kein Taxi – nicht einmal ein Fahrrad! Das gibt so viel Ruhe. Sie werden sehen, sobald Sie wieder an der großen Garage Communale sind, werden Sie mit Hektik, Gestank und Turbulenz konfrontiert. Die Menschen hetzen über die Straßen, Autos knattern, es wird gehupt und geflucht aus griesgrämigen Gesichtern. Hier in der Stadt nicht; hier gibt es nur Ruhe und Muße, trotz der vielen Besucher, die den Karneval erleben möchten.«

»Und noch etwas fehlt!« sagte ich kokett und war stolz, ihm diesmal voraus zu sein. Torak sah mich fragend an. »Die Werbung! – Ist es Ihnen nicht aufgefallen? Kein einziges Werbeplakat. Nirgends! Man wird in Frieden gelassen!«

»Das stimmt ...«, nickte er. »Allerdings machen die teuren Geschäfte und Kunstgegenstände dafür etwas unruhig, finden Sie nicht?«

Wir waren beim Hotel angekommen.

»Schlafen Sie wohl, meine Liebe!« Torak zog seinen Hut. »Wir sehen uns beim Frühstück!«

Ich schlief gut und träumte von Venedig und seinen Gäßchen.

Am nächsten Morgen erwachte ich mit klarem Kopf und fühlte mich frisch und ausgeruht. Wir frühstückten lange und ausgiebig und hatten ein intensives Gespräch über Ästhetik, Stil und Umgangsformen.

»Es gibt Kommunikationsgesetze«, sagte Torak. »Wir geben Signale, körperliche, verbale ... und unser jeweiliges Gegenüber wird, ja muß auf vorhersehbare Weise reagieren. Natürlich über eine gewisse Bandbreite und innerhalb eines bestimmten Spielraums; trotzdem beeinflußt die Art und Weise, uns zu äußern, das Gegenüber stets erheblich in seinen Reaktionen.«

»Sie meinen also, man kann quasi das Verhalten der anderen steuern ...?«

Torak nickte. »In gewisser Weise ja. Nehmen Sie die Masken. Sie bezaubern uns, und wir vermeiden grobes Verhalten. In ihrer Vielfalt, Grazie und Schönheit intensivieren sie unser Empfinden für Schönheit und das Bedürfnis danach, sowie unseren Wunsch, uns selbst in dieser Art auszudrücken, der eigenen Feinfühligkeit Form zu geben und Ausdruck zu verleihen. Wenn wir uns unter ungehobelten, rohen Menschen aufhalten, erleben Sie das andere Extrem ...«

Ich ging nachdenklich auf mein Zimmer, um mich noch etwas auszuruhen für den Abend, und legte mich auf das große Bett.

Um siebzehn Uhr kam ein Bote vom Hotel mit einer großen Tasche und zwei Tüten.

»Für Sie, Signora«, sagte er, »von Signor Namadov!«

Er übergab mir die Tasche mit einer schriftlichen Nachricht. Ich war verwundert und konnte mir nicht vorstellen, was Torak mir offerieren würde. Im Brief stand:

Meine Liebe!
Anbei ein Kostüm für Sie. Ich möchte, daß Sie die schönste Maske heute abend sind!

Ich machte die Tasche auf und zog ein langes Kleid hervor, nein, einen Traum aus Gold mit unzähligen Rüschen und drei Überröcken! Dazu eine Krinoline, die den Rock des Kleides aufbauschte, ein großer Umhang mit Kapuze aus schwarzgoldenem Brokat, der mit goldener Seide gefüttert war. Eine weißgelockte Perücke und ein Dreispitz vervollständigten das Rokokokostüm. Aus der zweiten Tüte zog ich eine der schönsten Masken, die ich auf meinem Spaziergang durch Venedig gesehen hatte – über und über mit glitzernden, funkelnden Steinen besetzt und mit Paillettenbändern verziert, obenauf ein schwarzer Federbusch.

Ich kleidete mich an, setzte die Perücke auf und den Hut, darüber die Maske, und bemalte mir die Lippen in einem kräftigen Rot. Als ich vor den Spiegel trat, stand ich einem fremden Wesen gegenüber. Ich sah aus, wie von Fellini geschaffen, und erkannte mich nicht wieder! Ich faßte den Umhang vorsichtig mit beiden Händen, hob die Arme seitwärts nach oben ... und sah eine Erscheinung in Gold, Gold, Gold ...!

Langsam schritt ich die Treppen hinunter. Es war fünf Minuten nach acht Uhr. Torak war nirgends zu sehen. Nur ein Mann von ungefähr einem Meter neunzig stand an der Rezeption, ein Musketier in rotschwarzem Samt, einer schwarzen Maske mit riesiger Nase und einem großen Schlapphut. In den Händen hielt er zwei sonderbare, lange Stäbe mit Armstützen.

»Sie sehen wundervoll aus, Gnädigste!«

Ich fuhr herum; das war Toraks Stimme! Aber er war nirgends. Die Stimme kam aus dem großen Mann!

»Ich habe Sie erschreckt, meine Liebe, das wollte ich nicht. Sehen Sie ...«

Der Mann zog die weiten Hosenbeine hoch, darunter kamen zwei hölzerne Stelzen zum Vorschein. Es war Torak!

»Ich habe sie mir vor Jahren anfertigen lassen. Man kann sich mit einiger Übung ganz gut damit fortbewegen! So kann ich in der Menschenmenge da draußen auch etwas sehen. Und es ist die einzige Zeit, in der ich so groß bin wie alle anderen ... ich genieße das. Kommen Sie, meine Königin ... lassen Sie uns ins Gewühl tauchen!«

Der Hotelpage hielt uns die Glastür auf, und wir gingen in Richtung Markusplatz. Kaum trat ich unter die Menschen, richteten sich dutzendweise Kameras auf mich, und von allen Seiten hörte ich ein bewunderndes Raunen und Ausrufe wie Ooh! und Aah! ... Wie schön! Schau, die goldene Frau ...! In deutsch, englisch, französisch – auch in bayrisch. Wie zu Hause, dachte ich, aber viel reizvoller, denn niemand wußte, wer ich war ... eine schöne Maske zwischen vielen anderen, deren wahres Gesicht keiner kennt!

»Lassen Sie uns noch ein wenig durch die Gäßchen spazieren«, sagte Torak, »bevor wir uns zum großen Finale auf dem Platz einfinden!«

Er sah so imposant aus in seinem Kostüm, daß die Menschen sich vor ihm teilten wie das Wasser vor dem Schiffsbug, und ein Spalier bildeten, durch das wir schritten. Torak lief auf seinen Stelzen wie andere zu Fuß, und ich brauchte eine geraume Weile, um mich mit seinem ungewohnten Erscheinungsbild vertraut zu machen. Er war nicht mehr der verkrüppelte, zwergische Clown; er war ein großgewachsener Musketier, der für seinen König kämpft und die Frauen liebt. Seinen Buckel verbarg ein großer, samtener Umhang, und seine krummen Armen verschwanden in weitem, fließenden Stoff.

Wir schritten durch enge, verwinkelte Pflastergassen, die den Geist und die Menschenschicksale der vielen Jahrhunderte in sich trugen, vorbei an schmiedeeisernen Laternen auf grünlackierten Pfählen, steinernen Arkaden und den byzantinischen Häusern mit den abblätternden Mauerfarben in Altrosa, Weinrot, Eierschalen, Olivgrün, Grau, Rost, eingehüllt von der venezianischen Nacht mit der vornehmen Dekadenz eines alten, adligen Lebemannes.

Alle Menschen, die uns begegneten, waren entzückt über unsere Kostümierung. Und zwischen den normal gekleideten Touristen, die durch die schmalen Gassen drängten, schritten, nein, schwebten die Masken wie aus einer anderen Welt vorbei, unberührt von der Masse, mit einem unsichtbaren Schutz umgeben, wohlwissend um die mystische Faszination ihrer Verkleidung. Und immer, wenn sich zwei Masken begegneten, hielten sie kurz inne, betrachteten sich, verneigten sich höflich und setzten dann ihren Weg fort. Ich habe noch nie, in meinem ganzen Leben nicht, auch nicht am Theater eine so aufwendige Vielfalt und Farbenpracht erlebt wie in Venedig. Der Karneval, heißt es, ist das dem venezianischen Geist am nächsten stehende Fest; dem Geist dieser eigenartigen Stadt, schwankend zwischen Wirklichem und Unwirklichem.

Und ich fühlte mich auf einmal seltsam geborgen und aufgehoben in diesem metaphysischen Taumel der Phantasie.

Wir kamen zurück zum Markusplatz.

Im dichtgedrängten Menschengewühl auf der Piazza mischten sich Touristen und Masken. Gegen neun Uhr verstummte die Musik, und eine Stimme kündigte an, daß sich nun die schönsten Masken auf der großen Bühne versammeln würden. Es war ein Anblick, den ich nie vergessen werde. Mindestens zehn Dutzend Menschen, nein Wesen, stiegen nun langsam die weitläufigen Stufen hinauf. Hier war ein Sultan mit einem gewaltigen Turban aus silberner Seide, da eine Frau in kräftigem Lila mit einem riesigen Federhut, da eine Erscheinung in glänzendem Stahlblau, dort ein Prinz aus dem Morgenland, und nun kam eine steinfarbene Gestalt, auf dem Buckel einen menschengroßen Huckepackgeist aus Pappe und unter ihm eine verlorene Seele, die ihn hinabzuziehen versuchte. Diese Konstruktion mußte mehrere Monate Arbeit in Anspruch genommen haben! Daneben ein goldener Sonnengott mit einem Strahlenkranz auf dem Kopf und goldener Schleppe, und hinter diesem ein Wasserwesen, ein Meerweib in schillerndem Grün, über und über mit glitzernden Pailletten bedeckt. Drei Hexen folgten, mit häßlichen roten Fratzen in erdfarbenes Rohleinen gehüllt, und im Geleit ein elfenhaftes Phantasiegebilde aus gelbem Tüll und einem ein Meter hohen Federputz. Dahinter drei höfische Edelmänner in Rokoko-Kostümen und ein kriegerisches, wildes Nachtgesicht in silbernem Metall.

Sie alle versammelten sich auf dem Herzstück des Platzes, der großen Bühne und formierten sich nun, nachdem sich unsere Augen an ihnen sattgesehen und ihren Anblick aufgesogen hatten, zu einem langen Lichterzug, um dem Karneval das letzte Geleit zu geben. Jede Maske trug eine brennende Fackel in der Hand, und hintereinander schritten sie feierlich über den Platz durch die Gasse, die die Menschenmasse von selbst bereitete, bis zum Hafen ans weite Meer und verliefen sich dort in der blauen Nacht. Vivaldi klang über den Markusplatz, die vielen Tausend begannen zu tanzen bis zum frühen Morgen, und unter sie mischten sich die zurückgekehrten Masken.

Irgendwann nachts, gegen eins, hatte ich Torak aus den Augen verloren. Ich rief noch seinen Namen, aber er hörte mich nicht mehr im Trubel. Er war im Gewühl der vielen Menschen verschwunden, und ich konnte ihn nicht mehr finden. Er erschien auch nicht am vereinbarten Treffpunkt. Wahrscheinlich, mutmaßte ich, war er ins Hotel gegangen.

Die Masken verliefen sich, der Platz leerte sich langsam, ein paar Unermüdliche tanzten ihren endlosen Tanz zwischen Tag und Traum, und die nächtlichen Nebel schwebten geisterhaft über die menschenleere Piazza. Ich ging gedankenverloren in Richtung Hotel, müde und hellwach zugleich. Ich hatte staunend bemerkt, daß ich den ganzen Abend nicht an zu Hause gedacht hatte – auch nicht an Simon.

»Entschuldigen Sie, ist Herr Namadov schon zurück?«

»Nein, gnädige Frau«, sagte der Mann an der Rezeption, »seit Sie mit ihm weggegangen sind, war er noch nicht wieder hier.«

Offenbar suchte er mich. Ich hinterließ eine Nachricht für ihn und ging auf mein Zimmer.

Am nächsten Morgen, dem Aschermittwoch, waren alle Masken wie ein Mitternachtsspuk verschwunden. Wie Torak. Ich wachte sehr früh auf und spazierte zur Basilika San Marco. Die Sonne schien auf die Piazza, die Tauben girrten; von den vielen tausend Touristen waren ein paar stille geblieben, die futterstreuend das friedliche Venedig genossen. Ruhe lag über den sonnenbeschienenen Häusern, das goldblaue Steinmosaik der Markuskirche glänzte im Sonnenlicht in den strahlend blauen Himmel; die Schiffe tuckerten den Hafen entlang, die Wellen schlugen gegen die Holzpfähle, und ich wußte nicht, ob ich nicht so wunschlos glücklich war. Brauchte ich wirklich eine ständige Begleitung? War ich nicht viel freier so? Ich hatte alle Möglichkeiten, auch die der spontanen Entscheidung, und nur so viel Verpflichtungen, wie ich mir auflud, Vorteil und Risiko der Freiberufler. Ich konnte Italien bereisen, mich mit Zwergen unterhalten, mit vielen Männern ins Bett gehen oder mit keinem, Gesellschaft haben oder nicht, und kein Lebenspartner fragte: Wo gehst du hin? Wie lange bleibst du? Wann kommst du zurück? Wer war dabei? Warum bleibst du nicht bei mir? Im Hafencafé in Venedig braucht man nichts außer der Sonne und einem Espresso – und eine Zigarette vielleicht.

Ich betrat die Basilika. Das Innere der Markuskirche überwältigte und beeindruckte mich wie beim ersten Mal. Ich stellte eine Kerze auf für meine Liebe, wohin sie sich auch immer richten mochte. Mein Sohn Benedikt hätte eine Fulltime-Mami zur Förderung seiner vielfältigen Anlagen verdient, und einen ständigen Papi dazu ... Ich ging nachdenklich zum Hotel zurück. Toraks Schlüssel hing noch immer an der Rezeption.

Als ich um zehn Uhr in den Frühstücksraum ging, stand Alain an der Rezeption.

»Ich soll Sie um elf Uhr zum Schiff bringen, gnädige Frau. Ist das in Ordnung?«

»Ja«, sagte ich. »Wo ist Herr Namadov? Ich habe ihn gestern im Maskentreiben aus den Augen verloren!«

»Herr Namadov läßt Sie herzlich grüßen. Er wird nicht mit nach München reisen.«

Ich erschrak.

»Aber wieso denn nicht? Was ist los mit ihm? Ist ihm etwas zugestoßen? Hat er Freunde getroffen? Was ist? So reden Sie doch?«

»Er hinterließ mir nur diese schriftliche Nachricht für Sie, mehr kann ich nicht sagen, gnädige Frau. Es tut mir leid.«

Er gab mir ein Kuvert, darin fand ich einen Briefbogen mit den Namenszug des Hotels, darauf stand:

»Liebe, gnädigste Verehrte!
Behalten Sie mich als bereichernde Erinnerung.
Ich grüße Sie und wünsche Ihnen alle Freiheit, die Sie ersehnen.
Leben Sie wohl ...!«

Im Kuvert steckte noch ein kleinerer Briefumschlag. Ich erkannte Torkas markante Handschrift: – *An die verehrte Dame Lustig. – Bitte im Auto öffnen!* Kaum saß ich im Fond, riß ich den Umschlag auf und las:

»Sie haben doch genug Geld, Gnädigste ...
Warum leisten Sie sich nicht das, was Sie brauchen, wollen? Einen bezahlten Hofnarren als festen Angestellten, der Sie täglich aus Ihrer Schwermut reißt. Ihre Melancholie braucht nur ein wenig professionelle Erheiterung. So viele berühmte Clowns waren traurige Wesen im normalen Leben; tiefgründige, schwermütige Menschen, oft auch Despoten – ganz im Gegensatz zu der leichten Heiterkeit, mit der sie die Menschen erfreuten. Warum wollen Sie privat

auch noch lustig sein? Verurteilen Sie sich nicht fortwährend selbst – sonst kommt es noch viel schlimmer mit der Tragik, bis Sie es gelernt haben, dankbar zu sein für das Füllhorn, das das Schicksal über Ihnen ausschüttet; zu genießen, was Sie erleben.
Es ist auch denkbar, daß Ihnen Niederbayern nicht bekommt. Ein zu schwerfälliger Landstrich. Die Mentalität der Menschen beflügelt Sie nicht, sondern bedrückt Sie. Er ist bäuerlich, einfach und proletarisch. Damit können und wollen Sie nichts anfangen. Wozu auch? Gehen Sie weg dort. Anwesen hin, Anwesen her. Die Landschaft paßt nicht zu Ihnen. Würden Sie einen Franzosen aus Paris in eine schwäbische Kleinstadt setzen? Einen Amerikaner aus New York in ein texanisches Kaff? Das geht nicht. Menschen sind wie Pflanzen. Sie gedeihen nicht in der falschen Umgebung. Ein Kaktus geht in einem bayrischen Vorgarten ein, eine Sumpfpflanze wächst nicht in der Steppe. Welche Stadt schlagen Sie vor? höre ich Sie fragen, meine Liebe.
Rom, Venedig ... Italien schlage ich vor. Das belebt Ihren Geist und Ihre Vitalität. Die italienischen Männer heben Sie mit ihrer guten Laune aus Ihrer deutschen Brüterei. Italiener sind alle mehr oder weniger geborene Hofnarren ... und Sie müssen sich ja nicht gleich da verheiraten, nicht wahr! Atmen Sie einfach das Flair ein, wie einen Duft, der Sie erheitert, erfrischt und belebt. – Reisen Sie mit einem Diener. Ist das keine Idee? Es ist eine Frage der inneren und äußeren Ansiedelung. Sie brauchen das, was Sie in der Öffentlichkeit darstellen: einen Clown mit Esprit, Humor und Vitalität ... Also eigentlich mich, Gnädigste!«

Ich mußte lachen. Er hatte nicht unrecht. Ich las weiter.

»Leider habe ich nicht den Körper für Sie, Verehrte. Und Ihrem Ex fehlte es an Behutsamkeit und Einfühlungsvermögen. Auch wollte er seinen Dominanzanspruch und seine männliche Eitelkeit nicht ablegen.

Ansonsten hätte er wohl die Voraussetzungen gehabt ... Gehabt – denken Sie jetzt, ich weiß. Sinnieren Sie nicht zu viel über Vergangenem, meine Liebe. Das Leben ist immer jetzt. *Sie haben doch noch so viel vor sich. Schauen Sie vorwärts ...!*

Immer Ihr ergebener Torak.«

Die Rückreise zog sich etwas in die Länge.

Alain sprach nicht viel. Ich versuchte, ihm Informationen über Torak zu entlocken, aber er hüllte sich in Schweigen.

»Ich bin nicht befugt, Auskunft zu geben«, sagte er, »bitte verstehen Sie mich nicht falsch. Das überschreitet meine Kompetenz!«

Als wir am späten Nachmittag in München ankamen, gab ich ihm ein angemessenes Trinkgeld und setzte mich in meinen Wagen. Aber ich wollte noch nicht nach Niederbayern fahren. Die Bilder von Venedig zogen durch meinen Kopf, ich dachte an Torak. Wo war er? Warum war er nicht mitgekommen? Warum sein mysteriöses Verschwinden ohne Abschied? Er war untergetaucht im Maskentreiben und hatte mich mir selbst überlassen. Warum? Was wollte er mir sagen ...? Daß alle Menschen Masken trugen? Diese triviale Botschaft entsprach so gar nicht Toraks ironischem Esprit.

Wollte er mir vielleicht sagen, daß die phantasievollen Masken das Schönste an den Menschen seien? Daß das wahre Gesicht hinter den Masken niemals zu erraten sei? Und daß dieses wahre Gesicht unter der betörenden oder häßlichen Maske, wenn man diese beiseite zog und das Wesen sich des farbigen Kostüms entledigte – daß dieses wahre Gesicht auf jeden Fall enttäuschen müsse? Daß man das, was die Menschen nach außenhin offenbarten, annehmen solle und sich daran erfreuen – oder sich darüber erregen oder abstoßen lassen – ohne stets nach dem *Dahinter* oder *Warum* und *Woher* zu fragen? Daß die Masken der Menschen also viel faszinierender seien als ihr wahres, kleines, unbedeutendes Ich, worin wir uns alle mehr oder weniger gleichen?

Das alles wäre ein krasser Widerspruch zur Psychoanalyse, die immer nach dem *Warum, Woher, Darunter, Dahin-*

ter fragt, nach dem *Sein* hinter dem *Schein.* Wollte Torak, ich solle die Menschen nicht nach dem Schein beurteilen, sondern sie als das annehmen, was sie uns zeigen? Was sie da in Venedig schienen, war ja – wenn auch ein wenig starr – viel schöner und beeindruckender als das normale menschliche Wesen; und das, was sich dahinter verbarg, sicher niemals so großartig! Die Menschen zeigten doch mit ihrer Maske, was und wie sie gern wären, verliehen ihrer Phantasie, Kreativität – oder der fehlenden – hinreichenden Ausdruck. Könnte das nicht genügen ...? Sollte man weniger herummanipulieren an ihrem Verhalten, als vielmehr staunend innehalten, sich verneigen und weiterwandern ...?

Ich lief lange in München herum, vom Viktualienmarkt zum Marienplatz, hinauf zum Stachus, von dort zur Leopoldstraße, aß Scampi im *Adria* und entschloß mich erst am späten Abend zur Heimreise.

Zu Hause empfingen mich vertraute Gerüche, warme Räume, meine alten Möbel, mein stilles Haus, meine Bücher. Alles wie immer. Und doch, irgend etwas war anders. Es war, als fülle Toraks Energie das ganze Haus, durchdringe alle Räume. Und auch in mir hatte sich etwas geändert ... Ich war stiller als vorher, ruhiger in mir und sicherer. Nicht mehr traurig, sondern von einer selbstgenügsamen Melancholie ergriffen. Ich ahnte, daß sich die Stürme nun vielleicht gelegt hatten und daß ein neuer Abschnitt in meinem Leben anstand.

Wenn jemand zu dir will, laß ihn bei dir sein,
wenn er gehen will, laß ihn gehen ...
Und wenn er wiederkommt nach langer Zeit,
nimm ihn auf in deine Arme, als wäre nichts geschehen ...
Wer hat das gesagt? Ich glaube, Goethe.

Ich legte mich aufs Bett und fiel in einen trance-ähnlichen Zustand. Ich sah die Masken von Venedig vor mir, den betörenden Zauber inmitten des Verfalls, den gestikulierenden Torak, der in der Masse verschwand. Und dann tauchten sie alle der Reihe nach vor meinem inneren Auge auf, meine Lieben – und schritten, mit Fackeln in den Händen, langsam durch die Kulissen meiner Traumbilder, und alle hatten sie Masken auf: eine ältere Frau mit der Maske meiner Mutter vor dem Gesicht, ein Mann in der Maske von Yanni, ein Bub mit der Maske von Beni, Nonni mit der von Nonni. Dann Resa, Tom, Jake, Gust, Pete und Joey, ganz zum Schluß hinkte Torak hinterher. Es war ein langer, lautloser Karnevalszug. Alle hatten sie die Masken ihrer Gesichter auf. Sie winkten mir zu, und es schien, als fragten sie: »Gefallen dir unsere Verkleidungen? Schau, wieviel Mühe wir uns geben, um dir zu gefallen! Soviel Arbeit und Zeit haben wir investiert, um unsere Phantasien zu gestalten. Sind wir nicht schön ...??«

Und dann sah ich Simon. Ich sah uns beide unter den drei Birken sitzen, vor dem Steinfrosch, mit unseren Masken. Wir hielten uns an den Händen.

»Ich liebe dich«, sagte ich.

»Ich dich auch«, erwiderte er. »Seit Jahrhunderten bis in alle Ewigkeit.«

»Ich auch«, sagte ich.

Wir sahen uns lange an.

»Wie geht es weiter?« Er sah mich fragend an.

»Bis in alle Ewigkeit.«

»Ja«, antwortete er, »ich bleibe in dir und du in mir. Ein gelebter Traum, der als Erinnerung in mir bleibt.«

»Du bist Teil meiner Seele geworden«, sagte ich, »auch wenn du gehst.«

»Mir geht es nicht anders«, antwortete er, »und es tut mir leid, daß ich so bin, wie ich bin, so schwach, so unschlüssig. Obwohl ich dich so liebe. Ich kann nicht anders.«

»Es ist in Ordnung«, erwiderte ich. »Und mir tut es leid, daß mein Roß so hoch war, auf dem ich gesessen bin. Ich weiß auch nicht, warum.«

»Aber ich«, sagte er. »Dein hohes Roß ist dein Schutz vor dem Sturz in die Liebe, vor der du Angst hast, weil du glaubst, daß sie dich umbringt. Du liebst so stark, und davor hast du Angst.«

»Ja«, sagte ich, »Liebe sprengt mich und löst mich auf. Sie ent-selbstet mich. Sie hat mir noch nie Halt gegeben.«

»Weil deine Liebe sich anders ausdrücken muß als zu einem Mann.«

Ich sah ihn lange an.
»*Nimm deine Maske ab*«, sagte ich.
»*Nimm zuerst deine ab*«, erwiderte er.

Zögernd zog ich meine Maske zur Seite. Seine Augen weiteten sich ungläubig. Minuten vergingen. Er sah mich nur an. Langsam hob er die Hand und schob nun seine Maske weg. Sein gutes männliches Piratengesicht, das etwas älter geworden war in den Jahren, dieses Gesicht rückte zur Seite und enthüllte, Partie für Partie ein uraltes Greisengesicht, eine tausendjährige Mumie, über und über mit Runzeln und Falten, mit müdem Ausdruck und einem toten Blick in leeren Augen. Nun zerbröckelte dieses Gesicht und zerfiel zu Staub. Dahinter kam jetzt eine häßliche Fratze zum Vorschein, voller Eiterbeulen und aufgeschwemmtem Fleisch und glasigen, giftgelben, rotumrandeten Augen. Ich erschrak zutiefst.

Aber auch diese Fratze verschwamm und offenbarte ein wunderschönes Jünglingsgesicht mit strahlendem Blick voller Liebe in blauen, klaren Augen. Und als das Jünglingsantlitz sich auflöste, sah ich ein helles Gebilde aus Licht, ein wirbelndes Durcheinander von Strahlen und Flammen, die sich vereinigten, ineinanderliefen, verschmolzen und sich wieder trennten. Ich war geblendet und konnte nicht weiterschauen, hielt die Hand schützend vor meine Augen, und als ich sie wieder herunternahm, sah ich in ein riesiges, unendliches Meer von Schatten, die sich auflösten in raumloses Nichts. Es wurde dunkel, und ich sank in ein tiefes Wasser ... tiefer in den Urschlamm der Evolution, aus dem alle Lebewesen kommen, in den alle Lebewesen gehen ...

Happy-End?

Zwei Wochen später traf ich Simon tatsächlich, zum ersten Mal seit acht Monaten, in der Stadt, vor einem Café. Wir konnten beide vor Aufregung kaum sprechen, und mein Herz klopfte bis zum Hals. Mit der Zeit dann löste sich die Starre, und wir schafften es, uns alles zu erzählen, was sich in der Zwischenzeit ereignet hatte und was in uns vorgegangen war.

Unser Gefühl füreinander schien so stark zu sein, wie es immer gewesen war, aber ein unsichtbarer Schutz hielt uns davon ab, uns zu nahe zu kommen.

»Wo gehen wir hin?« fragte er.

»Zu mir«, sagte ich.

Wir liefen schweigend durch den Wald und setzten uns dann in meinen Garten unter die drei Birken zum Steinfrosch, wie geträumt. Es war März, und die Frühjahrssonne schien uns ins Gesicht.

»Du hast die Wüstenrot-Idylle – ich hab die Kunst ...«, sagte ich zu ihm.

»Ich hab keine Idylle. Glaubst du wirklich, daß das nach all dem eine Idylle ist??«

Ich glaubte gar nichts mehr. Aber ich beneidete ihn auch nicht mehr. Und er spricht nicht mehr über sein Daheim. Weder gut noch schlecht. Er hat seiner Frau ein eigenes, kleines Geschäft eingerichtet. Und er hat seines verkauft. Tatsächlich verkauft. Macht in Immobilien jetzt, und sie hat die Meisterprüfung bestanden und ist unabhängig vom Mann.

Wer hat gewonnen in dieser Schlacht der Gefühle? Es gibt in der Liebe keine *Gewinner*, nur Verlierer, die reifer geworden sind. Doch, wir haben etwas gewonnen: Erkenntnis. Er ist seiner Enge entflohen, in ein neues Bewußtsein. Sie ist Chefin, er ist Vater und älter.

Und ich hab jetzt doch die Freiheit, die ich immer haben wollte, und darf wieder fliegen! Meine Lenkfedern sind nachgewachsen. Sechs lange Jahre hat das gedauert ... aber was ist schon ›lang‹ im Ablauf der Gezeiten?

Und wo flieg ich hin jetzt ...? Nicht mehr in den nächsten Käfig, bitte!

Aber auch nicht in die Sonne; und in die Hölle schon gar nicht.

Ich glaub, ich flieg ein bißchen in meinem Garten herum, mit den Elfen und Feen, zwischen den Zwergen; setz mich auf den Steinfrosch und träume mir ein Lied ...

Ich bin ein göttliches Kind,
und ich bin frei wie der Wind,
kann wehen wohin ich will,
über Felder und Wiesen, Bäche und Wälder …

Jesus war auch nicht verheiratet, soviel ich weiß.

EPILOG

»Himmel, Arsch und Wolkenbruch!!!«

Zeus tobte. Der Himmel zitterte.

»Jetzt ist die Schlampe auch noch weise geworden! Dionysos!! Wo ist der Versager?! Ist er schon wieder heroben?«

»Ja. Er schläft und erholt sich von den Anstrengungen.« Hermes grinste. »Er hat es ja auch wirklich arg getrieben ...«

Apollon nickte eifrig. »Im Kino hat er sie vernascht, in der Sauna von einem Luxushotel hat er sie gevögelt, an jedem See ... hinter jedem Busch ...«

Hermes unterbrach ihn und rief dazwischen: »... hat er sechs Jahre lang als Simon Schütz seinen göttlichen ... äh ... Odem da verausgabt. Das kostet ja auch Kraft. Laß ihn noch ein paar Wochen ausschlafen, dann wird er schon wieder ...!«

»Bin schon o.k., Männer ...« Dionysos torkelte schlaftrunken aus seinem Wolkenbett. »Wo ist dieser Scheißzwerg hergekommen?! Der hat mir die ganze Tour vermasselt! Noch ein halbes Jahr ohne Zwerg – und ich hätte sie geschafft!«

»Quatsch nicht, du weißt, daß du gegen Kunst keine Chance hast! In dem Moment, wo jemand sein Leid in Reime oder Töne faßt, hast du verschissen, Nysi ...!«

Apollon als Führer der Musen lehnte sich zufrieden zurück und begann zur Leier zu singen: »Versa-ager, mein armer Bru-huder ist ein klähäglicher Versa-ha-hager ... la la lala ... ein Versa-ha-ha-ha-hager ...!«

»Hör auf, du blöder Angeber, du Protzer, du Arschloch!« Dionysos stürzte sich auf Apollon.

»He, he!« rief Zeus mit donnernder Stimme: »Reißt euch gefälligst zusammen, Jungs, wir sind hier im Himmel und nicht in der Bierkneipe!!«

»Der Zwerg muß ein Zwischenwesen sein«, überlegte Hermes. »Wahrscheinlich hat er schon vorher hier oben herumspioniert – und wir haben ihn in unserem Met-Taumel übersehen. Oder hat irgendeiner von euch Gaunern falschgespielt ... und war als Krüppel da unten ...? Hephaistos ...? Wo war die lahme Sau die ganze Zeit?«

»Ich hab ihn nirgends gesehen!« sagte Apollon.
»Ich auch nicht!« rief Dionysos.
»Du warst doch gar nicht da! Halt die Klappe!«
»Egal! Komm her, du Verräter ...!!« Apollon und Dionysos fielen über Hephaistos her und hieben auf ihn ein.
»Aua! Ich war's nicht, ich wars ganz bestimmt nicht ...!«
»Haltet ein!« rief Zeus. »... und denkt gefälligst, ihr Narren ...! Wenn einer von uns kein Motiv hatte, dann er ... he, he, he! Wird wohl nichts aus der Vergnügung mit deiner Mutti ... was, Kleiner ...?«
Hephaistos rieb sich die Schulter und hinkte davon.
»Und jetzt?«
»Kein inzestuöses Koitus-Spektakel mit Hera.«
»Schade.«
»Mist ...!«
»Was überlegst du, Zeus ...!«
»Ich denke an Lena. Sie nötigt mir Respekt ab. Ich möchte ihr ein Geschenk machen ...«
»Hey, spinnst du, Zeus, ein Geschenk auch noch?!«
Apollon faßte sich an den Kopf.
»Ja. Sie beeindruckt mich ...!«
»Bist du verrückt, Papi?« rief Dionysos.
»Wieso?« sagte Hermes ruhig. »Ich finde, der Chef hat recht. Und es ist göttlich großzügig, königlich großherzig ... souverän ...«
Er lehnte sich in der Wolke zurück.
»... männlich eben!«
»Ja, stimmt eigentlich ...« Apollon kratzte sich am Kopf. »Genau.«
Dionysos sagte nichts. Er war eingeschlafen.
Hera kam herein mit einem Stier an der Leine.
»Bedauerlich, nicht wahr ...?« sagte sie süffisant.
»Nein, nein, im Gegenteil. Wir gestalten gerade Lenas Belohnungsgabe.«
»Nobel ...« Sie lächelte. »... und?«
»Wir schenken ihr ... äh ...«, Hermes blickte ratlos in die Runde.
»Ich hab's!« sprach Zeus und donnerte mit der Faust auf den Eichentisch. Dionysos schreckte hoch. »Wir schenken ihr das Bewußtsein ihrer Kraft!«

»Jaa, das ist's !«

»Genau, das hat ihr doch immer gefehlt!«

»Früher«, sagte Zeus, »früher wäre sie vielleicht größenwahnsinnig geworden; jetzt kann sie damit umgehen, denke ich ...«

»Schööön!« rief Apollon. »... im Frühling fährt das göttliche Bewußtsein in Lenz! Ha! Darf ich ihr das besorgen?«

»Aber bitte, Apollon, du bist eh der Schönste von uns. Paß auf, daß du nicht in ihr stecken bleibst ...!«

»O. k. – Und tschüs!«

Dionysos saß gekränkt und müde in der Ecke.

»Was ist das für ein Tier, das du da hast, Hera?« Zeus drehte sich verwundert zu seiner Gattin um.

»Da ihr so großzügig seid, bin ich es auch. Ich habe mir erlaubt, Hephaistos zur Feier des Tages kurzfristig in einen Stier zu verwandeln, damit ihr doch noch zu eurem Spaß kommt ... wenn ihr euch bitte entspannen wollt – es geht los. Hephaistos, mein Kleiner, bist du bereit ...?«

»Muh!«

Zeus verschränkte die Arme und murmelte vor sich hin: »In einen Stier verwandelt ... tz, tz ... das darf doch sonst nur ich ...?! – Na ja, bitte, wenn's der Komödie dient ...«

Er blickte seine Frau an, lächelte etwas verlegen und lehnte sich erwartungsvoll zurück. Und während das Spektakel begann, fragte sich Zeus im stillen, warum er nicht eigentlich selbst, wie früher auch immer, hinuntergegangen und in diesen Mann gefahren war? Dann hätte die Sache sicherlich ein ganz anderes Ende genommen ... Und auf einmal fühlte er sich sehr erschöpft.

»Ja, ja, früher ...«, dachte er und sah seiner Frau zu, die sich vom Stier-Sohn begatten ließ, *»früher ... das waren noch Zeiten ... göttlich!«*